纳兰性德

他是人间惆怅客

郭宏文 陈艳婷／著

团结出版社

图书在版编目（ＣＩＰ）数据

　纳兰性德：他是人间惆怅客 / 郭宏文，陈艳婷著
. -- 北京 : 团结出版社，2017.3（2021.10 重印）
　ISBN 978-7-5126-4663-6

　Ⅰ. ①纳… Ⅱ. ①郭… ②陈… Ⅲ. ①纳兰性德（
1654-1685）－传记②纳兰性德（1654-1685）－词(文学)－
诗歌欣赏 Ⅳ. ①K825.6②I207.23

　中国版本图书馆 CIP 数据核字 (2016) 第 289789 号

出　版：团结出版社
　　　　（北京市东城区东皇城根南街 84 号　邮编：100006）
电　话：（010）65228880　65244790 （出版社）
　　　　（010）65238766　85113874　65133603（发行部）
　　　　（010）65133603（邮购）
网　址：http://www.tjpress.com
E-mail：zb65244790@vip.163.com
　　　　tjcbsfxb@163.com（发行部邮购）
经　销：全国新华书店
印　装：三河市东方印刷有限公司

开　本：163mm×240mm　　　　16 开
印　张：21
字　数：344 千字
版　次：2017 年 3 月　　　第 1 版
印　次：2021 年 10 月　　　第 3 次印刷

书　号：978-7-5126-4663-6
定　价：48.00 元

人生若只如初见，何事秋风悲画扇？等闲变却故人心，却道故人心易变。骊山语罢清宵半，泪雨霖铃终不怨。何如薄幸锦衣郎，比翼连枝当日愿。

这首著名的词作，名叫《木兰花令·拟古决绝词柬友》，不知有多少人对它熟记在心。它的作者，就是被誉为"清词第一人"的纳兰性德。在中华浩瀚的历史文化长河中，纳兰性德就像一颗璀璨的明星，在人们心里永远不会陨落。他的人生经历，像一个谜，又像一本书，总会让人们忍不住地去探究，忍不住地去翻阅。

纳兰性德也叫纳兰容若，号楞伽山人，原名纳兰成德。他21岁时，康熙帝的皇子保成被立为太子。为避太子"保成"的名讳，他只好改名为纳兰性德。一年之后，太子改名为胤礽，于是纳兰性德的名字又改回成德。但是，纳兰性德这个名字早被人们叫开了。纳兰性德是中国文学史上的一个传奇人物。他出生于清顺治十二年（1655年），比康熙晚出生一年，而病逝于康熙二十四年（1685年），却比康熙早了37年，年仅31岁。他的英年早逝，不仅让当时的人痛心不已，也让后人痛心不已。

纳兰性德英年早逝，似乎与他的天生富贵捆绑在一起了。他拥有许多人都无法比拟的贵族家庭和书香门第，但上天却偏偏给了他一个孱弱的身体。他打小就身患寒疾，这难以根治的顽疾时不时地爆发，让他承受着常人难以忍受的痛苦。他18岁就考中举人，而当他又信心满满地准备再次参加会试的时候，却因疾病发作，无法进入考场。他在大好的青春年华里，却与病榻结下了不解之缘。由此，他的词作也常常充满了悲凉的情绪。

但是，这些都无法遮掩纳兰性德在清朝词坛的光芒。纳兰性德的词作，不但在清代词坛享有很高的声誉，在整个中国文学史上，也占有光彩夺目的一席之地。他所处的满汉融合时期，他的家族兴衰史所关联的王朝国事，还有他侍从帝王却向往平淡生活的心态，都为他的创作提供了绝佳的环境和特殊的背景。他的诗词的创作，呈现了独特的个性特征和鲜明的艺术风格。对此，被郭沫若称为新史学开山之人的清末著名哲学家及史学家王国维，就曾这样评价纳兰性德的词风："北宋以来，一人而已。"

纳兰性德是清康熙朝重臣纳兰明珠的儿子。纳兰明珠历任康熙朝内务府总管、刑部尚书、兵部尚书、都察院左都御史、武英殿大学士、太子太傅等要职。纳兰明珠对康熙所推行的议撤三藩、统一台湾以及抗御外敌等重大事件，都起到积极的推进作用。

纳兰性德虽然英年早逝，但著作颇丰。据史料记载，纳兰性德留存下来的诗词作品总计有700余首，仅词作编辑成册的就有349首，主要词集被称为《饮水集》，又称《侧帽集》，后经今人编撰增删成册，统称为《纳兰词》。他的词作，词风清新隽秀、清雅脱俗、哀感顽艳，颇有南唐后主遗风。他诗词上的造诣在清朝无人能及，与当时阳羡派代表陈维崧、浙西派掌门朱彝尊鼎足而立，并称为"清词三大家"。对于纳兰性德，梁启超极其崇拜地说："容若小词，直追李主。"

纳兰性德在世的时候，人们就已经开始对他及他的词进行研究评价，并蔚然成风。而到了晚清，纳兰性德已成为人们谈论词风时的焦点人物，不管在什么场合，只要谈词，就必然谈起纳兰性德。民国时期，人们对纳兰性德词作的兴趣更是有增无减，几乎所有的读书人，都要研读纳兰性德的词作。民国以后，受多种因素的影响，纳兰性德才逐渐淡出了人们的视野。20世纪80年代，纳兰性德又重新回归人们的视线，再次成为人们关注的焦点，并在全国乃至全球的华人中，掀起一股纳兰性德的研究热潮。

从晚清到民国，文廷式、谭献、胡薇元、王国维、况周颐、谢无量、胡云翼等都对纳兰性德赞誉备至，尤以王国维、况周颐最为投入。王国维置南宋、元、明诸家于不顾，可谓振聋发聩，颇有推翻词史五百年之气概。他在《人间词话》中说："纳兰容若以自然之眼观物，以自然之舌言情。此由初入中原，未染汉人风气，故能真切如此，北宋以来，一人而已。"况周颐以"真"论词，以纳兰性德为清朝"国初第一词人"，阐发了纳兰性德对于清初词坛的开拓之功。谢无量则认为纳兰性德在清朝初年犹如一颗新星，"独为一时之冠"。胡云冀更是直言："纳兰性德的个性与作品，都与李后主不相伯仲，他的小令在清代是无足与其抗衡的。"

纳兰性德在中国词史上，是继李煜、柳永之后，又一位具有独特抒情主人公形象的词人，甚至有过之而无不及。纳兰性德的全部词作，为人们塑造了一个真率、自然而又充满忧伤与痛苦的抒情词人的形象。他虽出身豪门，却能礼贤下士，与士人情同手足；他虽为满族血统，却能心仪汉家文化，成为向先进文化学习的典范；他虽身处荣华富贵，却能敏锐地感受到沧桑与凄凉，洞察生命的真谛与生活的真相，用自己超常的才华、毕生的心血和年轻的生命，为人们创造了一个凄婉美丽的艺术世界。

过去，人们主要把纳兰性德当成一个词人来看待，忽视了他在历史文化发展上的贡献。其实，只要认真地看一看纳兰性德的著述，就不难发现他还是一个著作颇丰的文化人。纳兰性德的学术著作主要有：《通志堂集》20卷，其中赋一卷，诗、词各四卷，经解序三卷，文二卷，《渌水亭杂识》四卷，还包括附录二卷。《陈氏礼记集说补正》38卷。考订、编辑《大易集义粹言》80卷。与他人合编的著作有《今词初集》《名家绝句钞》《全唐诗选》等。纳兰性德的研究领域，涉及中华文化最基本的东西，像经史、文学、书法、医药、地理、历算、佛学、音乐、考证等，都在他的视野范围内。其中，《渌水亭杂识》突出表现出了纳兰性德有着丰富的知识与广博的学问，著作中传递出的是清朝前期满族上层对于中华文明的认可与追求，而那时，恰恰绝大部分的满族人还不认识汉字。

纳兰性德可以说是一位向先进文化进军的骁将，他深入汉民族文化的核心层面，广泛汲取营养，同时，也进行着去粗取精，去伪存真的加工，身体力行地改变着汉族文化的某些弊病，批判地继承与吸收，兼融满汉两种文化的精华，成为先进文化的拥有者和传播者。难怪人们赞誉他为文化圣手。纳兰性德既是一个卓越的词人，又是一个颇有建树的文学家和学者。

纳兰性德从小就聪明过人，读起书来过目不忘，长辈们都喜欢他。他自幼喜欢操弄兵器、骑马射箭，堪称是一个能文能武的神童。他17岁时入太学读书，18岁时考取举人，在得到当时内阁学士、礼部侍郎徐乾学的赏识后，纳兰性德幸运地拜徐乾学为师。纳兰性德19岁时因为突犯寒疾而错过会试，失去了一次金榜题名的机会。病愈之后，他更加发奋读书。在名师的指导下，他的文化功力日渐深厚。在此期间，他主持编撰了一部1792卷的《通志堂经解》，这套厚重的儒学汇编，得到了康熙皇帝的赏识。

纳兰性德22岁时，再次参加进士考试，并以优异成绩，考中二甲第七名，受到康熙皇帝的赞赏和青睐。高兴之下，康熙皇帝授予纳兰性德三等侍卫的官职。此后，纳兰性德的官职不断高升，最后升为一等侍卫。一等侍卫为正三品官衔，这是许多人可望而不可即的。纳兰性德经常跟随康熙皇帝南巡北狩，游历四方。这本是风光无限的差事，可纳兰性德却从不引以为荣。在他内心深处，早已厌倦官场的庸俗和侍从的差事。他甚至忧郁愁苦，如入樊笼一般，但因慑服皇权，无力挣脱现状。

考中进士后，纳兰性德随即迎娶两广总督卢兴祖之女、年方十八的卢氏为妻。卢氏端庄美丽，通情达理，与纳兰性德可谓是天设一对，地造一双。成婚后，卢氏对纳兰性德体贴入微，关怀备至，夫妻二人恩爱有加，感情笃深。美满的婚后生活，不仅给纳兰性德带来了无尽的幸福和心灵的安慰，也极大地激发了他的创作热情。

可令人痛心的是，结婚三年后，纳兰性德的爱妻卢氏偏偏死于难产。卢氏的不幸离世，给纳兰性德的精神造成了极大的伤痛。他的词风很快由新婚初期的那种明亮、柔美、温情的风格，转变为"悼亡之吟不少，知己之恨尤深"的词风，并流露出哀婉凄楚的相思之情，怅然若失的怀念心绪。他的《青衫湿·悼亡》就是典型的代表："近来无限伤心事，谁与话长更？从教分付，绿窗红泪，早雁初莺。当时领略，而今断送，总负多情。忽疑君到，漆灯风飐，痴数寒星。"虽然前有侧室颜氏，后又续娶官氏，但心中那份特殊的失落与空白，却是无人再能填补的。

除了对爱情十分执着外，纳兰性德对友情也十分执着。在交友上，纳兰性德最突出的特点，就是其所交"皆一时俊异，于世所称落落难合者"。纳兰性德不流于俗世，在交友方面，他不看门第，不看出身，不看功名，只要是有才气的人，与他志同道合的人，他都可与之成为莫逆和知己。他的许多朋友，都是不肯落俗之人，有很多是江南汉族的布衣文人，像顾贞观、严绳孙、朱彝尊、陈维崧、姜宸英等。纳兰性德对朋友十分真诚，他不仅仗义疏财，而且敬重朋友的品格和才华，从来不小看任何一个朋友。因此，无数的名人志士都争相追随在他的身边，不离不弃。纳兰性德经常在他所居住的渌水亭邀请文人雅士，相聚作词，畅谈人生。他的这一举动，极大地促进了康乾盛世的文化繁荣，也对满汉文化的融会贯通产生了非常积极的影响。

纳兰性德是一位风流才子。他三十岁时，在好友顾贞观的帮助下，又结识了江南才女沈宛。沈宛与卢氏有些相似，既聪慧美丽，又知书达理。相识后，二人情投意合，惺惺相惜。但是，由于纳兰性德是满室贵胄，而沈宛只是民间汉女，门第的悬殊，使得纳兰性德迫于家庭压力，始终不能正式迎娶沈宛。二人在京城共同生活一段时间后，沈宛只好忍痛离去，回归江南。这段凄婉的爱情故事，就此成为千古绝唱。

纳兰性德虽然生在上流社会，却总是极力躲避着上流社会，这也许是他忧郁、孤独的原因所在。他落拓无羁的性格，超逸脱俗的禀赋，轻取功名的潇洒，加之他从小生在豪门，过着锦衣玉食的生活，这些都是寻常男子苦苦追寻求之而不得的东西。而纳兰性德却对此嗤之以鼻。高贵的血液，显赫的家世，并没有给纳兰性德带来生活的快乐，正如他在词中写道的："自是天上痴情种，不做人间富贵花。"

爱妻的不幸离世，对情人的无奈辜负，家人的不能理解，以及挚友们的生离死别，让纳兰性德原本脆弱的心，一次又一次地受到打击和伤害。或许是天妒英才，亦或许是情深不寿，原本孱弱的身体，被寒疾乘虚而入，他病倒了。抱病的纳兰性德于康熙二十四年暮春，在病榻上与好友相聚，举杯庆祝，把酒言欢，一咏三叹。然而，酒入愁肠愁更愁，从此，他再也没能从病榻上爬起来，在康熙二十四年（1685 年）五月三十的那一天，一代英才溘然而逝。

一生挣扎于富贵与自由、家族与爱情之间的纳兰性德，走完了短暂的人生旅途，给后人除了留下哀叹与惋惜之外，还留下了宝贵的《纳兰词》。纳兰性德的词内容涉及广泛，包括情感、友谊、家庭、边塞、江南、动物咏史及杂感等方面，每一首词，都是缘情而起，情感真挚，让后人沉浸其中而无法自拔。纳兰性德的好友、《红楼梦》作者曹雪芹的祖父曹寅曾在《题楝亭夜话图》中哀叹："家家争唱饮水词，纳兰心事几曾知？"毫无疑问，纳兰性德永远是一本书，也永远是一个谜，他给后人留下了太多的悬念与惊叹，需要后人细致地品读，细心地揣摩，细微地感受。

目录

目录

目录

第一章

自是天上痴情种，
不做人间富贵花

01 父求名字，腊月降生

　　纳兰是纳兰性德的姓氏，又称"纳喇"、"那拉"，是满族大系中的一个大族。据史书记载，满族姓氏有百余种之多，分为"白号之姓"和"黑号之姓"。满族人崇尚白色，以白为贵，因此，白号之姓属贵族之姓，比黑号之姓要高贵得多。而纳兰恰恰列在白号之姓当中。

　　明朝初年，东北的满族称为女真族。那时，女真族分为建州女真、海西女真和东海女真三大部落。其中，建州女真分布在牡丹江、绥芬河及长白山一带，海西女真分布在松花江流域，东海女真分布在黑龙江和库页岛等地。为争夺疆土，女真族三大部落之间经常发生战争。经过多年的征战，建州女真首领努尔哈赤领导的爱新觉罗家族与海西女真首领金台什领导的叶赫那拉家族成为女真族两大势力。

　　由于努尔哈赤看中了金台什的妹妹孟古哲哲，并纳为妃子，两大家族实现了联姻。后来，孟古哲哲为努尔哈赤所生的儿子就是清太宗皇太极，皇太极的儿子就是清世祖顺治。爱新觉罗家族与叶赫那拉家族联姻后，彼此和睦相处了很长一段时间。后来，由于利益相争，两大部族还是发生了惨烈的战争。结果，金台什阵亡，海西女真被建州女真所吞并，就连金台什的儿子德尔格勒也归顺了努尔哈赤。不久，东海女真部落也归顺了建州女真。这样，努尔哈赤于 1583 年统一了女真部落。

1616 年，努尔哈赤在赫图阿拉宣布建国，并定国号为"金"，公开反对明朝。1635 年，皇太极废除旧有的族名，改称"满洲"，也称满族，第二年改国号为"清"。1644 年，清兵将领多尔衮抓住时机，挥师入关，与吴三桂合力围剿李自成，并获得全胜，顺利占领北京城。于是，努尔哈赤与孟古哲哲的孙子顺治皇帝迁都北京。

金台什的儿子德尔格勒归顺努尔哈赤后，在对抗明朝的战争中屡建战功。又因为他是努尔哈赤的妻侄，这也使得德尔格勒所在的叶赫那拉家族渐渐拥有了显赫的地位。顺治八年，即 1651 年，德尔格勒的儿子纳兰明珠迎娶了努尔哈赤第五子英亲王阿济格之女为妻，两大家族再次联姻。谁也没想到，这次联姻，竟促成了一位伟大天才的诞生。

顺治十一年，即 1654 年，纳兰明珠任銮仪卫云麾使。銮仪卫云麾使是一个正四品的武官官职，专门负责掌管皇帝的车驾仪仗。[①] 这足以说明纳兰明珠深得顺治皇帝的赏识。

此时，纳兰明珠的妻子爱新觉罗氏正身怀六甲，注让即将成为父亲的纳兰明珠既紧张又高兴。毕竟，这是他们的第一个孩子。他除了悉心照顾待产的妻子外，还时常琢磨着应该给孩子起一个什么名字。他觉得，这个孩子的身上，流淌着叶赫那拉和爱新觉罗两个显赫家族的高贵血统，一定非同一般。作为四品官员的父亲，有责任为这个即将出世的孩子取一个既好听又意义非凡的名字。

可是，这个名字由谁来取呢？辗转反侧之中，纳兰明珠终于想到了一个合适的人选。于是，纳兰明珠离开家里，策马扬鞭，走了大约一个时辰后，来到一座寺庙前。他飞身下马，慢步走到寺庙门前。这个寺庙不算太大，红墙黛瓦，廊檐飞翘。尽管大红庙门紧闭着，可还是阻挡不住里面缥渺的香烟和诵经的声音。这些能够闻到的和听到的，把本来就幽深的寺庙衬托得越发肃穆和幽静。纳兰明珠整了整衣冠，便伸出手轻叩庙门。不多时，庙门打开了，纳兰明珠迈开脚步，轻轻地走了进去。时值寒冬腊月，寺庙里的香客并不是很多，于是，纳兰明珠就直接走入了大殿。

---

① 张德泽著《清代国家机关考略》，学前出版社，2001 年

这里是广源寺，今北京市海淀区万寿寺附近，已不复存在了。纳兰明珠认识广源寺的住持法瑓大师。单从"法瑓"这个名字上看，就会让人感到几分玄妙。"瑓"同"烨"，本意为火盛、明亮，包含光辉灿烂、辉煌显赫的意思。

在纳兰明珠的眼里，法瑓大师是一个非常奇怪也令人敬佩的人。他每天给人们讲经说法，却从来不像其他住持那样热衷于给人们操办各种法事。不管是达官显贵，还是富商巨贾，他都不会为之操办任何法事，就连最简短的开光仪式也不做。

法瑓常对善男信女们说："佛祖早就死了，他根本没有能力保佑任何人。他只是在有生之年里播下一颗佛法的种子，任由这颗神奇的种子在他身后百年、千年的岁月里繁衍生息，开花结果。这些果子，也许会落到你的头上，也许会靠你去采摘、寻找。你或许可以就此脱离苦海，达到佛的世界，或许你根本达不到。不管是否达到，佛都不会帮你。"

法瑓大师还常说："人之所以痛苦，在于他在追求着错误的东西。人面临苦难困境，总是寄希望于佛祖来拯救自己。可哪里知道，诸佛无法像水洗污垢那样，用法力洗去众生身心上的恶业，无法用手摘除别人身上的痛苦，也无法把自己证得的智慧、能量移植给别人，只是把万法的终极法性和离苦得乐的道理告诉别人，让众生自己觉悟和自救。"

法瑓大师认为："修行是自救的好方法，要不断修正自己的思想、行为。时常观心，对于不正、错误、罪恶、黯淡、虚伪的念头，要批判自己、惩罚自己、警惕自己、告诫自己，使它不再重复。慈悲心是一切善行的根本，慈悲即是修德，护生可以延寿。"

法瑓大师的佛门就像一面镜子，能看得清那些所谓的善男信女们的内心世界；更像一面筛子，筛掉愚夫愚妇，也留下拥有坚强意志和强悍理性的士大夫和商贾，而纳兰明珠，就是其中被留下的一位。

每次听了法瑓大师的话，纳兰明珠都是微微颔首，显得很是受用。但是今天的他，却不像往常那样从容，眉宇间已掩藏不住那一丝祈求的神色。他只是静静地在人群外面守候着，偶尔也上上香，但并非刻意地祈祷什么。他默默地在氤氲的香烟味道中放松着自己，也释放着即将为人父的复杂心绪。

待香客逐渐散去后，纳兰明珠便走上前来，双手合十地向法瑓大师深施一礼，口中轻念一句："阿弥陀佛！"法瑓大师同样双手合十，深回一礼。

这时，法瑺大师面露微笑，似乎早已明了纳兰明珠的来意。在香客来去之中，法瑺大师已经注意到了纳兰明珠，他只是坦然观之，没打招呼。由于纳兰明珠心中有事，反应有些迟钝，并没领悟到法瑺大师微笑的含义。于是，纳兰明珠再次上前深施一礼，并郑重说道："大师，我今天来，是求您为我即将出世的孩子取一个名字。"

法瑺大师依旧在笑，而且笑得恬淡自若，对纳兰明珠的话，似乎有些心不在焉。对此，纳兰明珠有些急了，说道："大师，您不要笑。我知道很多人都说名字只是一个符号，但我相信，一个人的名字，可以昭示他的一生。"

法瑺大师看着面容有些焦急的纳兰明珠，轻声说道："你说的对，他们说的也对。"

"大师，什么我对他们也对？"纳兰明珠一脸疑惑。

法瑺大师轻轻地捋一捋颔下的胡须，语调轻缓地答道："只要你信，事情就会成真。"

纳兰明珠睁大眼睛，祈望法瑺大师快点说下去。

法瑺大师的神情一直很淡定，他说："因为你信，所以你不会永远只是一名普普通通的大内侍卫，而终将成长为一颗耀眼的明珠，到了那时候，便没有人可以直视你的光芒。因为你信，所以，你的孩子将来也会用他的一生来成就他的名字。"

听了法瑺大师的话，纳兰明珠顿觉眼前一亮，好似闪现了一束耀眼的光芒，视线豁然开朗。他没有想到，站在法瑺大师面前，他所有的心思仿佛被一眼看穿。他似乎变得毫无遮掩，所有的心智都渺小得弱不禁风。纳兰明珠预感到，今天这次拜访，算是来对了，肯定不会失望而归。

于是，他声音有些颤抖地对法瑺大师说："这么说，大师早已想好了犬子的名字？"

法瑺大师微笑着说："《易经》里说，'君子以成德为行，日可见之行也。'你可明白其中的含义？"

纳兰明珠略有所悟，但又唯恐对法瑺大师不尊，就赶紧摇头，再次双手合十地说："我乃愚笨之人，怎敢妄言，敬请大师详解。"

法瑺大师笑着说："这句话是在说君子的一言一行都在成就自己的德业，这些言行都是外显的，是能看到和感受得到的。其实，施主内心已经明了，只是不曾说破而已。'君子以成德为行，日可见之行也。'这孩子我想是个男孩，就取名'成德'吧。"

顺治十二年农历腊月十二（1655 年 1 月 19 日），天至日暮时分，一顶四人小轿正急匆匆地奔着纳兰明珠府而来，脚踩积雪发出的咯吱咯吱的声响离纳兰家的大院越来越近。此时，纳兰明珠府里正灯火辉煌，几乎所有的仆人们都在进进出出忙作一团。纳兰明珠守在廊前焦急地向门口张望，他的妻子爱新觉罗氏即将临产，就等接生婆曲红绫即刻来到。那顶四人小轿抬着的，正是接生婆曲红绫。只听大门"吱呀"一声，小轿已经停在了大门口。这时，有仆人赶紧来向纳兰明珠禀报："大人，曲红绫已到前厅。"纳兰明珠马上吩咐仆人："快带曲红绫到静怡居。"随后，纳兰明珠也急奔静怡居而去。

在冷彻的寒夜里，婴儿响亮的一声啼哭瞬间划破寂静的夜空，那声音，虽然有些粗犷，但是很响亮，很有些非同一般。接着，就有仆人禀报："恭喜明珠大人，太太生的是一位公子。"纳兰明珠走进静怡居，从曲红绫的手中接过婴儿仔细打量，高兴得说不出话来。他马上差人打赏了曲红绫，并火速派人给自己的兄长报信。按法玙大师的意思，纳兰明珠给自己的儿子取名纳兰成德，字容若，又因出生腊月，起小名"冬郎"。

"君子以成德为行，日可见之行也。"这句话，就是纳兰性德名字的来源。初为人父的纳兰明珠虽然对儿子满怀期待，可心里却并不那么笃定。儿子虽然有了一个大名，但他还要成长许多年才能明白这个名字背后的内涵。

02 抓周游戏，笃定一生

纳兰性德降生在当朝红人、四品高官的家庭里，是他的荣幸，也是他的不幸。荣幸的是，他衣食无忧，而且尽享荣华富贵；而不幸的是，他远离平民生活，处于高处不胜寒的境地。也许这是上天的安排，纳兰性德的天生富贵与悲剧命运已经同时注定了。

纳兰性德有一个聪明能干、出身好的父亲。从他的爷爷德尔格勒开始，他们的纳兰氏家族就是满洲八旗中的正黄旗人。八旗是清代满族的军队组织和户口编制制度。以旗为号，分正黄、正白、正红、正蓝、镶黄、镶白、镶红、镶蓝八旗。清兵入关前的 1601 年，清太祖努尔哈赤把满洲军队分成四旗，每一旗，起初是七千五百人。1615 年，扩充势力的需要，努尔哈赤将四旗扩充为八旗，除了原来的正黄、正红、正白、正蓝之外，又加上镶黄、镶红、镶白、镶蓝。这些旗的编制，是合军政、民政于一体的，所有军民，无论贵贱，都受旗制的约束。由于正黄旗最早是由太祖努尔哈赤统领的，后来就一直是皇权的象征，具有正黄旗身份就成为一种荣耀。

在纳兰明珠和妻子爱新觉罗氏的心里，纳兰性德就是上天赐予他们的珍贵礼物。当襁褓之中的纳兰性德还不知道什么是高低贵贱、贫富荣辱之时，每天被阿玛、额娘翻过来调过去地宠爱着，更被一大群的嬷嬷丫鬟们伺候着，就像《红楼梦》里荣国府老爷贾政的儿子贾宝玉一样，正如托尔斯泰所说的："幸福的家庭都是相似的，不幸的家庭各有各的不幸。"后来，纳兰性德的命运，竟与贾宝玉有着许多的相似之处。

纳兰明珠是正四品的武官，身着四品老虎补，朝冠顶饰小蓝宝石，上衔青晶石，吉服冠用青金石顶。正四品的武官每年的俸禄为白银 27 两，加支 114 两，合计为 141 两，同时，还要领取相当数量的粮食俸禄。按照当时 1 两黄金 =10 两白银 =10 贯铜钱 =10000 文铜钱的换算方式，纳兰明珠每年所领取俸禄为 141000 文铜钱。那么，当时的一文钱能派上多大的用场呢？

许多人或许都读过鲁迅先生的小说《孔乙己》，在成亨酒店曲尺形柜台上，站着喝酒身穿长衫的孔乙己排出九文大钱，说：温两碗酒，要一碟茴香豆。那一文钱，能派什么用场呢？一文钱，还不够买半碗酒或半碟茴香豆的。

但是，清朝初年的一文钱却完全不是这样。据中华书局出版的《中国近代手工业史资料》记载：清朝初年，以一文钱到酱园店，可以买酱醋油酒各一碗，谓之"四碗一文"。这就是当时一文钱的价值。与此相应的，是当时的米价，二文钱，就可以买一升米。按照 1 斗 =10 升 =15 斤的换算办法，一升米就是一斤半。由此来计算，纳兰明珠每年所领取的俸禄，可以买来 112500 斤米。而按照现今的物价，买这些米，起码得需要 30 万元以上。

除此之外，纳兰明珠的父亲德尔格勒还创造并积累了丰厚的家业，拥有相当数量的房产和地产，这些无疑也是纳兰家族可以依靠的另一种资源。刚出生的纳兰性德，就如同掉进了糖罐罐一般。纳兰明珠常常抱着儿子，细细地端详，久久地打量。他总觉得，儿子的长相非同一般，这也让他的心里感到些许的踏实。儿子不仅要继承纳兰家族高贵的血统，而且作为长子，将来还要继承他的爵位和荣耀，以及他未来所有的一切。他甚至舍不得把目光从儿子的脸上移开，仿佛要从那清澈得不染一丝尘埃的小脸上看到他所期望的答案。这时，他的耳边，不禁再一次回响起法璃大师的那些话来。他的眼神之中，似乎在思考着一个问题：儿子的一生，会按照自己的名字所昭示的轨迹成长吗？

纳兰性德和所有富家公子一样，几乎是在前呼后拥的环境中成长着，过着衣来伸手、饭来张口的锦衣玉食的生活。按照常理，这样的生活环境，很容易让纳兰性德养成高高在上、桀骜不驯的性格，可是，在纳兰性德身上，却看不到纨绔子弟的粗劣蛮横和放荡不羁。不管阿玛和额娘怎么宠爱他，不管家里的仆人怎么围着他转，纳兰性德都会给人一种安安静静、聪明乖巧的感觉，非常讨人喜欢。纳兰性德蹒跚学步的时候，不愿让大人扶着，自己跌倒了，就默默地爬起来，很是惹人怜爱。

对于纳兰性德过周岁生日，父亲纳兰明珠非常重视。这一天，父亲精心为儿子安排了一场盛大的抓周仪式。抓周，又称试周、试儿、拿周，是一种小孩周岁时预卜婴儿前途的习俗。新生儿周岁时，将各种物品摆放于婴儿面前，任其抓取，传统上常用物品有笔、墨、纸、砚、算盘、钱币、书籍等。

抓周早在魏晋南北朝时就已在贵族阶层盛行，《颜氏家训·风操》中述："江南风俗，儿生一期为制新衣，盥浴装饰，男则用弓矢纸笔，女则用刀尺针缕，并加饮食之物及珍宝服玩，置之儿前，观其发意所取，以验贪廉智愚，名之为试儿。"文中所说的一期，就是一周岁。当时，人们认为，如果婴儿抓弓矢，长大后喜武为将；抓纸笔，长大后习文为儒；如抓珍宝服玩，则长大后贪婪爱财或玩物丧志；女婴如抓刀尺针缕，长大后即为贤妻良母。而到了唐宋时期，抓周已在民间广泛流行了，抓周的仪式也变得越来越隆重、热闹。

纳兰性德周岁生日那天，纳兰明珠府里就像过节一样。纳兰明珠安排仆人们在儿子的床前摆下了一个大大的案几，上面摆了书籍、笔墨、砚章、算盘和钱币等物件，最后，纳兰明珠把妻子的珠钗也放了上去。纳兰性德看到这些琳琅满目的物件，清澈的眸子里闪过一丝喜悦和好奇。他早已按捺不住，从额娘的怀里挣脱出来，蹒跚着爬上了案几。小小的纳兰性德几乎是毫不犹豫地在诸多物品中一只手抓起了毛笔，另一只手则抓起了珠钗，然后就高兴地玩起来，再也不肯放下这两样东西。而对于案几上的其他物品，纳兰性德连看都不看了。

对于这个结局，纳兰明珠亦喜亦忧。一手毛笔一手珠钗，意味着一手学识一手情感。喜的是，纳兰性德手握毛笔，必是天资聪颖，学识过人，将来定会有一番作为。而手握珠钗，则预示着他将来不是好色之徒也是多情之种。纳兰明珠内心不免有些感叹：自古英雄难过美人关，即便有多少壮志豪情，也博不过美人一笑。或许，儿子将来的所有才华，都会毁在这一个"情"字上。

抓周，一场幼小孩童的游戏，是否真的能够判定纳兰性德一生的命运呢？对此，他的父亲纳兰明珠也是半信半疑。随着政务的繁忙，随着享受爱子成长的快乐，纳兰明珠很快淡忘了抓周的事情。

　　每一个旷世奇才，都有一个不同于其他孩子的童年，纳兰性德也是一样。"自古寒门多才俊，从来纨绔少伟男。"这似乎是自古以来流传下来的一种现象。但是，纳兰性德，这个生活在富丽堂皇的纳兰明珠府花园里，有着高贵血统的豪门贵公子，却完全颠覆了这个论述。他虽然在父母和仆人身边过着前呼后拥、众星捧月一般的日子，可却没能滋长顽劣骄纵的脾气。高贵的血液除了滋养了他俊朗的容貌，更塑造了他温婉的性情。他善良高贵，谦和有礼，风度翩翩。五六岁的纳兰性德和同龄孩子站在一起，就有一种卓尔不群的气势。

　　纳兰性德聪颖早慧，而且从小就接受良好的熏陶和教育。纳兰明珠是一个思想开明的人，他不但精通汉语，而且是朝廷里极力支持弘扬汉文化的官员之一。他认为，一定要让自己的孩子掌握最先进的汉文化。所以，小小的纳兰性德从咿呀学语开始，就被中原文化的诗书经史启蒙，刚刚学会说话，就能背诵几句古诗。他生得白净文雅，略显孱弱。作为北方骑射民族的后裔，纳兰明珠希望自己的儿子多些马背民族的骁勇和强悍。他要让自己的儿子将来不仅有文士的长衫、诗人的谈吐、贵族的傲慢，还应该要有武士的体格和豺狼的意志。

　　于是，从纳兰性德四五岁时候开始，父亲纳兰明珠就开始有意培养他骑射的本领。这对纳兰性德来说，也许不算苛刻。那个时候，所有的八旗子弟都在父亲或教师的指导下舞刀弄棒，骑马射箭，只不过纳兰性德练得更刻苦一些，并在练武之余拿出更多的时间来读书写字。纳兰性德聪明绝顶学无不精，这不仅体现在学习汉文化上，更体现在骑射方面。纳兰性德七岁的时候，父亲纳兰明珠邀请一些王公贵族的小贝勒、小公子到府中的花园里比赛骑射。纳兰性德在同辈中表现得出类拔萃，令在场的人无不感到震惊。当纳兰性德催马搭弓一箭射中靶心的那一刻，那些八旗将士们在惊呼之余，也仿佛看到了他们当年的影子。他们都曾经是塞外呜咽的苍狼，有着飞扬跋扈的壮志豪情。

　　小小纳兰性德谈吐优雅，十岁就能吟诗作赋，再加上首屈一指的骑射功夫，一时，在京城八旗子弟之间名噪一时，"神童"美誉不胫而走。据说，纳兰性德最早的诗词记载，是在他十岁的那一年的正月十五。那天，纳兰性德被热闹的节日气氛所感染，即兴写了一首《上元即事》，以此描绘和渲染元宵夜璀璨的灯火：

翠眊银鞍南陌回，凤城箫鼓殷如雷。

分明太乙峰头过，一片金莲火里开。

　　这首诗虽然写的有些平平，但却足以说明纳兰性德的阅读量应相当可观了。他已经会用"翠眊"这样的生僻字眼，会用"凤城"这样的诗歌套语，会用"太乙峰"和"金莲"这样的典故。而用"殷如雷"这个比喻，说明纳兰性德已经读过《诗经》了。就在这短短的几句诗中，既看出纳兰性德的聪慧过人，也看出纳兰明珠夫妇在教育儿子上所花费的心思。

　　正当人们期盼满月流光之时，却发生了多年少见的月食景观。对此，大人们都感到有些失落，而纳兰性德却非常兴奋，进而诗兴大发，挥笔写成了一首《上元月蚀》：

夹道香尘拥狭斜，金波无影暗千家。

姮娥应是羞分镜，故倩轻云掩素华。

　　这首诗，写的是元宵节之夜的繁华京城没有等来明亮的月光，是因为嫦娥害羞了，不肯移开梳妆的镜子露出脸庞，还特意遮掩了一层轻柔的云彩。

　　七绝虽然短小，在清朝时期却已经属于近体诗了，对声律有着严格的限制，与唐宋相比，明清时代人们的口音早已发生了变化，但对于写诗填词来说，必须依照唐宋的发音，这样，就免不了要死记硬背一些声律。显然，十岁的纳兰性德已经掌握了近体诗的写法，熟悉了平仄音的错综变幻，背熟了唐宋的汉字在韵谱上的发音，并能流畅地化用古语，充分地展示了天才诗人的想象力。

03 大师已去，疑惑无期

对于纳兰性德十岁就已经熟练掌握了近体诗的写法，他的好友顾贞观后来半开玩笑地说："纳兰性德之所以诗词写得这么好，完全是因为李商隐早在唐朝就为他做出过预言。"

顾贞观所说的是关于唐朝神童韩偓的一则典故。诗人韩偓从小是个神童，不管是吟诗，还是作文，都是信手拈来，轻松自若。韩偓的父亲韩瞻和李商隐是故交，关系非常密切。有一次，李商隐要离开京城加入东川节度使的幕府，韩瞻为他设宴践行。席间，韩偓在众人面前即席赋诗，所表现出的才华震惊四座。尤其是李商隐对韩偓的佳句回味不已，并乘兴写了一首七绝作为酬答，兼呈韩偓的父亲韩瞻。这首诗有一个很长的题目，叫《韩冬郎即席为诗相送，一座尽惊，他日余方追吟，"连霄侍坐裴回久"之句，有老成之风，因成二绝寄酬，兼呈畏之员外》。其题中的"韩冬郎"就是韩偓，冬郎是韩偓的小名。巧合的是，纳兰性德的小名也叫冬郎。

十岁裁诗走马成，冷灰残烛动离情。
桐花万里丹山路，雏凤清于老凤声。

剑栈风樯各辛苦，别时冬雪到时春。

为凭何逊修联句，瘦尽东阳姓沈人。

    李商隐在诗中极力推崇神童韩偓，尤其是"桐花万里丹山路，雏凤清于老凤声"这两句更是叫绝，成语"雏凤声清"就出自于此。因此，顾贞观在纳兰性德面前开玩笑地说："令尊大人给你取'冬郎'这个小名的时候，是不是已经把你当成神童韩偓了呢？如果这样，老人家真是慧眼，如今的小冬郎早已是'雏凤清于老凤声'，远远超过当时的韩偓了。"听了顾贞观的话，纳兰性德有些害羞地说："家父应该不会想到这么多吧？我是腊月生的，自然就叫冬郎了。"

    正月十五的月食之夜，纳兰性德还写了一首词，题目叫作《梅梢雪·元夜月蚀》：

星球映彻，一夜微退梅梢雪。紫姑待话经年别。窃药心灰，慵把菱花揭。

踏歌才起清钲歇。扇纨仍似秋期洁。天公毕竟风流绝。教看蛾眉，特放些时缺。

    这是纳兰性德平生最早的一首词作。一个十岁的孩子，能写出这样成熟的词作，着实让人不可思议。这首词，明显比纳兰性德同一天所做的《上元记事》和《上元月蚀》高出一大截。如果说这两首诗是出自于一个十岁孩子之手姑且有人相信，但读这首《梅梢雪·元夜月蚀》，无论如何也不相信它出自于年仅十岁的孩童。

    这首词所表达的大概意思是：京城的元宵夜晚到处都是花灯和焰火，梅梢的积雪在一夜里微微地融化了一些。厕神紫姑正欲与人诉说多年的离情别绪之时，嫦娥却正在懊悔着当初偷了仙药独上月宫，进而不愿揭开镜面见人，因此，月华被深深地掩住了。但是，随着驱逐天狗的锣鼓声停了下来，月亮又露出脸来。地上的人们手拉着手，脚踏着相同的节拍，再一次把欢快的歌声唱起，天上的月亮也回复了满月流光。都是因为天公的风流，为了看一眼月儿那弯弯的娥眉，特意制造了这一次让人难以忘却的月食。

    后来也有人认为，这首《梅梢雪·元夜月蚀》，是纳兰性德在康熙二十一年写下的。其理由是，康熙二十一年，即1682年，京城也出现了一次月食，已经二十八岁的纳兰性德即兴写下了这首词，把词的创作时间整整向后推延了十八年。也许，这种观点，会让人心安理得地接受。其实，如果只是从欣赏的角度出发，这首词是纳兰性德在什么时间创作的并不重要。

纳兰性德还写了另外一首元宵夜月食的词，叫作《清平乐·上元月蚀》：

瑶华映阙，烘散蓂墀雪。比拟寻常清景别，第一团圆时节。

影蛾忽泛初弦，分辉借与宫莲。七宝修成合璧，重轮岁岁中天。

这首词通篇采用白描的手法，不加任何的雕琢。上阕写的是朦胧之美。"瑶华映阙，烘散蓂墀雪"两句，描绘月全食时所见的景象；"比拟寻常清景别，第一团圆时节"两句，赞美月全食景象不比寻常，更富朦胧感、梦幻感。下阕写的是清晰之韵。"影蛾忽泛初弦，分辉借与宫莲"两句，写月全食渐出呈现"初弦"夜色的景象；"七宝修成合璧，重轮岁岁中天"两句，写月全食结束明月复圆。全词前后八句用朴实无华的描写方式，把月全食的全过程及其不同的景象表述得恰到好处。

随着年龄的增长，纳兰性德的兴趣越来越广泛。有一段时间，他对《仪礼》产生了浓厚的兴趣。《仪礼》是一本记载典礼仪节的书，与《周礼》、《礼记》合称"三礼"。《仪礼》中主要记述有关冠、婚、丧、祭、乡、射、朝、聘等礼仪制度，阐述春秋战国时期士大夫阶层的礼仪。全书共有十七篇：士冠礼、士昏礼、士相见礼、乡饮酒礼、乡射礼、燕礼、大射仪、聘礼、公食大夫礼、觐礼、丧服、士丧礼、既夕礼、士虞礼、特牲馈食礼、少牢馈食、有司彻等。《仪礼》介绍了很完备的礼仪，从婚丧到嫁娶，从乡间游艺到邦国来往，一个都没少。

阅读《仪礼》，纳兰性德忽然关注起"成德"这个名字的由来。有一天，他在《仪礼》中看到这样的句子："弃尔幼志，顺尔成德，麦考惟祺，介而是福。"这是古代贵族子弟在成人礼也就是冠礼上接受的祝词，意思是说，在这个良辰吉日里，为你加冠，表示你已经进入成年，希望你从此以后抛弃童心，谨慎地修养成人的品德，这样你就可以顺顺利利地得享高寿和洪福。

此前，纳兰性德早就听父亲给他讲过"成德"这一名字的来历。他一直以为"成德"出自《易经》里的名言："君子以成德为行，日可见之行也。"父亲纳兰明珠一直这样叮嘱他，他也一直这样期待自己。但是，在《仪礼》之中，"成德"二字说的却是"弃尔幼志，顺尔成德……"由此，他扪心自问：先"弃尔幼志"，而后才能"顺尔成德"，如果我不抛弃童心，不能像一个"标准"的成年人那样，在纲常礼制里规规矩矩地待人处事，我将来就不会有福有寿吗？他无论怎么冥思苦想，也无法找到让自己非常满意的答案。

疑惑之时，纳兰性德总是想起广源寺的法璍大师来，想去拜访这位心中敬仰已久的大师。可是，他已经永远没有这个机会了，法璍大师已经去世了。几年前，法璍大师死得非常离奇，以至于在此后的多年之中，都一直是街头巷尾的谈资，也多次见诸清人笔记的记载。

当时，对言论过度敏感的清政府，以"妖言"的罪名指控了法璍大师。对此，大师只是淡淡地叹息了一声，并说了一句："可有所据？"说罢，他就一个人静静地走进了禅房。由于法璍大师在京城里一向很有名望，差役们没敢贸然抓人，只是围住了大师的禅房，等待上司的命令。他们很快就等到了，不仅是命令，还是督责此案的官员亲自来了。那是一个春天的夜晚，月华如水，花香四溢，官员拖着一条丑陋的发辫，喝令手下粗暴地撞开了法璍大师诵经的禅房。而那一瞬间，让所有人都呆住了。只见禅房之中空空如也，法璍大师已在禅房当中的横梁上自缢而死，脚下本该踏着凳子的地方却空无一物，只有十几支寸把高的矮烛台围成了一个圆形，烛台上不见蜡烛，只有蜡烛烧尽后的一点油脂。

法璍大师自尽了，但这分明是一起不可能完成的自尽。大师把自己关在了禅房里，外边一直有十几名差役包围、看守；烛台围成的那个圆形，圆圈里边本该有一件供大师自缢时踩踏的家具，比如椅子或凳子。再退一步说，如果有一只凳子，也该在大师自缢的那一瞬间被踢到而砸倒一些烛台，也就是说，这十几支烛台，不可能就这样仍然完好无损地围成一个圆形。

所有的人，都不约而同地想到了法璍大师生前所说的那最后一句话："可有所据？"是的，对他的指控是没有任何根据的，但朝廷不可对抗，他依然会被审讯，会被处死，就像他的自缢，脚下是空无所据的，他却依然把自己吊在了禅房的横梁上。其实，这两者，都是无根无据的"事实"。法璍大师是在以自己"空无所据"的死，来嘲讽清政府的残暴。在广源寺，法璍大师就是这样"空无所据"地死去了。

这件案子最后只能不了了之，但街谈巷议愈传愈神，甚至有人说在法璍大师自缢的当夜，看到了那间禅房发出过黯淡的光芒，也有人说法璍大师的尸身并不在禅房当中，被撞开门扉之后的禅房里，只有横梁上的一根套索和地板上的几颗舍利。为了平息这些荒诞不经的谣言，朝廷残忍地把法瑠大师暴尸示众。但是，法瑠大师离奇死亡的消息早已经不胫而走，成为许多人心头渐渐燃烧起来的一点火花，一点希望。

在法瑠大师众多的怀念者当中，自然有纳兰性德和父亲纳兰明珠。纳兰性德早已听父亲讲过自己的名字与法瑠大师的渊源，可在记事之后，却一直没有见过这位佛门中的传奇人物。他也曾与父亲聊到过大师的死因，问父亲世间是否真有佛门法力？是否真有灵异幻术？但一向以精明、沉稳和强悍著称的父亲，却一直没给纳兰性德正面的回答，只是在被儿子逼问得无法脱身的时候，才说他也不清楚法瑠大师是否真的拥有什么神奇的法力。不过，法瑠大师那脚下无任何踩踏之物的神奇自缢，让许多人琢磨不透。后来，有人终于想到，法瑠大师所踩踏之物是冰。

京城专门有一种藏冰的生意，冬天，把什刹海里结的冰凿成块藏在地窖里，等夏天的时候取出来用。为此，北京现在还留下了这样一个地名：冰窖口胡同。一些有藏冰条件的人家自己也会藏冰来用，法瑠大师很可能就是踏在一块冰砖上完成的自缢，摆一圈烛台乍看上去只是为了制造一种仪式效果，其实这种仪式效果只是为了遮掩它们的实际功用，即迅速地融化那块冰砖。

纳兰性德后来在笔记里回顾了这一次和父亲的对话，他说那是他第一次被父亲那超卓的理性与缜密的思维所震撼，这既让他更加崇拜父亲，也让他觉察出了自己和父亲并不是同一个世界里的生命。他也是第一次感觉到：父亲为自己精心规划的那条道路，尽管铺满了令所有人艳羡的鲜花与掌声，却恐怕是自己永远也走不下来的。父亲对自己的那些希望，有时，会让自己深深失望。看得出，纳兰成德是非常不愿意"弃尔幼志，顺尔成德"的。

每一次遭受命运作弄的时候，纳兰性德总是不自觉地想起《仪礼》中的那句话，想起埋藏在记忆深处却难解的疑惑。或许，"成德"二字果真是一句谶语，一次又一次印证他生命中的每一个轨迹。不管是抓周的游戏还是关于名字的谶语，一样一样和纳兰性德的生命轨迹相吻合，一次一次在他的身上得到验证。

纳兰性德骨子里的文人气质，像一株茁壮的秧苗开始肆无忌惮地生长。他对文字的悟性，似乎与生俱来。每当手捧诗卷，隔帘听雨或对月赏花，他都会沉浸在一种忘我的境界里，不能自拔。他遨游在诗词的海洋里，沉浸在典籍的天空中，时时享受着一种别样的快乐。累了，他就倚在窗前，聆听花开的声音；倦了，他就放下书卷，到郊外去策马扬鞭。

　　而每当心浮气躁的时候，纳兰性德会信步走进附近的一家寺庙，静静地听僧人们诵经念佛，参悟一点禅意。他喜欢寺庙里的清幽，喜欢看佛前缭绕的香烟，喜欢听法师讲经说法，还喜欢听那似有若无余音袅袅的佛音梵乐。或许，他真的是一株遗世的莲花，因为贪恋凡尘烟火才有如此一番红尘游历。

　　纳兰性德每天既充实而快乐，又孤独而忧郁。就像与生俱来的高贵一样，那种淡淡的忧郁也像幽灵一般如影随形，这让他的父亲纳兰明珠着实感到有些困惑。纳兰性德有着尊贵的地位和显赫的家世，还有爱着他的所有亲人。他所拥有的，是多少市井布衣终生梦寐以求都得不到的。纳兰明珠夫妇无论怎么绞尽脑汁，都找不到儿子忧郁的理由。身体孱弱可以后天弥补，可是心理上的忧虑又该如何调理呢？他是强势征服者的后代，也将是下一代显赫的新贵，他将要学会统治，学会享受，学会惩罚，当然，还需要学会一点点宽容，唯一不需要学会的，就是善良和忧郁。这个孩子，将来能和他的父亲一样成为一个当之无愧的强者吗？纳兰明珠的心里，真的有些隐忧。

　　但是，纳兰性德的心思，还是用在读书上。更多的时候，纳兰性德还是沉浸在《诗经》《楚辞》和唐诗宋词里。纳兰性德被江南烟雨撩拨得心旌荡漾，那种潜藏在心底的情怀，那种对杏花烟雨的迷恋以及对池湖泛舟的向往，总会在一个月朗风清的寂静夜晚惊扰他的清梦。

04 骑射磨砺，书海遨游

满族在历史上是一个狩猎的民族，自称引弓之民，史称肃慎人、挹娄人、勿吉人、靺鞨人，直系先人为明代的女真，是我国历史悠久、文化发达的少数民族之一。"女真"之称出现于唐末五代。女真人明初以后逐渐南迁。1616年努尔哈赤建立政权，国号金，史称后金，年号天命，称金国汗。1618年起兵攻明。进入辽沈地区后，实行计丁授田、分田别居等措施，在汉族封建经济文化的影响下，满族社会发生较大变化。1626年努尔哈赤卒，其第八子皇太极继位。1635年改族名为"满洲"，后称满族。1636年改国号为"大清"。1644年迁都北京。

据史料记载，满族人"性多淳朴，地产小麦，虽知耕种，而以渔猎为生。遇冬日坚冰，足踏木板溜冰而射，其妇女尤善伏弩捕貂"。射箭是满族人猎取食物和防御野兽侵害的主要手段，也是军事上最为重要的攻防手段，因而，射箭在满族社会生活和军事行动中，起着非常重要的作用。后金时期，努尔哈赤就一直把骑射作为立国之本，大力推行全民演练骑射。在八旗制度中，满族贵族更是把族人全部划分到各旗之中，平时从事生产，而到战时从征为兵。平时，要求各旗人人演练骑射，并以箭法高超为荣，以箭法低劣为耻。

这种制度，使得满人，无论是王公大臣，还是普通旗丁，都要勇猛善射。正因为如此，满族才当之无愧地成为"马背上的民族"。

崇德元年，即1636年的农历四月，皇太极在举行斋戒迎春祭天的大典时，安排了射箭祭祀的环节。这时，有大臣前来劝谏说："斋戒之日，不宜射箭。"皇太极看了看劝谏的大臣，说道："昔辽太宗祭天，曾射柳，此射不可忘也。"于是，皇太极命令所有的大臣，都参与到射箭的比试之中，并在每一年举行斋戒迎春祭天大典时，都保持了比试射箭这个项目。许多大臣为了能在这一天一显身手，平时更是一丝不苟地加紧操练。

1644年，满族入关以后，八旗人都得到了应有的封赏，过上了衣食无忧甚至荣华富贵的生活。于是，八旗子弟不但渐渐被汉族人同化，而且骄奢自安，逐渐疏于骑射。

但是，八旗子弟也不乏克己励志之人，纳兰明珠就是其中的一位。虽在京城，身居四品，尽享朝廷俸禄，但他一直忠实地恪守着骑马善射的"祖宗家法"。为此，当儿子纳兰性德出生以后，纳兰明珠就开始循循善诱，既在习文上进行启蒙引导，也在习武上做到指点迷津。他觉得，习文与习武一样，必须从小抓起，从娃娃抓起。学习骑射，一方面能让儿子强身健体；另一方面，也让老祖宗能骑善射的看家本事不至于被后代所荒废。毕竟，儿子是征服者的后代，身上流淌着叶赫那拉氏和爱新觉罗氏两大强悍家族的血脉。他希望自己的儿子得到应有的磨砺后，有朝一日能够成为下一代中地位显赫的新贵。他在引导纳兰性德掌握先进的汉民族文化的同时，也要把他身上的满族狼性基因激发出来。于是，纳兰性德从四五岁开始，就在父亲纳兰明珠的身边，接受着严格的骑射训练。

此时，为了督促八旗子弟不至于荒废武功，皇帝降旨提出："我国家以弓矢定天下，又何可一日废武？"显然，八旗子弟入京后的表现已经引起了皇帝的高度重视，这对于巩固清朝政权，加快大清帝国的发展，都是一件好事。朝廷要求："凡乡试、会试，功勋子弟也必须先试弓马，合格后方许入场屋。"那些已经告别习武的八旗子弟为了求取功名，也不得不在父亲或教练的指导下舞刀弄棒，骑马射箭。但纳兰性德与那些八旗子弟根本不同，他习武的目的，不是为了眼前的利益，而是为了大清帝国的江山社稷。所以，纳兰性德练得非常努力刻苦，没有一点应付的思想。同时，纳兰性德在练武之余，还要拿出大量的时间去习文，去读书写字。

学习骑射可不是一件容易的事。纳兰性德在武术教练的指导下，每天从基本的"蹲马步"开始，持之以恒，循序渐进。纳兰性德的性格里，有着一种天生的坚韧不拔的特质。无论是读书，还是习武，纳兰性德都是有头有尾，从不间断。有一天，纳兰性德正在跟随武术教练练习蹲马步，忽然阴云密布，狂风大作，而后就下起雨来。武术教练马上终止训练，跑回屋去避雨了。但是，纳兰性德却依旧立于原地，一动不动，任凭风吹雨打，坚持做他的基本动作。武术教练急了，使劲喊他，可他就像没听见一样，直到把整套动作按标准完成。在习武的过程中，纳兰性德从来不叫苦，动作要领上也不打折扣。对此，纳兰性德不仅得到了武术教练的夸奖，他的父亲纳兰明珠也是看在眼里，喜在心上。没过多久，纳兰性德就已经练就了扎实的武术基本功，骑术和箭术都进步得非常快。这样，十几岁的纳兰性德，无论文韬还是武略，都在京城八旗子弟中小有微名。

骑射演练不仅要练习单兵作战能力，更主要的还要训练协同作战能力，这就需要习武的人要参加以集体围猎的实战演习。就在纳兰明珠刚刚上任兵部尚书不久，朝廷在京城正南二十里的晾鹰台，组织了一次阅兵大典和围猎训练。这一次，纳兰性德就是八旗子弟中的一员。在围猎训练中，纳兰性德认真捕捉着指挥官的旗鼓，冲锋、射击、砍杀，一招一式都做得有板有眼。此刻的纳兰性德，俨然是一名冲锋在战场上的八旗战士，无所畏惧，奋勇厮杀，成为所有武士中当之无愧的魁首。纳兰性德自幼勤学苦练的功底，终于在此时此刻得到全面的爆发。他的脸上，洋溢着一个武士的斗志与自信，再也找不到平日里忧郁的影子。他的父亲纳兰明珠也终于看到儿子狼性一面的爆发，他笑了，笑得很欣慰。

对于少年的纳兰性德来说，骑射训练已经成为一项每天必须完成的功课。而父亲的书房，则更像一个五彩缤纷的童话乐园，吸引着纳兰性德闪烁着求知欲望的眼球。

在少年纳兰性德的意识里，父亲纳兰明珠在旗人当中是很特殊的一个。父亲偏爱藏书，甚至到了有些痴狂的程度。父辈一代的旗人除了能征善战外多数都没有什么文化，也不怎么会说汉语，只有父亲纳兰明珠不但能把汉语说得像母语一样流利，而且对汉文化非常推崇。父亲的藏书里最让纳兰性德感兴趣的是一些文学典籍，如《诗经》《楚辞》《离骚》等；还有一些史学著作，如《史记》《汉书》《后汉书》等。对于纳兰性德来说，那是一个多么精彩的世界啊！尤其历史书籍，许多内容波澜壮阔，浩瀚无边，读来让人荡气回肠！秦始皇、汉武帝、唐太宗、宋太祖，这些英武的帝王曾经扩充了怎样广域的疆土，曾经创造了怎样的盛世文明！纳兰性德甚至想：如果中原再多几位那样的帝王，任凭太祖努尔哈赤、太宗皇太极再怎么能征善战，八旗子弟也不会离开关外那祖祖辈辈生活着的黑土地。浩瀚的书海把纳兰性德带入了无边的知识的海洋，他的思绪也不由得在这浩瀚的海洋里任意驰骋。

当读到唐诗宋词的时候，纳兰性德更是兴奋不已。这些诗句语言凝练、意境优美，读来琅琅上口。纳兰性德本来就有过目不忘的本领，这些诗词尤其让他着迷，他甚至能倒背如流。在这些诗词中，他似乎更喜欢南唐后主李煜以及柳永和晏殊的词，这些词作优美的曲调、婉约的风格，似乎总能打动纳兰性德那颗忧郁善感的心。读得多了，背得久了，也就自然而然地影响了他的词风，像《采桑子（凉生露气湘弦润）》一首，就明显带有这样的风格：

> 凉生露气湘弦润，暗滴花梢。帘影谁摇，燕蹴风丝上柳条。
> 舞鹍镜匣开频掩，檀粉慵调。朝泪如潮，昨夜香衾觉梦遥。

纳兰性德虽为男子，却有一种独属于女儿家的细腻心思，所以他写的词才能够动人心弦，催人泪下。单看纳兰性德那些闺中词，就可以想象得出，这个男人的心思有多么独到。纳兰性德爱人，必然爱得仔细温柔，甚至一颦一笑，他都爱得刻入心扉。这首小词，就是写女子闺中的神态，但也可以理解为是纳兰性德为自己心爱女子所写的爱情词。

这首词的大意为：夜来凉生，露气浸润了琴瑟，露珠滴在了花梢上。帘外疏影摇摇，原来是小燕子乘着微微细风飞上了柳枝。对镜理妆，自怜自伤，镜匣频开频掩。倦于梳妆，连香粉都懒得调匀。清晨醒来，想起昨夜美梦成空，怎不叫人伤情，不觉泪水就如潮般袭来。

更深露重，夜空寂寥，夜色最是让人神伤的。是谁家的小女子，神色清冷的斜倚闺房中，眉目紧锁，为的是情，还是恨？词的风格清丽明亮，朦胧中让人心生暖暖的情愫。

比起李商隐来，纳兰性德的怅然若失更胜一筹，更有现实的痛楚。"凉生露气湘弦润，暗滴花梢。"直接铺陈，这是纳兰性德词的一个特点，"凉"、"露气"、"花梢"，这些词织成了一个梦幻般的情境。在清冷的夜色下，露气沾湿了花蕊，也浸润了琴弦，能注意到这些小细节，将女儿家细腻的心思展露无疑。

限于篇幅，词总是充满想象的叙述，若干看似毫不相干的词语组合，便能够营造出一幅完美的图画。在这里，纳兰性德将这种功力运用到了极致。女儿家细腻地发现露水滴落花蕊之上，而后又注意到帘影重重，门外的柳条在风中摇摆，小燕子停在上面，自顾嬉戏。

这是一幅极致的春景图，既将春夜的景象写出，又融入了女儿家羞涩的心思。如梦醒时分的时刻，抬头望月般的惘然，世间的情爱之事总是这样，相爱时并不觉得可贵，但分开后一定会觉得痛心。

"舞鹍镜匣开频掩，檀粉慵调。"这里提到了一个"舞鹍"的典故。在南宋刘敬叔的志怪小说集《异苑》中有这样的描写："山鸡爱其羽毛，映水则舞。魏武时，南方献之。帝欲其鸣舞而无由。公子苍舒令置大镜其前，鸡鉴形而舞，不知止，遂至死。"以鹍入词，也是暗示，女子犹如鹍一般，对镜贴花黄，却是无人欣赏，只能形单影只地顾影自怜。

整首词，都让人有种恍若梦中的感觉，而梦醒时分，蓦然回首，却已找不到当初灯火阑珊处的那个人了。

纳兰性德似乎天生就是为诗词而生的，他多愁善感的性格，女儿般细腻的心思，再加上博览群书的丰厚学识，使得他信手拈来就能成就一篇名篇佳作。他常常钻到书房里一待就是大半天，累了，就到外面骑骑马、练练拳脚。练完了又重新钻到书房里。文武之道，张弛有度，纳兰性德把自己的时间安排得有条有理，自己读书习武的生活过得有声有色。除了一家人在一起吃饭的时候，纳兰明珠夫妇很少能见到他们的儿子。

05 虎父精明，子心惆怅

俗话说，虎父无犬子，有其父必有其子。纳兰性德之所以能在文学方面取得了非常突出的成就，以至于在词作方面被称为"北宋以来，一人而已"和"国初第一词手"，离不开父亲纳兰明珠的教育和影响。

纳兰明珠是康熙朝最重要的大臣之一，曾经名噪一时，权倾朝野，人们甚至以"相国"之名来称谓他。他官居内阁的时间达 13 年之久，可谓是"掌仪天下之政"，在议撤三藩、统一台湾、抗御外敌等重大事件中，都扮演了相当关键的角色，发挥了重要作用。《明珠墓志铭》上，就详细地论列了纳兰明珠对清廷的八大贡献：第一，在兵、农、财政、礼乐、政武刑全方位的政策法规制定上做出了突出贡献；第二，主持制定《满汉品级考》《八旗绿旗兵制》《吏礼二部铨选取士法》；第三，主撤"三藩"，贡献"密计奇策"；第四，专任施琅，平定台湾；第五，保持善类，荐贤为国；第六，建议取缔满洲贵族某些特权；第七，论事曲当，且得大体；第八，崇儒重道。

同时，作为封建权臣，纳兰明珠也利用皇帝的宠信，独揽朝政，贪财纳贿，卖官鬻爵，结党营私，打击异己，在封建统治集团的内部斗争中，经历荣辱兴衰，有起有落，甚至是大起大落。康熙二十七年，即 1688 年，纳兰明珠因为朋党罪名被罢黜职位，后虽官复原级，却再没受到重用。

在北京西郊，有一块《明珠及妻觉罗氏诰封碑》。此碑系康熙二十三年，即1684年九月二十四日所立，上面清晰地记载着纳兰明珠生平的任职履历："初任云麾使，二任郎中，三任内务府总管，四任弘文院学士，五任加一级，六任刑部尚书，七任都察院左都御史，八任都察院左都御史、经筵讲官，九任经筵讲官、兵部尚书，十任经筵讲官、兵部尚书、佐领，十一任经筵讲官、吏部尚书、佐领，十二任加一级，十三任武英殿大学士兼礼部尚书、佐领、加一级，十四任今职。"这里所提的"今职"，就是指"太子太傅、武英殿大学士兼礼部尚书、佐领、加一级"。

从纳兰明珠家族史来看，他的飞黄腾达，主要是自己努力的结果。一方面，纳兰明珠的家族虽然是满族非常有名的叶赫那拉部族，但到纳兰明珠出生时，这个部落早已成为昨日黄花，风光不再。他的父亲德尔格勒归顺努尔哈赤以后，虽然屡立战功，也只得了骑都尉的官衔，相当于现在军制中的大校军衔，可以世袭。这个职位，无法给他带来特别的好处。但是，由于叶赫那拉氏家族与爱新觉罗皇室家族还有着姻亲关系，也使得纳兰明珠从小就有机会接近皇室。另一方面，纳兰明珠的岳父是多尔衮的亲哥哥英亲王阿济格，他一生战功赫赫，但缺少政治谋略。多尔衮死后，阿济格想继任摄政王，曾胁迫多尔衮的属下依附自己，结果被人告发"谋乱夺政"。在多尔衮灵柩回京、顺治帝亲迎之时，阿济格携带佩刀，其举动给人一种心怀叵测的感觉。为此，议政王大臣会议将他抓捕，并囚禁起来。在牢中，阿济格竟然想挖洞越狱，并声言要放火烧掉监牢。后来，亲政的顺治帝为绝后患，宣布了多尔衮的十二大罪状，将阿济格及其已获亲王爵位的第三子劳亲赐死，次子镇国公傅勒赫削除宗籍，其余八子均贬为庶人。很显然，纳兰明珠与阿济格之女这种姻亲关系，绝不可能成为纳兰明珠在官场上扶摇直上的阶梯。一切都要靠他自己。纳兰明珠为人聪明干练、善解人意，又通满汉两种语言，能言善辩，遇人嘘寒问暖，善结人心，这才是他官场顺意的重要原因。

康熙七年（1668年），纳兰明珠奉命与工部尚书马尔赛调查淮扬水患，查明清口为淮河、黄河交汇处，并商议修复白驹场的旧闸口，凿开黄河北岸河道引流。不久后，纳兰明珠被任命为刑部尚书。康熙九年（1670年），纳兰明珠加封都察院左都御史，担任经筵讲官。康熙十一年（1672年），改任兵部尚书。康熙十二年（1672年），皇帝到南苑晾鹰台巡视八旗兵，纳兰明珠提前颁布教条训练士兵，等到检阅之日军容庄严整齐，康熙因此非常赞赏他的才能。

康熙帝亲自执政后，大力整顿朝政，奖励生产，惩办贪污，使新建立的清王朝渐渐强盛起来。当时，南明政权虽然已经灭亡。但是南方有三个藩王却叫康熙帝十分担心。这三个藩王本来是投降清朝的明军将领，一个是引清兵进关的吴三桂，一个叫尚可喜，一个叫耿仲明。因为他们帮助清朝消灭南明，镇压农民军，清王朝认为他们有功，封吴三桂为平西王，驻防云南、贵州；尚可喜为平南王，驻防广东；耿仲明为靖南王，驻防福建，合起来叫做"三藩"。三藩之中，又数吴三桂最强。吴三桂当上藩王之后，十分骄横，不但掌握地方兵权，还控制财政，自派官吏，不把清朝廷放在眼里。

康熙帝知道要统一政令，三藩是很大的障碍，一定得找机会削弱他们的势力。康熙认为："三桂等蓄谋久，不早除之，将养痈成患。今日撤亦反，不撤亦反，不若先发。"在纳兰明珠的强力支持下，康熙果断做出三藩并撤的决断，之后，纳兰明珠还参与了平定三藩的指挥。待到三藩平定之时，康熙对大臣们说："之前商议撤藩，只有纳兰明珠做事符合朕的想法。"这次力主撤藩，也成为纳兰明珠仕途中的最大功绩和仕途升迁的重大转折点。

纳兰明珠的个人能力确实非同一般。他精通满汉文化、做事干练、对人热情、能言善辩，刚正不阿，不畏权贵，忠贞不渝。除不顾个人安危极力主张裁撤三藩外，还为收复台湾不惜身入虎口，为抗击外敌不惜深入敌区。他运筹帷幄，一次次为康熙皇帝排忧解难。

康熙十四年，即1674年，纳兰明珠调任吏部尚书。康熙十六年，即1676年，被授予武英殿大学士，期间担任实录、方略、一统志、明史等重要皇家著述的总纂官，不久后加封太子太傅，权倾朝野。就这样，纳兰明珠登上了"一人之下、万人之上"的权力高峰。

纳兰性德亲身感受着自己父亲的一步步升迁。父亲的职位升得越高，家里的房子也变得越大，仆人也越来越多，他自己受到的关心和爱护也越来越周到。这样的生活，对于许多的孩子来说，都是求之不得的，而对于纳兰性德来说，心里却徒增了无尽的寂寞和惆怅。他每天除了读书和练习骑射外，似乎什么事情都不想做。

纳兰性德非常敬佩自己的父亲，但有的时候，却不能够理解自己的父亲。他越来越感到自己和父亲之间有太多的不同：性格上有不同、爱好上有不同、志向上有不同……他甚至感觉他们父子俩好像生活在两个不同的世界里，父亲向往权势，享受权势带来的一切，而他自己却向往宁静恬淡、与世无争的自在生活。

纳兰性德天性善良、宅心仁厚，对待家里的仆人如同朋友一般，从来不会呼来喝去，仆人们也都喜欢侍奉他、照顾他。即使是这样，仆人们在他面前，仍然一个个谨小慎微，不敢有丝毫差错。纳兰性德虽然宽和仁厚，但他强悍的母亲却用一套铁腕手段管理着家里的仆人，无人敢不从。一次，纳兰性德无意间听到仆人们在私下里议论家里发生的一件非常惨痛的事件：他父亲纳兰明珠无意间赞扬了一个女仆人的眼睛漂亮，可没想到的是，第二天，他的母亲爱新觉罗氏竟命令家中的一位男仆人，把那个女仆人打了一个乌眼青，头肿得像馒头，然后领到他的父亲纳兰明珠跟前，让纳兰明珠说不出话来。这一招果然有效，纳兰明珠从此再不随意评论家里的女仆人。听了仆人们的议论后，纳兰性德为母亲的心肠之毒、妒心之重深感汗颜和愧疚。他与母亲进行了一次激烈的争辩。母亲的所作所为，着实让他更加忧郁，他甚至产生过要逃离这种生活的想法。

秋夜，夜凉如水，一帘弯月躲在云层里若隐若现，纳兰性德躲在书房里正专心致志地捧读一本《离骚》，桌上的半盏清茶还隐隐约约氤氲着一点雾气。忽然，不远处母亲房里传来少女嘤嘤的哭泣声，还不时夹杂着粗粝的呵斥和打骂声。纳兰性德知道，一定又是哪个粗心的女仆人触怒了母亲。听见哭声，纳兰性德再也无法静下心读书，便索性走出书房，沿着回廊向后花园走去。

纳兰性德绕过后花园的假山，走过石桥，来到湖边的小亭子里，找个石凳坐下来。时至深秋，风已萧萧，看着地上时不时飘落的梧桐叶子，纳兰性德下意识地紧了紧衣领，一抹愁绪莫名地在心头荡漾开来。往往在这样的心境之下，纳兰性德都会创作出令人感怀的词作来，像那首《忆王孙（西风一夜剪芭蕉）》一样：

西风一夜剪芭蕉，倦眼经秋耐寂寥？强把心情付浊醪。读《离骚》。愁似湘江日夜潮。

昨夜又是一夜难眠，只听得西风萧萧吹了一夜。园中的芭蕉林，被一夜的西风摧残得遍地狼藉。满目望去，没有尽头，顿时感觉一种无限的凄凉，人岂能经受如此寂寥？取来一壶浊酒，对窗独自低饮，强把这无限的寂寥倒进杯里，化作无奈，一饮而下，灌入愁肠。随手捡起一本《离骚》，漫目读去，字字尽愁语，篇篇有千结。他心中的愁闷，像那日夜奔腾不息的三湘江水一般翻滚着。

词作通篇贯穿一个"愁"字。满目望来，所见皆秋色，可是一种悲秋的情怀？或许是因为生活在一个强权的家庭里，可有一种愁闷抑郁、如在樊笼的情愫？

06 敬重家祭，饮水思源

　　纳兰性德从小就是一个懂得孝敬、懂得感恩的孩子，年年跟着父辈们一起，参加族人和家人所举行的祭祀活动，恭敬虔诚地祭祖、祭神、祭神树、祭神杆、祭星，弘扬满族祭祀文化的感恩理念。

　　祭祀是满族人生活中必不可少的组成部分，也是满族人精神信仰的直接体现。满族的祭祀活动神秘而庄重，从程序到内容都非常讲究，特点鲜明。满族的整个祭祀过程可分为五个部分：祭祖、祭神、祭神树、祭神杆、祭星。

　　在举行祭祀活动的前三天，一家人就要着手做好祭祀的准备。在院子的大门当中，要悬挂一把谷草，表示从挂草把的日子开始，一直到祭祀活动结束，不许头戴狗皮帽子和身穿孝服以及身体不洁的女人入门，而且此时也不许周济乞丐。在祭期内，不许借债、讨债、还债，不许争吵，更不许打闹、开玩笑。此外，还要准备一些祭祀的食品，主要是准备黄米和活猪。祭祀的日子一到，主祭人就将暂存于外边的祖宗匣子请到家中，放在西炕南头的桌子上，然后再将屋里常设的祖宗匣子取下来放在桌子下边。

　　祭祀中的祭祖活动一般安排在白天进行。主祭人先将供桌及祖位架摆放好，然后将祖先请出，再把一头祭祀用的纯黑猪，抬到屋内南炕沿下。一切准备完毕后，主祭人诵读祭文。此时，所有参加祭祀的人，都要按辈分依次跪下，听取祭文。读完祭文后，所有人叩首起身，之后，众人把猪抬到供桌前杀祭。杀祭时要将猪毛退净，并将大小蹄脚和猪胆放在供桌的右边，再将猪抬到供桌上，猪头向外，脚要向右。

祭祀中的祭神方式分为白日祭和夜晚祭两种。白日祭一般在祭祖之后，将祭祖时所杀的猪分解成 12 件，连同内脏一起放到锅里煮，锅里不放包括盐在内的任何调料。锅里煮熟的肉，在上供之前都不许吃。把煮熟的供品在供桌上摆放整齐后，先请主祭人在前跪读祭文，参加祭祀的人仍要按辈分依次跪下，听取祭文，然后主祭人率众人行叩首礼。夜晚祭神一般分为两步。首先要从祖宗匣子中按先后次序请出七位祖先，放在祖架上，再请出两位摆设在祖匣盖上，每位前摆放净水一盅，黄米一碟，并将香碗、祭台放在桌上，然后点燃香和白蜡。之后，主祭人束好腰铃、扎好裙子，带领众人击鼓祈祷，并在神位前杀猪祭祀。其次，在杀猪祭祀后，主祭人还要率众人进行背灯祭。此时要将门窗遮蔽，不准人出入院内，如有外人来也不许进屋。主祭人将灯吹灭，手持铜铃，舞动腰铃，口中念念有词。祭祀完毕，重新点灯，叩首，将祖神像放入祖宗匣子里，双手举起放到西墙祖宗板上，再将门窗打开，准许人出入。背灯祭所用的肉，要过三天以后，家人才能吃，但不能送给外人。

祭祀中的祭神树一般在祭祖的第二天进行，就是在日出时，将祖先木像请到祭树前，面向东北。将一张干净的纸挂在树上，然后把祭猪抬到神树前，主祭人跪在祭猪的左方，众人跪在其后。在杀祭之前，先用酒或干净的水往猪耳朵里灌，猪感觉痛痒，就摇头摆耳，众人就认为这是神来享用了。如果猪没有什么反应，那就是不祥之兆。杀祭之后，将猪分解成七部分，放到锅里煮，猪胆、下颚骨及下水等挂在树上。主祭人将肉供上，叩首之后，众人将肉分食，但要把各部分的骨头送到神树前。满族人由于长期在山林中居住和从事狩猎活动，对山川树木的崇拜在满族早期社会中就已形成。他们认为林中山上皆有神祇司之，所以在经常经过的山林路口的树上挂一些彩色布条或纸条，以奉山神，每次进山和出山时都要虔诚地祭祀，以示崇敬。

祭祀中的祭神杆就是祭索伦杆子，也称祭天，一般是在祭祖后的第二天举行。祭索伦杆子用的猪，必须是无伤、纯黑的公猪，祭杀之前先将猪绑起来，放在索伦杆子前面，烧香祷告，然后再祭杀。猪骨头不能乱扔，要在当天晚上埋在索伦杆子下面，还要将猪脖子里的一块骨头挂在索伦杆子上面。猪胆、猪肠、猪膀胱等物放在索伦杆子上面的斗里，让乌鸦、喜鹊来吃，如果三天之内能被吃掉，便认为是很吉利的。

祭祀中的祭星是在月落以后进行。祭星的日期都安排在某月的初三或初五两天进行。那一天，等月落之后，先在上屋北炕当中设一个方凳，点燃香蜡。祭星人身穿黄纱袍，手拿血盆、尖刀，在室外西侧，距离祖宗匣子不远的地方，把祭猪杀掉，这时屋内要将灯火熄灭。杀完祭猪后，祭星人咳嗽一声，屋内点灯开门，将猪抬进屋内退毛、分解。然后再将猪抬到原来的地方，叩首祭星，这时屋内再次熄灭灯火。祭祀完毕后，再将猪抬回屋内，但不能见灶火。据说，熄灯闭光能使人神之间的距离缩短，既可以"对天直语"，又能使神明直接察觉到祭祀人虔诚的心情。星祭是满族自然崇拜观念的反映之一，它如实地记录了满族劳动群众对"北斗"或"北极星"的崇信和他们同自然和睦相处的依赖关系。

而纳兰性德所参加的祭祀，一般都是家祭。家祭是指满族内各姓氏以血缘族姓为单位举行的祭祀祖先的一种活动。在时间上，家祭有朝祭和夕祭之分。举行家祭仪式时，既有祝词，又有歌舞，场面隆重而热烈。纳兰性德家每年要举行春秋两次祭祀，每次都是连祭三天。第一天是祭祖，第二天是祭天，第三天是举行换锁仪式。换锁就是在院内插满三杈的柳枝，孩子们把彩线系在脖颈上，跪在祖先神像前，以象征子孙如枝之繁，如叶之茂。

满族人的祭祀活动同自身的生活习惯相联系，把自然力人格化、神秘化，变成一种超自然的神灵，把神灵观念和祖先崇拜作为家族体系的精神支柱，祈望通过神、祖的力量来摆脱苦难，得到幸福，反映了满族人的淳朴而美好的精神追求。

纳兰性德刚刚记事时参加的那次家祭总是让他久久不忘。那一次，家祭结束后，家里的每个人都分得一块祭肉。那块祭肉，只是在白水里煮熟的，没添加包括盐在内的任何作料。在此之前，纳兰性德一直吃着厨子们精心烹调的菜肴和各式各样的点心，根本没见过这种气味难闻的煮肉。他只是看了一下，还没吃到嘴里，就忽然产生一种呕吐的感觉。于是，纳兰性德哭闹着无论如何也不肯吃下那块祭肉。

纳兰性德的哭闹声，惊动了在一旁忙碌着的父亲纳兰明珠。纳兰明珠问明缘由后，立刻严厉起来，大声地命令纳兰性德必须把那块肉吃下去。纳兰性德从小被家里人宠着、哄着，父亲对他也是一贯和蔼可亲的，小纳兰性德根本没见过这么凶狠的架势，心里一下子充满了胆怯。只好含着泪把那块肉硬吃下去。

那天，家祭结束后，父亲纳兰明珠和颜悦色地搂过儿子，语重心长地给孩子讲述了祭肉的来历以及吃祭肉的原因。他说，很久以前，我们的祖先生活在遥远的白山黑水之间，靠游牧和狩猎过着食不果腹的生活，他们的生活原始而且粗糙，吃肉也只会用这一种简单的方式。这种祭祀方式是为了怀念祖先，也是为了提醒今天的八旗子弟，无论有多么荣华富贵的生活，也不能忘记祖先们的辛勤和艰苦。

时隔多年，父亲当年那语重心长的教诲，让纳兰性德一直铭记在心。他始终不曾忘记，自己身上融汇着叶赫那拉和爱新觉罗这两个最强悍家族的血脉。他知道，他是幸运的，父亲纳兰明珠虽然一直教导自己不忘祖先、饮水思源，但父亲是极其开明的，不像其他父亲那样只知道教自己的孩子骑马射箭，而是引导自己的儿子既习武，又习文，努力汲取大汉文化的博大精深。就这样，古老的中原文化和历史文明一直深深地吸引着纳兰性德，他就像一块被挤干水分的海绵，被投入到知识的海洋里，汲取再汲取。

正是父亲的影响和熏陶，纳兰性德从小便熟读四书五经，再加上他天资聪慧，读书过目不忘，他的词作渐渐出类拔萃，后来成为中国近代文学史上的一座丰碑。一首《采桑子·塞上咏梅花》，读起来就会产生一种非同一般的感觉：

非关癖爱轻模样，冷处偏佳。别有根芽，不是人间富贵花。
谢娘别后谁能惜，漂泊天涯。寒月悲笳，万里西风瀚海沙。

这首词的大意是：我并不是偏爱雪花轻舞飞扬的姿态，也不是因为它越寒冷越美丽，而是因它有人间富贵之花不可比拟的高洁之姿。谢娘故去之后还有谁真的了解它、怜惜它呢？它在天涯飘荡，看尽冷月，听遍胡笳，感受到的是西风遍吹黄沙的悲凉。

纳兰性德虽然出身于富贵之家，生活在朱邸红楼中，但作为贵胄公子、皇族中的八旗子弟，身上却没有纨绔习气。他借咏雪道出自己"不是人间富贵花"的志向，道出了卓尔不群的高洁情操，同时抒发了不慕人世间荣华富贵，厌弃仕宦生涯的心情。"谢娘别后谁能惜，漂泊天涯。"词句透着沉沉的分量，仿佛可以想象出一幅黄沙漫天、雪飘万里的画面，寒冷的塞外，一个衣着华贵的青年，神情忧郁地立于寒风之中，雪花飘满他的肩头，他却浑然不觉，只是一心在想，此情此景，除他之外，还有谁在远方一同关注。

纳兰性德的词如同冬日屋里的一捧火炭，散发着暖暖的气息，令寒冷霎那间化成水滴，滴落心间。那份不属于尘嚣的清净与洒脱，一向是纳兰性德的特色。一切荣耀在纳兰性德看来不过是过眼烟云，再多的富贵也比不上他那颗向往自由的心。纳兰性德的手能感到雪花飞入掌心的冰凉，那些大片大片的雪花瞬间融化成水珠，这雪就好像纳兰性德高贵的心，如果硬要去承受世间一星半点的纠缠，那么宁愿化为水来结束自己。

看到雪花尚能如此干脆而洁烈，而自己却做不到，忍不住黯然神伤。纳兰性德问道："谢娘别后谁能惜？"这好似在问苍天，其实是在问自己。这里的谢娘是指谢道韫，这里引用的是《世说新语·言语》中谢道韫咏柳絮的故事。谢道韫是东晋时期的女诗人，是著名书法家王羲之的儿子王凝之的妻子，也是宰相谢安的侄女。当时，谢安看到风雪交加，一时兴起，就问子侄辈，此物何物可比之？谢道韫随口即出："未若柳絮因风起。"谢安大加赞赏，谢道韫因为能吟出这样的诗句，而被人看是旷世才女。

而在此刻，纳兰性德将自己与谢道韫相提并论，也是表明自有风骨，不同于凡夫俗子，他渴望在这万里狂沙中洗净灵魂。于是，结尾"万里西风瀚海沙"一句显得很是悲凉壮阔。瀚海是指沙漠，纳兰性德取自唐朝高适《燕歌行》里的诗句："校尉羽书飞瀚海，单于猎火照狼山"，将古人的意境化简，让人感受到他精神世界的至清至洁。

这样一个不羁的灵魂，想在天与地的尽头，瞬间融入。他渴望被上天垂怜，拥有自由自在的生活，但上天似乎忘记了眷顾于他。纳兰性德一生的追求，也只有那时的片片雪花，不经意地瞥见，而后，所有雪花落地，一同埋入了这塞外的土地之下。

木蘭花令

擬古決絕詞

人生若只如初見
何事秋風悲畫扇
等閒變卻故人心
却道故人心易變

驪山語罷清宵半
淚雨零鈴終不怨
何如薄倖錦衣郎
比翼連枝當日願

——[清]納蘭性德

好事近

何路向家園
歷歷殘山剩水
都把一春冷澹
到夸秋天氣

料應重發隔年花
莫問花前事
縱使東風依舊
怕紅顏不似

清 納蘭性德

第二章

一往情深深几许，

深山夕照深秋雨

01 翩翩少年，崭露词坛

康熙十年，即 1671 年，17 岁的纳兰性德进入国子监读书。这时的他，已经从一个满脸稚气的孩童，成长为一位风度翩翩的英俊少年。

北京国子监始建于元朝大德十年（公元 1306 年），是我国元、明、清三代国家管理教育的最高行政机关和国家设立的最高学府，又称国子学或国子寺。同时，作为当时国家教育的主管机构，隶属礼部。明朝时期，南京和北京都分别设有国子监，南京的国子监被称为"南监"或"南雍"，北京的国子监被称为"北监"或"北雍"。而南京国子监始建于东吴永安元年，即公元 258 年，规模宏大，延袤十里，灯火相辉，盛况空前，当时邻邦高丽、日本、琉球、暹罗等国"向慕文教"，不断派留学生到南京国子监学习。

北京国子监位于北京东城区安定门内的成贤街，毗邻雍和宫，早在 1961 年就被国家列为全国重点文物保护单位。西汉时期，为了加强中央集权的封建统治，汉武帝采纳董仲舒的建议："兴太学，置名师，以养天下士。"元朔五年（公元前 124 年），太学正式建立，成为中国古代官办的中央大学。东汉开国皇帝刘秀，就是太学生出身。后来，隋文帝创设了专门的教育行政机构，将太学改称国子寺。隋炀帝时，又将国子寺改称国子监。从此，国子监成为中国古代教育史上的重要机构。到了明清时代，国子监更是监学合一，监学混称。因此，国子监既是中国古代掌邦国儒学训导政令的行政机构，又是中央级的全国最高学府，更是培养封建统治人才、储备后备力量的大本营。

北京国子监位于成贤街的中心、孔庙西侧，总面积近 3 万平方米。整体建筑是按照先庙后学的次序，形成了左庙右学的总体格局。它坐北朝南，共三进院落。正门上方写有 "集贤门" 三个大字，像一面锦旗悬挂在上方。过了集贤门是前院，前院东边的持敬门通往孔庙。过了太学门是中院，也是国子监的主要建筑。太学门上有 "太学" 二字。太学门外有刻着 "五朝上谕碑"等字样的石碑，"五朝上谕碑" 就是著名的 "白话碑"。过了中院的西侧门向北，就是国子监的后院。后院中间是敬一亭。在敬一亭的两边，是祭酒、司业办公的东西两厢。这后院的中间的大门，平时是不开的，只有皇帝到来时，才可以打开。国子监里的师生，平时只能走两边的侧门。因为有了国子监，才有了 "成贤街" 之名。在各个朝代，成贤就是成官，当官才意味着成功。所以，成贤街有如士子仕途，在读书人心目中占有非同一般的地位。

就在纳兰性德进入国子监读书的这一年，他的父亲纳兰明珠从左都御史的任上，同当时的国子监祭酒徐元文一起，兼任经筵讲官。这个头衔，实际上就是做了康熙皇帝的儒学老师。同年，纳兰明珠又从左都御史调任兵部尚书。当时，南方以吴三桂为首的 "三藩" 作乱，战事一触即发，纳兰明珠则是康熙皇帝当时所能倚仗和信任的唯一的大臣。对于纳兰明珠来说，这个位置相当于一人之下万人之上，几乎成了当时朝廷文武大臣关注的焦点。

纳兰明珠的身边很快涌现了一大批趋炎附势的巴结者。这样一来，17 岁的纳兰性德顿时也身价百倍，成了炙手可热的人物。其实，文武双全、风度翩翩的纳兰性德早已声名远扬，成为京城豪门千金眼睛里最理想的情郎、最渴望托付的归宿。再加上父亲纳兰明珠头上耀眼的光环，那些别有用心的官府同僚们都争相攀附。

唯一对这件事情丝毫不感兴趣的就是纳兰性德自己。在他的生活里，读书、骑射这些内容依旧日复一日地重复着。随着年龄的增长，他的性格和趣味有了很大的改变。一些传统的儒家经典和史学典籍，对他已经没有太大的吸引力了，他开始迷恋上了诗词，尤其是填词。徜徉在唐宋名家浩瀚的词海里，他甚至无以自拔。他疯狂地背诵词作，疯狂地模仿填词。下面是他填写的《生查子（散帙坐凝尘）》：

散帙坐凝尘，吹气幽兰并。茶名龙凤团，香字鸳鸯饼。
玉局类弹棋，颠倒双栖影。花月不曾闲，莫放相思醒。

这首词，生动地描绘了贵族家庭中，一位少年读书时的闲散浪漫场景。书本摊开放在手边，随意地坐在美人旁边，品着龙团凤饼的香茗，燃着鸳鸯形状的香饼，时而博弈，时而漫步花园，即便是吟诗词对楹联，也不曾失却风流。

对这首词，历来争议甚多。有的说这是纳兰性德写读书时的感受，对古人读书情态的一种怀想，浪漫而单纯。也有的说这是纳兰性德的一首闺怨词，是他借少女的闺怨，来感怀自己百无聊赖的境况。事实上，这首词无疑客观地反映了纳兰性德身居贵人之家的绮艳优裕生活。

在一个偶然的机会里，纳兰性德得到了一本书。这本书曾经让他一度沉醉得无以自拔，而且这一醉就是很多年，一生都没有走出来，以至于他以后的创作几乎都留下了这部书的深深烙印。

他的脑海里常常不自觉地跳出那些词句："一缕香烟花数朵，正堪相伴病维摩"、"心期旧矣合欢新，蔗尾才尝味已珍"……纳兰性德品味着这些句子，想象着自己在一间堆满佛经的房间里，陷落在缭绕的香烟之中，看那氤氲的烟雾绽开成花儿朵朵，时而袅袅飞腾，时而缤纷破灭。模糊中，他仿佛看见一位少女向他款款走来，等到定睛一看，那人却又无影无踪。"飞燕风情疑远近，惊鸿神采乍阴阳，关心正此堪研赏，似较横陈味颇长。"书中诗句所引用的旖旎万端的典故，是纳兰性德早就熟悉了的。"飞燕风情疑远近"一句出自伶玄的《飞燕外传》，"惊鸿神采乍阴阳"一句则是根据曹植《洛神赋》里的诗句化演而来。美丽的爱情就像风情万种的赵飞燕，翩翩起舞，忽远忽近，若即若离，又像惊鸿一瞥的洛水女神，似要逗留人间，又欲转返成仙。如梦似幻，亦真亦假，让少年的纳兰性德忍不住想去拥抱。

这本让纳兰性德痴迷到无以自拔的诗集，名字叫《疑雨集》，作者是晚明著名诗人王次回。王次回，名彦泓，字次回，出身于明代常州金坛的王氏旺族，一连三代都是科举进士，后任要职，晚年荣归故里，有经史著作流传于世，可以说是"立德、立言、立功"三者皆备，盛名一时。

但是，由于王次回的父亲王懋锟在明天启年间秉公执法，得罪了当时的权贵，不幸惨遭陷害，虽然后来得到新登基的崇祯皇帝的赦免，但这个名门望族显然已经元气大伤，很难恢复了。到了王次回这一代的时候，家里已是落魄不堪。虽然王次回努力苦读，欲求取功名，可他屡次应考都中不了进士。取不了功名就自然做不成官，做不成官自然也无法改变命运。写诗，成为悲观绝望中的王次回唯一的解脱，他把理想当中的爱都融入诗里，过着亦真亦梦、浑浑噩噩的一生，直到崇祯十五年病逝，时年五十岁。

王次回的《疑雨集》曾经在明末清初和清末民初两度风靡，甚至于影响了民国时期的一大部分文人和作家。直到现在，我们还能在张恨水的《春明外史》里、冰心的散文里，还有郁达夫、沈从文等作家的作品里看到王次回的影子。因为赤裸裸地描绘了爱情，抒发了爱情，王次回的词集被当时的正统社会所摒弃和不齿。但是，在一些人的眼里，《疑雨集》就是一本爱情圣经，而王次回被尊为爱情教主。那些词句是那样的旖旎，那样的艳丽，以至于后来被日本作家永井荷风将其比作是波德莱尔的《恶之花》，而盛赞《疑雨集》的"倦怠颓唐之美"，哈佛大学教授韩南干脆直接称之为"中国的波德莱尔"。

在少年纳兰性德的心里，王次回就是一位知己，他甚至觉得王次回就是另一个自己，《疑雨集》里的许多诗篇，都完美地抒发了自己的心声。在纳兰性德的词中，有着大量的对《疑雨集》的套用和化用，而且用得贴切自然、天衣无缝，仿佛《疑雨集》就是纳兰性德的母语一般。纳兰性德的两首《浣溪沙》，就有着比较明显的化用痕迹。

之一：《浣溪沙（容易浓香近画屏）》
容易浓香近画屏，繁枝影著半窗横。风波狭路倍怜卿。
未接语言犹怅望，才通商略已惺腾。只嫌今夜月偏明。

之二：《浣溪沙（五字诗中目乍成）》
五字诗中目乍成，尽教残福折书生。手接裙带那时情。
别后心期和梦杳，年来憔悴与愁并。夕阳依旧小窗明。

两首词中的"风波狭路倍怜卿"、"未接语言犹怅望"、"尽教残福折书生"三句，分别化用了《疑雨集》里面的"风波狭路惊团扇"、"未接语言当面笑"、"半宵残福折书生"三句。而"五字诗中目乍成"一句，则直接引用了《疑雨集》里面的诗句。

当纳兰性德通读了王次回《疑雨集》后，对填词的兴趣越来越浓厚，从此一发而不可收。可以说，是王次回这个早已被人们遗忘的晚明诗人，一举造就了纳兰性德这位伟大的天才词人，也许就是这位王次回，教会了纳兰性德怎样去爱，怎样去表达爱。

在这一年里，纳兰性德还遭遇了一件让他铭记一生的事情，就是孤苦无依的表妹雪梅住进了他的家里。而早在六七年前，姑姑曾带着雪梅来过他家一次。

初次相逢，雪梅就像一朵洁白的梨花，纤尘不染，清新绝俗。当时，尚不知男女情事的纳兰性德却被这朵梨花深深迷醉，迷上她洁净的笑靥、眉间的轻愁，还有她迷蒙的眼中藏着的水露。纳兰性德因为雪梅爱上了水，因为雪梅爱上了梨花的白、莲荷的雅。这个小小的雪梅，给了纳兰性德对爱情美好的想象，满足了一个多情男儿对人间情爱温柔的渴慕。

那一年，还不满七岁的雪梅被一辆老旧的马车带到纳兰明珠府，被安置在绿荷苑。从此，纳兰性德就与雪梅成为形影不离的好朋友，雪梅为纳兰性德烹炉煮茶，清澈的茶，漫溢芬芳。纳兰性德的怀里，一直藏着雪梅为他绣的香囊，那是她初次做针线活时，为纳兰性德精心绣制的。一个小小的香囊，绣了三天三夜，费尽了心思。香囊上，一朵并蒂莲，开得那样饱满，那样幸福。雪梅的心里，希望与表哥走得更近，不要分离。

一晃六七年过去了，纳兰性德一直想念着雪梅，总是期许着重见雪梅。老天不负苦心人，纳兰性德的期许果然实现了。

02 青梅竹马，情窦初开

　　康熙十年暮春三月的一个下午，纳兰性德从习武场操练完毕后回到家里。他一身疲惫，浑身都在蒸发着热腾腾的汗气。正当他大步流星地要到前厅更衣时，就见丫鬟小翠和碧儿一边向他走来，一边兴致勃勃地议论着什么。随着距离越来越近，纳兰性德隐隐约约地听到碧儿在说："没想到，这位表小姐长得竟然这么漂亮，白白净净、水水灵灵的，像从画儿里走出来的一样，我还从没看过这么漂亮的人。"碧儿说话间，就已经走到了纳兰性德跟前。碧儿和小翠见到纳兰性德后，赶紧深施一礼，然后，小翠快言快语地对纳兰性德说："公子，表小姐雪梅已经来府上了，老爷太太请公子换完衣服后，马上到前厅去见客。"

　　自从第一次见到表妹后，纳兰性德一直想念着聪明乖巧、知书达理、能说会道、人见人爱的雪梅。他早就想再次与表妹相见，可却一直没有见面的机会。这会儿，听说表妹已经来到他的家里，纳兰性德一下子振作了精神，三步并作两步地跑到自己的房间，在仆人的帮助下，匆忙换好了衣服。看来，纳兰性德已经有些迫不及待了。当他正要冲出房间时，好像忽然想起什么，便折回到镜子前，左端详右端详，抚弄嘴脸，整理衣着，上上下下折腾了好一阵子，才兴高采烈地走出自己的房间。

纳兰性德的这位表妹叫舒穆禄雪梅，是父亲纳兰明珠的胞妹纳兰氏夫人所生。纳兰氏夫人的丈夫名叫舒穆禄庆吉，祖籍辽宁铁岭，科第出身，康熙九年，即1670年，舒穆禄庆吉被钦点为杭州知府。因受大舅哥纳兰明珠的庇护，到任不久，舒穆禄庆吉又顺利擢升为道台。在他乘船去南京赴任时，途中遭遇狂风袭击，不幸遇难。纳兰氏夫人为丈夫料理完丧事之后，郁闷成疾，卧床不起。后虽经多方求医治疗，仍不见好转，一病而亡。就这样，年仅十四岁的舒穆禄雪梅成为孤儿。虽然父母为她留下偌大的一片家业，但舒穆禄雪梅整日抑郁愁苦，想念父母双亲。

得知雪梅的境况后，她的舅舅纳兰明珠随即指派自己的下属安图，昼夜兼程赶到舒穆禄府，给外甥女雪梅送去了一封亲笔信。纳兰明珠在信中写道："念外甥女年纪尚小，上无父母，下无兄妹，舅家即汝家，不可见外，务必随安总管一并来府，切切！"雪梅原本不想拖累舅父家，但看了舅父的亲笔信，眼泪夺目而出，这次决定听从舅父安排。安图遵照纳兰明珠的嘱咐，帮助雪梅料理一番家事后，就把她接到了京都的纳兰明珠府。

到了前厅后，纳兰性德只看到自己的父母在，显得有些失望，眼睛便不住地向四周巡视着。他的母亲爱新觉罗氏看在眼里，笑吟吟地走过来说："你的雪梅表妹见你不在，先随丫鬟们上楼去了。"就在说话的当口，一个银铃似的声音就从楼上传来："是表哥回来了吗？"这声音柔和而又清脆，像歌曲一样动听。纳兰性德抬头一看，霎时竟然惊呆了。见楼上之人神态天真，娇憨顽皮，双颊晕红，年纪虽幼，却容色清丽，气度高雅，当真比画里走下来的还要好看。纳兰性德怎么也没想到，人世间竟会有如此美丽的女子。

而这边的雪梅，见到纳兰性德也是吃了一惊，顿觉眼前一亮。只见表哥剑眉朗目，英俊潇洒，感觉他生在大户人家，却没有富家公子哥的那种飞扬跋扈。雪梅早听说这位表哥文雅博学，《经》、《史》、《子》、《集》无不通晓，今日相见，果然非同一般。表哥表妹楼下楼上四目相对，彼此都会心一笑。这时，还是表哥先说话了："走，我带你到园子里去转转！"表妹欣然应许，快步走下楼来，两个人对视微笑着，似乎找到了六七年前第一次相见的感觉，纳兰性德拉起雪梅的手，瞬间就从前厅消失了。

草长莺飞的三月天，天空碧蓝碧蓝的，纳兰家族的花园里，紫藤正开着一串串密密麻麻的淡紫色花朵。清风拂来，不时飘过几缕淡淡的幽香。纳兰性德与表妹雪梅边走边聊，一路朝着渌水亭的方向而去。

渌水亭是位于纳兰明珠府西侧的一处园林别墅，傍水而居，建筑宏伟大气。渌水亭所有的建筑，都是根据纳兰性德的设计建造的，是纳兰性德平日里读书习武主要的活动场地。关于渌水亭的具体方位，至今一直是史学家们争议的一个话题。一说它在京城内什刹海之畔，还有一说是在西郊玉泉山下，抑或在其封地皂甲屯玉河之浜。但它无论在哪，都必然是一处依水而建的园林建筑。

雪梅跟着纳兰性德走进园林，只见红墙黛瓦，翠柳如茵，三间垂花门楼，四面抄手游廊，院内甬路相衔，山石点缀，花团锦簇。游廊两侧均可看见碧波荡漾的湖水，湖水四周绿柳飘丝，石桥倒映，湖里成群的鱼儿自由自在游来游去。游廊的尽头是一处高大的建筑，高挂一匾额，上书"渌水亭"三个大字。整个建筑豪华大气，又不乏古朴清幽，行在其中，如置身画中一般。这样的环境，不禁让雪梅吃惊得瞪大了眼睛。

"表哥，你家的园子好大啊！"

"表哥，你平日里都是待在园子里吗？"

"表哥，你平日里最喜欢做的是什么啊？"

雪梅的问题就像连珠炮似的，一个接着一个，但纳兰性德都不急着回答，待她问完了，忽闪着大眼睛看着他时，他才微笑着慢悠悠地回答："我每天都在这里看书习武，喜欢这里吗？你呢，平日里都做些什么啊？"

雪梅红着脸说："我太喜欢这里了！平日里，我也喜欢读书，不过，有些时候也跟额娘学一些女孩子做的事情。"提到额娘，雪梅的眼神瞬间就黯淡下来，但很快又恢复了平静。

纳兰性德看着雪梅天真烂漫的样子，感觉自己脸上那一抹与生俱来的忧郁，竟然被盈盈的笑意取代了，多年来被诗词浸染的才情，在此刻不禁脱口爆发，一首《眼儿媚·咏梅》由此诞生：

莫把琼花比淡妆，谁似白霓裳。别样清幽，自然标格，莫近东墙。

冰肌玉骨天分付，兼付与凄凉。可怜遥夜，冷烟和月，疏影横窗。

在纳兰性德所有的词作中，这首词应该是少见的格调比较欢快的一首。原因是，此时的纳兰性德是最快乐的，快乐，来得就是这么简单。有时候，最简单的快乐却又让人感到遥不可及。这首词，表面上是在吟咏梅花高洁的品格：不要将雪花当成自己淡雅的妆饰，要知道梅花才真的是像白色霓裳那样美丽！别样的幽独清香，高洁的风度格调，不要靠近东墙去玩赏，因为看一眼就能让人魂牵梦萦。她那冰肌玉骨的美丽风采是上天所赋予的，同时也给了她斗寒开放、清幽高洁的孤寂与冷落。可怜在这漫漫长夜之中，伴随着明月清辉，暗香浮动，疏影散满窗棂。

梅花冰肌玉骨，斗寒开放，不与凡花为伍，有着独特的清纯与脱俗，有人称梅花有着"别样清幽，自然标格"的风范，所以，咏梅自古以来也是文人墨客笔下的不朽主题，被文人们看成是崇高人品的象征。纳兰性德自然也不例外，他倾倒在梅花清纯脱俗的品相下，称赞梅花的品格，以此喻己之品格，纳兰性德其实是自比梅花，将梅花的品格与自己的品格相提并论，花品人品实为一体。

梅花并非是什么名贵之花，不过是冬日里的一抹淡雅，但就是这份淡雅，令纳兰性德仿佛看到了另一个自己。在开花的季节，百花争奇斗艳的时候，梅花孤傲地躲在墙角。可是在百花休眠、寒冬腊月的时候，梅花独自要崭露头角。即便风再冷，雪再大，也要傲然挺立，为冬日带来一抹色彩。这里，纳兰性德又何尝不是把表妹雪梅喻以梅花的品格呢？

自从雪梅来到府上，纳兰性德感觉自己突然有了生机和活力，身边的风比以前柔和了，所见的花比以前鲜艳了，就连沐浴着的阳光都越来越明媚了。以前那个忧郁的孩子，现在笑容常常不自觉地挂在脸上。每天上午，纳兰性德都与雪梅在一起读书练字，闲时也赋诗填词。最有趣的是，两个人常常在一起比赛背诗。纳兰性德越来越感到，表妹不仅漂亮顽皮，而且居然对四书五经、古典诗词也能熟背如流，有时几轮比赛下来，两人之间的成绩也一直不相伯仲。偶尔，雪梅会因为有事情耽搁一天或者迟来一会儿，纳兰性德就会有些心不在焉，甚至魂不守舍。纳兰性德越来越感觉到自己离不开雪梅了。

纳兰性德越来越发现，雪梅的聪明和博学不容小觑。调皮的雪梅时常会从古书里挖出一些生僻的典故跟纳兰性德讨论，这表面上是讨论，实际上是雪梅在暗地里跟博学的纳兰性德挑战。

有一天，雪梅读到《世说新语》里面的一个段子："诸葛瑾弟亮及从弟诞，并有盛名，各在一国。于时以为蜀得其龙，吴得其虎，魏得其狗。诞在魏，与夏侯玄齐名，瑾在吴，吴朝服其弘量。"对此，雪梅假装不解，就问纳兰性德："为什么要把诸葛诞称作魏狗呢？"雪梅不晓得表哥把《世说新语》中的这个段子已经研究透了，以为提出这个问题可以为难一下表哥。纳兰性德并没注意雪梅一脸得意的表情，以为她真的不解其意，就耐心地讲解给她听："那些人贬低诸葛诞是狗，是因为诸葛诞以魏国元老、征东大将军的身份投降吴国作叛徒，没能坚守臣节。但我近期研究这段历史，发现这里边有着特殊的内情。当时，司马氏准备篡魏，对忠于魏国的老臣们接连下毒手，还派出说客劝说诸葛诞投靠司马氏的阵营。但诸葛诞怒斥说客，说自己深受魏恩，已经报了必死之心，不容许有人篡权。后以归降的名义争取了吴国的支持起兵征讨司马氏，但最终被司马氏的司马胡奋大将军所斩。"

听了纳兰性德的话，雪梅高兴地说："看来，这个诸葛诞只是反对司马氏，而对魏国是无限忠诚的，由此，真的不应该把他当成狗来称谓。"

纳兰性德说："对啊，确实不应该。"

雪梅又笑了，说："表哥，其实魏晋人们说诸葛诞是狗，一点也没有骂他的意思。我当时很疑惑，后来又查了一些资料，这才晓得那个时候的人们并不把狗当成是骂人话。《尔雅》里说，熊和虎是势均力敌的猛兽，人们把熊和虎的幼崽叫狗。那时候的律法还规定，打到老虎可以卖三千钱，打到老虎的'狗'可以卖一半的钱。所以龙、虎、狗比喻诸葛三兄弟本领有别，并没有骂诸葛诞的意思。"

纳兰性德抬起头，这才注意到雪梅脸上那得意的表情。原来，雪梅是有备而来在考验自己，这让他对表妹既佩服又内心感到惭愧。本来他是想在雪梅面前表现一把的，没想到被雪梅算计，并让雪梅占了上风。纳兰性德这位博学的大才子不得不在私下里感叹：雪梅的聪明可不是那么容易招架的。

其实，一个贵族公子也不是那么容易当的。除了读书，纳兰性德每天还要完成习武这项任务。每日晨昏，纳兰性德都要专门安排习武的时间。习武之时，除了练习一些新学的武功套路和招式之外，更多的时间还是练习踢腿、压腿、蹲马步、下腰、倒立等一些加强柔韧性和平衡感的武术基本功。其中，练习骑马射箭也是必不可少的一个项目。

纳兰性德在习武场的时候，雪梅除了弹琴作画外，更多的时间是坐在湖边的大石上，一边看着水中自由自在的小鱼，一边看着不远处表哥矫健地习武。也不知道从什么时候起，雪梅的眼里、心里，到处都是表哥纳兰性德的身影，总是挥之不去，只要见到表哥，只要跟表哥在一起，哪怕什么都不说，她也觉得温暖。就像坐在湖边，哪怕只看到他的背影，也丝毫不感到厌倦。一想到这些，雪梅脸上突然感觉微微发烫。这时，远处习武场上的纳兰性德也会时不时地向亭子这边看上两眼，只要雪梅在，他心里就会踏实，习武就会更卖力。习武累了，纳兰性德就回到亭子里，回到表妹身边。看到表哥前来歇息，雪梅就会起身递上一杯水，然后掏出丝帕，轻轻地为表哥拭去额头的汗水。当与表哥的目光相遇时，她的目光会旋即躲开，脸上泛起微微的红晕。

03 清风朗月，辄思玄度

纳兰性德与雪梅之间的关系变得越来越微妙。一天晚上，空中飘着纷飞的柳絮，空气里弥漫着淡淡的花香。纳兰性德照例在习武场上练习，一招一式都富有力量感。这时，雪梅一个人悄悄地走出渌水亭。她绕过回廊，来到湖边的大石旁，一边欣赏着水中自由自在的鱼儿，一边想着自己的心事。这时，李白的《长干行·妾发初覆额》又一次在她的脑海里浮现：

妾发初覆额，折花门前剧。

郎骑竹马来，绕床弄青梅。

同居长干里，两小无嫌猜。

十四为君妇，羞颜未尝开。

低头向暗壁，千唤不一回。

十五始展眉，愿同尘与灰。

常存抱柱信，岂上望夫台。

十六君远行，瞿塘滟滪堆。

五月不可触，猿声天上哀。

> 门前迟行迹，一一生绿苔。
>
> 苔深不能扫，落叶秋风早。
>
> 八月蝴蝶黄，双飞西园草。
>
> 感此伤妾心，坐愁红颜老。
>
> 早晚下三巴，预将书报家。
>
> 相迎不道远，直至长风沙。

也不知为什么，自打住进表哥家以来，雪梅在独处的时候，总是禁不住地想起李白的这首《长干行·妾发初覆额》来。尤其是那句"郎骑竹马来，绕床弄青梅"，更是一遍遍浮现，也让她的脸上一阵阵火烧火燎地发烫，内心无比的荡漾。她觉得，自己的心思就像水中穿来穿去的小鱼精，没头没脑的，看似随手可捞，可真的动手去捞，却倏地没了踪影。近来，她跟表哥这种微妙的关系，让她想起来有些害怕，但隐隐约约又有些期待。她不敢外露，更不敢让舅舅和舅母看出任何端倪来。她有时在默默地猜测：表哥的心思会不会跟自己一样呢？想到这些，雪梅做出一个特别的决定：暂且回避表哥几天，看看他能有什么样的反应。

几天没有见到雪梅身影的纳兰性德如坐针毡一般，吃不好，睡不香，心里总是空落落的。他不知道发生了什么事情，猜疑开始困扰着他：是不是自己太唐突了，让表妹看穿了自己的心思？或者顽皮的表妹又在精心筹划一场恶作剧故意让自己着急？或者表妹生病了？或者父亲和母亲不让表妹与自己多接触？凭着纳兰性德对表妹的了解，他断定雪梅不会有身体不适，而是在玩失踪，用一个特殊的游戏，在他毫不设防的时候，让他有一个意外的惊喜。想到这里，纳兰性德就不再着急了，他甚至想象着雪梅正在闺中思念自己，不见他是因为害羞罢了。他的一首《秋千索（锦帷初卷蝉云绕）》也许恰当地再现了表妹的闺中形象。

锦帷初卷蝉云绕，却待要起来还早。不成薄睡倚香篝，一缕缕残烟袅。

绿阴满地红阑悄，更添与催归啼鸟。可怜春去又经时，只莫被人知了。

这首词，以细腻的笔触刻画了一个闺中少女的慵懒情态。故事一开始，画面就被轻轻放置在一个暮春的清晨，乍暖还寒中裹挟着浅浅的薄雾。锦帷半掀，有一女子微微欠身，头上梳成的蝉鬓形发式在一夜睡眠中，像乌云一样松散地盘绕着，睡也睡不下，起来却还早。慵懒地靠在床头，眉头微蹙，香已燃尽，一缕缕残烟蜿蜒着爬出笼外，转眼消失无踪。侍女推开轩窗，满庭红翠仍在，只是春事消歇，绿肥红瘦，不知何时又飞来了催归的小鸟，婉转莺啼着。又度过了一年的春日，只是怕被旁人知道了自己伤春的心绪。

纳兰性德还写了一首《采桑子（彤霞久绝飞琼字）》，表达的是思念表妹，夜深难寐的凄苦心境：

> 彤霞久绝飞琼字，人在谁边，人在谁边，今夜玉清眠不眠。
>
> 香消被冷残灯灭，静数秋天，静数秋天，又误心期到下弦。

这首词表达了这样的情愫：曾经是这样等着你盼着你，莫说你我仅是凡人而已，要知道，即便是王母侍女、贬谪仙子都耐不住春情寂寞，夜不能眠，口不可言。却道人在谁边。有人说，思念的时候，就是这样。牵挂一个人，总会问：你在做什么？你在哪里？话语浅淡，却是浓浓的"我想你"。已经说过不能再想，哪有少年郎是这样满眼关不住的哀伤？索性睡了吧！一夜之后，就当那都是过往，谁也不要提起！香灰散尽，灯油耗尽，情怀是否也倾尽？衾被湿冷而凉薄，正能应和现下的心情。窗影中映出的一片一片的叶子里，静静埋葬了秋天，在等待睡去之前，细细数着叶片，似乎能够早早盼到明天，明天或者你来，你不来我会去找你。不是说好睡去吗？又直愣愣地挺到月下弦，又是一夜，又想了一夜。

这首词，看似写景，实则写心。纳兰性德用深切、委婉的手法，写尽了思念之苦，相爱之苦，相守之苦，离别之苦。

捱过了几天痛苦难言的日子后，纳兰性德的心中充满了某种期盼。那一天，天气晴朗，阳光明媚，纳兰性德正在书房里翻阅着一本书籍，忽然，一双纤手从后面捂住了他的眼睛。不用猜，一触到这双纤细的手，纳兰性德就知道不是别人，必是顽皮的雪梅。但纳兰性德却假装一次次猜错：婉儿？小晴？碧儿？……纳兰性德猜了一大堆丫鬟的名字，唯独就是不猜雪梅。当他感觉那双纤细的小手微微有些发抖了，才突然哈哈大笑，抓住小手顺势一带，就把表妹搂进了自己的怀里，紧紧地盯着那双惊恐的眼睛，一只手刮了一下她的鼻子说："坏家伙，快告诉我，为什么这多天不来见我？"看着表哥着急的样子，雪梅知道表哥是在意自己的。于是，她的脸上迅速绯红起来，赶紧从纳兰性德的手里抽出双手，并侧身躲到一边，假装生起气来。但只片刻，又忍不住地笑了，顿觉身上有一种什么东西在滋长，酥酥的，软软的，像在抽芽，更像在开花。

雪梅羞答答地低声问道："表哥，想我了吗？"

纳兰性德反问道："你说呢？难道你不想我吗？"

雪梅低着头又说："表哥，你知道这些天我是怎么过来的吗？"

看着纳兰性德疑惑的神色，雪梅迟疑了半晌，忽然咬文嚼字地说："清风朗月，辄思玄度。"说完，头慢慢垂下去，红晕再一次缓缓洇上了脸颊。

"清风朗月，辄思玄度？"纳兰性德低声重复了一遍，似乎听懂了，又好像没有听懂。他知道这是《世说新语》里的一则典故，讲的是关于刘真长和挚友许玄度一段交往。刘真长是沛国相人，名尹、字真长。许玄度是东晋文学家，名询、字玄度。许玄度喜欢清谈，过着隐士的生活，不肯出世担任官职。刘真长任丹阳尹的时候，许玄度到京都去，就住在他那里。许玄度面对刘真长为他准备的奢华卧室和丰盛酒宴，深有感慨地说："如果能一直这样生活，可比隐居东山强太多了。"刘真长回答说："如果吉凶祸福真的掌握在人自己的手里，我怎么会不保全这个地方呢？"此话，刘真长是在向挚友阐明自己为官的目的，是让"吉凶祸福真的掌握在人自己的手里"。不久，许玄度还是过他的隐居生活去了。于是，刘真长才慨叹道："清风朗月，辄思玄度。"意思是说，面对着清风和朗月，我就会想起许玄度的风采。

《世说新语》的话，让纳兰性德有些发怔。此时，雪梅也低头不语了，气氛一下子尴尬起来。"清风朗月，辄思玄度"，纳兰性德在想，表妹为什么忽然讲起这个典故呢？是在叹息命运无常、繁华易逝吗？是在忧伤聚少离多、不能长相厮守么？

少女的心事，宛如夜空中的星星，晶莹地闪烁而又变换不定。雪梅感觉，与表哥在一起的每时每刻都是快乐的，可是一旦到了独处的时候，就总有一丝不安，心里有很多话不知道跟谁去说。有时，雪梅想起自己的父亲，如果父亲健在，自己虽然算不上什么豪门千金，但也算是大户人家的小姐。以父亲担任道台这样的官位，虽不敢说跟表哥家门当户对，可毕竟也算是官宦人家。可眼下，自己孤苦伶仃寄人篱下，哪有资格跟表哥谈婚论嫁？每每想起这些，雪梅总会有无限的哀伤涌上心头，只好把从小陪伴她长大的那把古琴当成唯一的倾诉对象。每当悠扬的琴声在夜色里响起的时候，或许只有纳兰性德能听懂表妹琴声中淡淡的幽怨。

可是此刻，雪梅一语"清风朗月，辄思玄度"，让纳兰性德不知道怎样才能为表妹排解愁绪，只有默默地陪着她一起伤心难过。或许，他的那首《采桑子（谁翻乐府凄凉曲）》最能恰到好处地表达他的心情：

> 谁翻乐府凄凉曲，风也萧萧。雨也萧萧，瘦尽灯花又一霄。
>
> 不知何事萦怀抱，醒也无聊，醉也无聊，梦也何曾到谢桥。

词的大意是：是谁在翻唱着凄切悲凉的乐府旧曲？在这潇潇雨夜，听着这风声和雨声，望着灯花一点一点地烧尽，一个凄苦孤独的一夜，在烛泪中逝去。在这不眠之夜，不知道是什么事萦绕在心头，让人醒时醉时都一样无聊难耐，就是梦里也没有到过谢桥。

词尾所说的"谢桥"就是谢娘桥，古人用谢娘来指代心仪的女子，而谢桥就专指佳人居住的地方。一场古时的思念，一个谢娘的故事，或许思念真的从一座谢桥走向另一座谢桥，在不经意间品味思念似醉非醉的感觉。

这首词通篇表达了一种百无聊赖的思绪，整词无一字绮词艳语，而当中哀艳凄婉处又动人心魄，明说是"瘦尽灯花又一宵"，然而憔悴零落的又何止是一束灯花？不是不知何事萦怀，而是知道也无能为力。解得开的就不叫心结，放得下的又怎会今生今世意难平？

在书房里，两个人好久都是默默无语，这是一种此时无声胜有声的境界。过了好久好久，纳兰性德站起身来，铺纸研墨，然后拿起笔来，一气呵成写下了一首词交到雪梅的手里，说道："此即吾心，望妹珍重！"

雪梅展开词作，是一首意味深长的《如梦令（正是辘轳金井）》：

> 正是辘轳金井，满砌落花红冷。蓦地一相逢，心事眼波难定。谁省？谁省？从此簟纹灯影。

词的大意是：清凉的石板水井旁，汲水后留下一片湿漉漉的地面，井上的辘轳也湿透了；晨风夹杂着微寒，吹拂而过。昨夜掉落的红花已经冰冷地铺满树下井旁的砌石上面。正在这时，我与她的神情蓦然交会。此刻，谁能猜透你的心事呢？又谁能猜透我的心事呢？自从与你一霎那的眼神交汇，我就已经钟情于你。从今以后，无论独枕席上，或者静坐灯下，你都会是我思念的那个人。

纳兰性德的一词真情告白，让雪梅激动得泪流满面。多日来，她内心的辛苦熬煎，终于在一朝得到美丽的答案。于是，雪梅暗暗在心里发誓：不管经历多少风雨，此生，唯愿在表哥身边足矣！

04 宫廷选秀，难逃命数

　　正当纳兰性德与表妹雪梅沉浸在相互仰慕、一日不见如隔三秋的缠绵之时，赶上了三年一次的皇宫选秀。清朝的宫廷选秀始于顺治十年，当时朝廷规定，凡满族八旗人家年满十三岁至十六岁的女子，必须参加每三年一次的皇帝选秀女，选中者，留在宫里随侍皇帝成为妃嫔，或被赐给皇室子孙做福晋，未经参加选秀者，不得嫁人。

　　清廷选秀，首要目的是充实皇帝的后宫。皇帝的后宫，上至皇后，下到宫女，都是从旗人女子中挑选出来的。从旗人女子中挑选后宫粉黛，是清代所独有的选拔制度。至康熙以后，皇帝的后宫制度比较完备。按规定，后宫的宫女约 300 多人，但实际远远不止这个数字。清代宫女分为两种，一种叫秀女，一种叫宫女。一个皇帝的正妻只有皇后 1 人，除此之外，按制度皇帝还要有很多妃嫔，其中，皇贵妃 1 人、贵妃 2 人、妃 4 人、嫔 6 人，地位较低的贵人、常在、答应等不限人数。也就是说，康熙后宫的位号分为八个等级，而不能拥有妻妾位号的秀女还有很多。皇后要居住在中宫，从皇贵妃到答应则分别居住在东西十二宫内。东六宫是：景仁宫，承乾宫，钟粹宫，延禧宫，永和宫，景阳宫；西六宫是：永寿宫，翊坤宫，储秀宫，启祥宫，长春宫，咸福宫。各宫另有宫女子多人以供服侍。

挑选秀女除了充实皇帝的后宫外，还要为皇室子孙拴婚，或为亲王、郡王和他们的儿子指婚等。但实际上，绝大部分被选中的秀女都要成为后宫妃嫔的使女。由此来看，年轻女子要走进紫禁城高高的宫墙，不是一件简单的事，必须跨过一道道的考察关。参加选秀的女子，要经过严格的旗属与年龄审查，不在旗的女子想参加选秀，几乎是一件不可能的事。但是，在旗的女子想逃避选秀，也是自讨苦吃。参加选秀，也是旗人女子改变命运的一道坎。

康熙朝的这次选秀，十四岁的雪梅恰恰符合选秀的年龄，理所当然地在参选名单之列。对于许多的旗人女子来说，参加选秀是一件求之不得的事，一旦被选中，起码一生不用为衣食而操劳，运气好一点，还可以获得享不尽的荣华富贵。

选秀那天，雪梅和其他秀女一样，坐着高高的马车被送到宫里，站在选秀堂的外面等候考察。因为爱慕纳兰性德的缘故，雪梅没有一点进宫的想法，她甚至非常惧怕自己被选进宫廷。所以，她根本没心思打扮自己，一身必须穿的宫服是赶制出来的，无论是布料的质地和服装的样式，都是非常普通的，除了合体之外，没有半点特殊之处。她的头上没有任何装饰，临行前，她甚至把在家里一直簪在头上的那支玉簪都摘下去了，脸上更是粉黛未施。雪梅的目的，就是让自己看上去貌不惊人。雪梅镇定而从容，只求简单应付一下，及早回到表哥的身边。

可是，雪梅的天生丽质也是遮掩不住的。按照选秀规则，参加选秀的秀女被编成四人一组，依次进入面试堂去面圣。当轮到雪梅这一组面圣时，她素淡朴实的妆容，在浓妆艳抹环佩叮当的秀女当中，显得卓尔不群，非同凡响，一下子就吸引了皇帝和皇后的眼球。帝后简单地问了几句话后，更发现她谈吐文雅，聪慧超群。皇帝皇后面露喜色，名字很快被记录在案。面圣结束时，太监当场宣布："暂且回府，择吉日入宫。"

对于纳兰性德和雪梅来说，这消息不是喜从天降，而是晴天霹雳。早在雪梅入宫参加选秀之前，纳兰性德的心里就有一种不祥的预感。他知道，凭雪梅的清丽容颜以及学识、修养，选秀得中几乎是十拿九稳的事。果然，不祥的预感变成残酷的现实，纳兰性德无论如何也难以接受这样的事实。与雪梅的朝夕相伴，她所有的言行举止都已铭刻在他的生命中，成为他生命的组成部分。表妹被选中，即将进入高墙深宫，以后，恐怕永远都见不到了，纳兰性德的心像碎了一样的疼痛。他用一首《画堂春（一生一代一双人）》来宣泄自己：

> 一生一代一双人，争教两处销魂。相思相望不相亲，天为谁春？
>
> 浆向蓝桥易乞，药成碧海难奔。若容相访饮牛津，相对忘贫。

这首词，充分表达了对可遇不可求的美好恋情的独白：既然我们是天生的一对，为何又让我们天各一方，两处销魂呢？相思相望却不能相亲相爱，那这春天又是为谁而设呢？蓝桥之遇并非难事，难的是纵有不死之灵药，但却难像嫦娥那样飞入月宫去与你相会。若能渡过迢迢银河与你相聚，便是做一对贫贱夫妇我也心满意足了。

古往今来，爱情总是叫人欢喜叫人愁苦，美好的爱情好似夜空中兀自绽放的烟火，瞬间的美丽照亮漆黑的夜空，但为这一霎那的美好，人们要付出很多。纳兰性德为爱情由困顿到解脱，由渴望到爆发。这样的心绪，在《画堂春（一生一代一双人）》中尽显无余。

这首词，虽然直来直往，毫无点缀，但却犹如一位清纯的女子，天资丰韵，吸引人的眼球，让人赏心悦目。词的绝妙之处，在于"相思相望不相亲，天为谁春"这两句：明明是天造地设的一对佳人，偏偏要经受上天的考验，相亲相爱都不能相守，只能各自销魂神伤，请问上天，这春天你为谁开放？

词中"浆向蓝桥易乞"这一句，讲的是关于裴航的一段典故。裴航是唐代裴铏所作小说《传奇·裴航》的男主人公。传说裴航为唐穆宗时期的秀才，一次路过蓝桥驿，遇见一织麻老妪。裴航渴甚求饮，妪呼女子云英捧一瓯水浆饮之，甘如玉液。裴航见云英姿容绝世，十分喜欢，很想娶她为妻，妪告："昨有神仙与药一刀圭，须玉杵臼捣之。欲娶云英，须以玉杵臼为聘，为捣药百日乃可。"后裴航终于找到月宫中玉兔用的玉杵臼，娶了云英。婚后夫妻双双入玉峰，成仙而去。纳兰性德用这个典故，是说他也遇到了如同裴航一样的难题，可惜，他没有神仙指路，因而苦恼万分。

后面的"药成碧海难奔，若容相访饮牛津，相对忘贫"也引用了一个典故。传说大海的尽头就是天河，每年八月，那里有一个人都会乘木筏往返于天河与人间，从没耽误过。于是，就有好奇的人效仿他，也踏上了同样的探险之路。漂流数日后，效仿的人见到了城镇的房屋，还见到了许多男耕女织的人们。

当他请教蜀郡的神算严君平掐算他所到的城镇是什么地方时，意外得知他所到的地方就是牛郎织女相会的地方。纳兰性德引用这个典故，希望自己能有一天跟所爱的人相逢，在一个遥远的无人知晓的地方，过着男耕女织的平凡生活。

在雪梅起程入宫的前一天晚上，纳兰性德在书房里踱来踱去，万般思绪，万般无奈，都一同向他袭来，让他坐卧不宁。此时此刻，他最大的愿望就是能见表妹最后一面。可他又觉得，雪梅入宫的事已成定局，再无回天之力，见了面也只是徒增伤感而已。他和表妹如此年轻，美好的人生才刚刚开始，而上天就是非要活生生地拆散他们。仰天长叹之中，纳兰性德的脑子里忽然闪现了唐朝诗人崔郊《赠婢》中的诗句："侯门一入深似海，从此萧郎是路人。"一股绝望的潮水向他一点一点袭来，很快就会把他湮没。一首《忆江南（昏鸦尽）》透露了他的心声。

昏鸦尽，小立恨因谁？急雪乍翻香阁絮，轻风吹到胆瓶梅，心字已成灰。

这首词创造了这样的意境：彤云密布的黄昏，隐约一只瘦小的乌鸦，越飞越远，身影也越来越小，直到融进在那一望无垠、萧瑟的旷野尽头。旷野中，是谁惆怅无尽，若有所思？天宇间，是谁独立寒秋，无言有思？又何事令她难以思量？又何人令她爱恨交加？罢了罢了，"往事休堪惆怅，前欢休要思量"，罢了罢了，"人心情绪自无端，莫思量，休退悔"。

熏香如心，飘起袅袅的青烟，暖香熏透她的闺阁；急雪翻飞，缕缕纷纷，如飘飞的柳絮一般。雪白色的胆瓶中刚插上的梅花，冬风吹进暖暖的闺房，卷起阵阵幽香。这本是闲适雅致的适意景致，奈何她的心中竟如何也卷不起一丝快乐的涟漪。冬风益发强劲，心形的盘香燃烧殆尽，地上只留下一道心形的香灰。周体转凉，心中凄凉寂寞，次第已如燃尽的熏香一般，化成死灰。

这首词营造了两种不同而又互相联系的场景。"昏鸦尽，小立恨因谁"，是第一个场景；"急雪乍翻香阁絮，轻风吹到胆瓶梅。心字已成灰"，是第二个场景。第一个场景是在黄昏的野外，从意象上看，"昏鸦尽"和情感主体"小立恨因谁"都能够看出来。第二个场景则在少女的闺房中。也可从意象上看出来，如天气情况是"急雪"，所在地方是"香阁"，感觉上为"轻风吹到胆瓶梅"。当然，情感上也有明显变化，且与环境的变化一致。开始是"小立恨因谁"，后来变为"心字已成灰"，明显感觉情感在承接前面的同时，变得深多了。词中的"心字"，是指心字香，一种炉香名。回头来看，从旷野到香阁，从大环境到小空间，从"小立恨因谁"到"心字已成灰"，在各个层面都能看到这一种变化。而这中间也有一个转变的标志，就是"急雪乍翻"，这交代了词中情感变化的时空转换的交点。前面或许是"秋凉"罢了，而后面明显可以感受到"凄冷"的环境氛围。

纳兰性德的《四犯令（麦浪翻晴风飐柳）》所表达的差不多也是这种意境：

麦浪翻晴风飐柳，已过伤春候。因甚为他成僝僽？毕竟是春迤逗。

红药阑边携素手，暖语浓于酒。盼到园花铺似绣，却更比春前瘦。

夏至春归，伤春的时节已经过了，而纳兰性德还在因为什么烦恼？原来是伤春意绪仍在，春愁挑逗。记得当年在芍药花下牵你的手，那耳畔暖语更胜美酒。好不容易盼到了繁花似锦的时候，可如今孤独的人却更加憔悴、消瘦。

一首温柔的词，一曲婉转的歌。一句长一句短，回环往复，流连不歇。这首词看似写伤春之情，却是写尽纳兰性德内心的细碎柔情，温柔好梦，真是堪比春风瘦。纳兰性德是一个特别的词人，他有着人人羡慕的身世，却总是填写哀伤的词。他擅长以抒情的词牌来写作，用白描的方式轻柔地勾勒，几笔下来，便是一幅绝好的画面，让人无法释手，不忍闭眼。

"麦浪翻晴风飐柳，已过伤春候。"这首词与纳兰性德以往的伤春词并无两样，依然是开篇点题，写出春日即将逝去，带给他的迷茫和愁绪。开篇第一句描绘出了一幅田园景色，风光一片大好，在麦浪翻滚的时候，风吹动晴空，云彩随同麦浪一起游走，田园春光糅合在一起，既让人看到春日的纯粹，又可以感受到田园景象的美丽，纳兰性德的词，似乎并非为写愁而写，就是要单纯地描绘这眼前的景物。

但是接下来这句，却真的是可以看出纳兰性德内心的愁苦，"因甚为他成僝僽？毕竟是春迤逗。"这么好的春光，为何还要哀愁呢，难道仅是因为春光太短暂了吗？纳兰性德在这样美的风光中，照旧无法放下内心的忧虑，到底是什么让他如此忧思呢？想来就是那名占据他心房的女子。

"红药阑边携素手，暖语浓于酒。"回忆里有着温暖的过去，红药花栏边，曾与爱人携手饮酒，耳鬓厮磨。可是如今，依然是等到了这春暖花开之日，却为何物是人非，景物可以年年相似，但看风景的人却是无法回来。

"盼到园花铺似绣，却更比春前瘦。"李清照写过一句词叫"人比黄花瘦"，纳兰性德的这句"却更比春前瘦"，颇有几分李清照词的意蕴。到底是春瘦还是人瘦，只有纳兰性德心里才更清楚，更明了。

纳兰性德的《诉衷情（冷落绣衾谁与伴）》似乎也是写给雪梅的：

冷落绣衾谁与伴，倚香篝。春睡起，斜日照梳头。欲写两眉愁，休休。远山残翠收，莫登楼。

纳兰性德此刻怀想着表妹，表妹又何曾不在想他呢？绣衾冷，只因孤独一个人，熏笼燃香，斜斜地倚在旁边，懒懒地睡到日头高高照起，面对妆镜也懒得梳洗。无人与共，画了眉也是没有人看，还是算了吧。远山的景色早已熟悉，早已没什么新意，就算登高远眺，也没有什么意义了。此时此刻，纳兰性德幻想着，表妹是否也和自己同样的感受？伤心伤感伤情，纵算深爱也终将失去，难道只能深埋这份情感吗？这一番痛楚和抑郁如何才能让人释怀？这份惆怅又何处可以寄托？

05 侯门似海，萧郎路人

　　雪梅入宫的这一天，天阴得黑沉沉的，仿佛就要压下来一般，让人感觉喘不过气来。此时，雪梅的心情比这天气更加阴郁。她不停地在送行的人群里张望着，希望看到纳兰性德的身影。可她哪里知道，表哥早已被舅舅以若干个理由给支走了。雪梅一直流露着期盼的神情，暗自在无奈中叹息，她多么希望时间能够停下来，让他等到表哥，与表哥见上最后一面，来一场惊天动地的挥泪告别。但是，纵然是望眼欲穿，表哥还是没有出现。"表哥，你在哪里？为什么不来见我？是舅舅在阻拦你吗？妹已断肠，满腹流血，你可知否？"最后，雪梅只得把手中攥了很久的一个锦帕，悄悄交给一个办事稳妥的丫鬟，一再叮嘱她："一定要亲自交给表哥，拜托，拜托！"那个锦帕上，绣着"十年归期，等我如何？"八个大字。

　　一顶花轿，把雪梅吱呀吱呀地抬进了宫里。当大红宫门关上的那一刻，雪梅再一次潸然泪下，不能自已。她知道，这一道宫门，像一道不可逾越的屏障，将她和表哥永远地隔在了两个不同的世界，也许，今生今世都无法重逢了。雪梅的心再次紧缩，眼泪像断了线的珠子，在脸上恣意流淌下来。

　　由于雪梅是新入宫的秀女，级别不够，不能入主殿，所以她的花轿被两名小太监指引着，来到了一个独门独院的幽静院落。雪梅被丫鬟太监们搀扶着走下轿子来，微微抬起头来，看见院落正中的大殿上挂着一个匾额，上面写着"储秀宫"三个大字。这个院落座落在上林苑西南的一个角落里，位置虽然有些偏僻，但环境非常清静，这也正合雪梅的心意。雪梅正要往里走时，只见在场的宫女太监们都齐刷刷跪下了，齐呼："奴才们恭迎小主，小主吉祥！"听了这些人的拜见称谓，雪梅才知道，这些都是分派给她的使唤奴才，以后在宫中的日子就和他们一起度过了。雪梅喊他们起来后，宫女太监们纷纷簇拥着她走进殿去。

后宫里的寂寞，远远超出了雪梅事先的料想。除了唯一带进宫里来的贴身丫鬟小玉之外，这些新来的宫女太监们，雪梅不知道谁是可以信赖的人。入宫之前，雪梅就听说，如果在后宫里表现得太软弱，奴大欺主的事会时有发生。为此，对身边的宫女太监们，雪梅一开始就立下规矩，有赏有罚，恩威并施，很快就让他们服服帖帖了。

在寂寞的日子里，雪梅越发思念表哥。为了不被皇上临幸，她私下里四处打点，请管事的太监帮忙把她的牌子放在最不显眼的地方。那些太监们吃了好处自然愿意帮忙，所以，几个月的时间过去了，雪梅一直平安无事。只是，思念的潮水一阵阵袭来，让雪梅有一种度日如年的感觉。

自从雪梅入宫，纳兰性德如同七魂走了六魄一般，每天都把自己锁在书房里，一声不响，一遍一遍地在纸上默写着背过的诗句。他本以为自己写了很多首诗词，但仔细一看，却反反复复写的都是那首《相和歌辞·宫怨》：

妾家望江口，少年家财厚。
临江起珠楼，不卖文君酒。
当年乐贞独，巢燕时为友。
父兄未许人，畏妾事姑舅。
西墙邻宋玉，窥见妾眉宇。
一旦及天聪，恩光生户牖。
谓言入汉宫，富贵可长久。
君王纵有情，不奈陈皇后。
谁怜颊似桃，孰知腰胜柳。
今日在长门，从来不如丑。

　　这首宫怨诗的作者是晚唐诗人于濆。诗的意思是说，一个家在望江口的少女，与邻居家的少年偷偷相爱，但少女的家人却希望把她嫁入皇宫，这样，不仅让女孩能够长久地享受荣华富贵，家人也可以沾光享福。但他们可曾想过，这样做的代价是什么呢？少女纵然能得到君王一时的宠爱，但不知哪天就会被打入冷宫，任凭如花的红颜寂寞地凋谢。真到了这个地步，反倒不如生来就是个丑女。

　　纳兰性德想，此时此刻的表妹，是不是也曾有过"从来不如丑"的感叹呢？

　　也许是这一类的悲剧太多了，所以，唐诗里像这样的宫怨诗有很多很多。纳兰性德每每想起这些宫怨诗，就仿佛看到表妹独倚宫门幽怨哀伤的样子。纳兰性德拿着表妹留给他的丝帕，仔仔细细地端详着，一遍又一遍。"十年归期，等我如何？"他知道，这是表妹用血泪绣制而成的，这短短的八个字里，包含了问询，包含了期待，更包含了表妹用生命做赌注对他的承诺。十年，有多么漫长！凭表妹的天生丽质，又如何能躲得过皇上的眼睛？即使能躲得过一时，又怎么能躲得过十年？一次不从就是抗旨，不仅性命不保，甚至会株连九族。纳兰性德怎么舍得表妹冒如此大的风险？即使侥幸躲过皇上，那漫长的日子里，表妹必然也和那些宫怨诗里描述的宫女们一样，在"寂寞空庭春欲晚，梨花满地不开门"的哀伤里，静静地等待着如花容颜的一点一点凋落，直到香消玉殒。为此，他写了一首《相见欢（落花如梦凄迷）》：

　　落花如梦凄迷，麝烟微，又是夕阳潜下小楼西。愁无限，消瘦尽，有谁知？闲教玉笼鹦鹉念郎诗。

　　词的大意是：花瓣凋落，竟如同梦里一般，满地凄迷。来也匆匆，去也匆匆，直叫人回味不尽。正当我敛起衣裙轻移莲步的时候，才见到满地落红惨淡一片。我居然残忍到连她最后香消玉殒的离去也要掠夺。暗红氤氲的台阶上，她抽噎的痕迹竟连我的步履也被浸染。是何处再度燃起了麝香，青烟袅袅，若隐若现，难道这就是伴我别离红尘的依傍吗？此时此地，青砖墙外那个从未曾谋面的燃香的人又是以怎样的心境陪伴我共同凝视这亘古的夕阳沉入幽楼的决绝？那么深的思念，我该到何处去诉说？又何以排遣我的愁绪和寂寞呢？想那寂寞愁绪必定会像那落红一般消瘦殆尽，而我也会和他们一样香消玉殒，纵使哀怨深重又能怎么样呢？宫门似海，我也只能靠教鹦鹉读诗来排遣心中的寂寞。

这首词中，纳兰性德以表妹的身份入笔，塑造了宫中女子伤春的形象。词中女子伤春的思绪，清晰地涌现于纸上。画微入细，一嗟三叹。无论是环境氛围的渲染，还是动作神态的描绘，以及心理的刻画，无不传神生动，令人叹为观止。

纳兰性德想象着表妹在寂寞深宫中的种种情形，有时候，那种他最不愿意接受的念头会突然从脑海里蹦出来：十年之中，表妹不可能永远见不到皇上，万一见过皇上，服侍过皇上，进而受到皇上的宠爱呢？纳兰性德不敢再想下去了，只是拿着笔在纸上随便涂鸦，一首首悲情伤感的诗词便一下子跃然于纸上。他写了《茉莉》一诗：

> 南国素婵娟，春深别瘴烟。镂冰含麝气，刻玉散龙涎。
> 最是黄昏后，偏宜绿鬓边。上林声价重，不忆旧花田。

这首《茉莉》落笔的时候，纳兰性德的心里注定是忐忑的。那是一枝素颜的茉莉，在春深时节被采摘下来送进了皇家。它好像是凝冰的麝香，又好像是玉石刻就的龙涎香，太香、太美了！尤其到了黄昏，它会迷倒所有的看客。这样的它，自然在皇家的苑囿里得到了最高的赞美，而在这无边的宠爱中，它还会记得它曾经生长过的旧花田吗？

他写了《昭君怨（暮雨丝丝吹湿）》：

> 暮雨丝丝吹湿，倦柳愁荷风急。瘦骨不禁秋，总成愁。别有心情怎说？
> 未是诉愁时节。谯鼓已三更，梦须成。

这首词写的是：秋雨丝丝缕缕拂湿了黄昏。恰逢风疾，凉意陡生，柳枝上的叶子都已疏疏落落，莲子已长成荷叶都老了，词人静静地伫立在暮雨中，任凭冰冷的秋雨吹湿衣裳，愈发显得消瘦，举目相望，北雁南飞，寒蝉凄切，玉露生寒，景景生愁绪，愁绪无处流。未到诉愁时节，我何来这么多的愁绪呢？望楼上的更鼓已敲了三更，可我还是不能成眠，梦也不成，睡也不成。

这首词，讲纳兰性德对伊人不在而夜深独立的一片哀怨心理，情景交融。那一夜，暮雨丝丝缕缕，秋雨凄清愁苦，夜风凉薄凌厉，就连那柳树荷花也是倦极愁极。在如此令人伤感的氛围里,又怎能不使多情的纳兰公子生愁起怨呢?

他写了《鬓云松令(枕函香)》:

枕函香,花径漏。依约相逢,絮语黄昏后。时节薄寒人病酒。划地东风,彻夜梨花瘦。

掩银屏,垂翠袖。何处吹箫,脉脉情微逗。肠断月明红豆蔻。月似当时,人似当时否?

这首词的大意是:正是乍暖还寒的春天,枕头上还残留着令人心醉的幽香,美丽的春光,已经从开满鲜花的小路中悄悄地展露出来,动人的春色也仿佛是少男少女隐约流露的怀春情绪。和恋人在黄昏的夕阳下低声絮语,那是少年恋人最快乐、最温馨的时光。只可惜,在缠绵缱绻的恋人看来,快乐的时光总是稍纵即逝。分别之后,恋人常常借酒浇愁,终于恹恹地生病了。仿佛是一夜之间,梨花凋零满地,在东风的吹拂下显得那么孱弱而惹人怜惜。夜深了,镶银的屏风已经掩上。月色下,孤独的人儿伫立在风中的花径上静静地聆听着远处传来的箫声,婉转缠绵,一如当年在恋人之间悄然流传的脉脉深情。两两并立的红豆蔻,娇艳妩媚,更加让相思之人肝肠寸断。月色一如当初,可我苦苦思念的人儿还和当初一样吗?

纳兰性德填完这些词,只觉得绝望的潮水一浪一浪向他袭来,直到把他彻底淹没……

没有希望的日子是最漫长的,正如纳兰性德所想象的一样,雪梅在宫中的日子更是一种煎熬。日子像是被定了型,每天都是一个模板,时间仿佛变得毫无意义。每天晚上,在橘红色的烛火映衬下,雪梅在镜子前默默摘下满头的钗饰,镜子里的烛光映得她的脸一阵酡红,仿佛醉了酒一般。光洁的镜面清晰地倒映出她那浅浅的梨涡。望着镜中的自己,她感到了从来没有过的落寞。在自己最好的年纪里,在自己的笑容最好看的时候,所爱的人却不在自己身边,笑得再美、再灿烂又有什么用呢?

后宫的日子无疑是寂寞的,但雪梅开始喜欢这寂寞,享受着这寂寞。在这无边寂寞的海洋里,雪梅带着表哥无忧无虑地畅游,从初见那一刻眼神的交会,到朝夕相处耳鬓厮磨的每一个细节,雪梅想起了跟表哥第一次牵手,第一次偷偷地幽会……雪梅再一次想起表哥写给她的《柳枝词》：

> 一枝春色又藏鸦，白石清溪望不赊
> 自是多情便多絮，随风直到谢娘家

　　词中所表达的是：一株春天的柳树发芽了，吐叶了，茂密得可以藏得起一只乌鸦。不远处就是白石，就是清溪，这株柳树就生长在这个平易而孤高的环境里，悄悄地结出了柳絮。为什么结出了如此多的柳絮呢？一定是因为柳树太多情了，才有这么多的柳絮。这些多情的柳絮，这些多情的思绪，被东风吹起，吹落到那个心爱的女子家里……

　　"自是多情便多絮"，雪梅一遍一遍地吟咏着，一点一滴地回忆着。如果可以，她愿意永远地这么寂寞下去，这样，她就可以永远地沉浸在美好的回忆中……

06 冒险入宫，诀别相见

在思念表妹的日子里，纳兰性德的词别有一种特殊的味道，像《减字木兰花（相逢不语）》一首：

相逢不语，一朵芙蓉著秋雨。小晕红潮，斜溜鬟心只凤翘。

待将低唤，直为凝情恐人见。欲诉幽怀，转过回阑叩玉钗。

这是一首描写怀春少女偶遇自己喜欢的男子时的矛盾心理的词。在表现女性情感上，纳兰性德拿捏得恰到好处，如同戏剧一样，将一位可爱的少女生动活泼地展示在读者面前。

上阕写相见时的外部举止。或许是一次游春，女子正赏花随游，信足而观，可突然前面走来一位那么熟悉的人，顿时手足无措，语无伦次了，竟然一句话也没有跟他说，脸霎时就红了，像一朵芙蓉花，经过一场秋雨，显出淡淡的红色。两颊因害羞而红晕一片，把脸低下，头上的凤钗往上翘起。

词的下阕将主要描写的点转移到了心理上，从女子的心思上着力刻画。非常想要轻轻地叫他一声，和他打个招呼，就是怕被人发现自己是那么爱他。

也想和他一诉衷情，把自己思量许久的话跟他倾心一谈。可是他已经远去，游春的雅兴也顿失。只能徒然转身倚栏，百无聊赖，闲敲玉钗。

这首词，是从女子方面来看待这次邂逅，然而，词人纳兰性德却是其中的另一个主角，也就是那个女子邂逅的恋人。所以，这首词最终还是纳兰性德的自我安慰。他遇到一位心仪已久的姑娘，他们是否相爱并不一定，但可以肯定的是纳兰性德对她确实苦恋已久。纳兰性德通过假设一个女子对他的这般情感，却是来表现自己的这种情感，由此可见纳兰性德是何其痴情。这种安排也是十分巧妙的。

他做出一个让所有的人都意想不到的决定：到宫中去见雪梅。他也不知道当时自己怎会有那么大的胆量，竟然做出那样惊世骇俗的事情来。去宫中之事，如果稍有差池，便是灭族之罪，以至于当事情过后，纳兰性德回想起来时，都不禁汗流浃背。

年少的纳兰性德，真是"初生牛犊不怕虎"。他凭着一股子冲劲，大有孤注一掷义无反顾的意味。对纳兰性德来说，这或许是他短暂的一生中做出的第一次、也是最后一次任性的事。

雪梅入宫之后，纳兰性德心心念着，相思刻骨，却无计可施。皇宫大内，哪是说进去就能进去的？就算你是权臣之子，也少有进去的机会。看着巍峨的宫墙，纳兰性德什么法子都想过了，却还是想不出能潜进皇宫的法子来。

没想到，机会来了。某一月，宫中有重要人物过世。既然是国丧，皇宫自然也不能免俗，大办法事道场，每日和尚喇嘛，出入宫廷，并无阻拦。这时，纳兰性德看到每天那些喇嘛们能够自由进入宫廷，灵机一动，他竟然想出个十分冒险的办法来。

他悄悄地用重金买通一名喇嘛，然后换上僧袍，装成一名小喇嘛，混进了入宫操办法事的喇嘛队伍之中。也许是怕被人认出来，他一直低着头，小心地注意着周围的一切。当披上了僧袍，混进喇嘛队伍中时，纳兰性德一下子有些后怕起来。私混入宫，一旦被发现，这就是犯了欺君枉上的死罪，而且全家人都会受到牵连。退一步说，就算当真混进了宫，那后宫如此庞大，妃嫔宫女那么多，真的能在短时间内找到表妹吗？再退一步说，就算上天眷顾，自己顺利地找到了表妹，见到之后呢？自己要怎么做？难道带她逃出这铁打一般的皇宫吗？纳兰性德静静地想着。

他知道自己是在用最大的冒险，去追寻一个遥不可及的渺茫希望。但是，从他披上这件僧袍开始，就已经没有退路了，这一点，纳兰性德很清楚。可他还是不想放弃。所以，当僧人们的队伍开始缓缓往前行进的时候，纳兰性德没有片刻犹豫，就跟着队伍一路往前走。因为这些僧人每天都会进出皇宫，守门的侍卫并未怎么留意，验过领头者的进出令牌，再草草扫视了几眼，就放他们进宫，没有发现权相纳兰明珠之子纳兰性德混在这队喇嘛之中。

纳兰性德一直都低着头，偷偷地张望，见顺利进了宫门，不禁暗自松了口气。身后，陈旧笨重的门轴发出"吱嘎"的声音，重重宫门就一层层地打开，然后关上。那一声又一声的关门声音，让纳兰性德越来越紧张起来。他已经步入了深宫，一个外臣、男人们的禁地！

忽然，他猛地睁大了双眼，连忙低下头去。因为他看见迎面过来了一队巡逻的侍卫。那些侍卫里面，有不少人都曾经和纳兰性德一起，在旗营里操练过，彼此都是认识的，稍有不慎，纳兰性德就很有可能被对方认出来。这让纳兰性德不禁紧张起来，一下子绷紧了浑身的弦。他深深地低下头，把自己的面容隐藏在合十的手后。他暗自祈祷着，祈祷上苍开眼，保佑他能够见到雪梅一面，只一面就好。他反复默念着：上苍，我的要求并不多，仅仅是一面就好，看她如今怎样，看她可否安好。

纳兰性德就这样满怀心事地混在喇嘛的队伍之中，一起往前走着。宫殿深邃，长廊迂回曲折，就像是永远也走不到尽头。纳兰性德并不在乎这队喇嘛到底会走去哪里，他所在乎的，是自己究竟能不能见到表妹一面。偶尔有宫女从队伍旁边经过，多是踏着小碎步，迅速离开，根本不敢和外面来的人有任何接触，甚至连看都不敢看向这群僧人。这时候，纳兰性德发现，这些年轻的宫女，无论环肥燕瘦，都是穿着同样颜色的衣裙，绣着同样的花纹，梳着同样的发髻，甚至连鞋子、手绢都一模一样。青春的面孔上，也同样的都带着一种经过刻意训练的、弧度恰到好处的微笑，漂亮，优雅，却毫无生气。

纳兰性德不禁担忧起来。入宫前，雪梅的喜怒哀乐都流于面上，她那样活泼的个性，在这皇宫之中，当真应付得了？

纳兰性德跟着队伍走了很长的时间，也不曾发现雪梅，甚至连相似的身影都不曾见过。正当他以为这一次冒险会是徒劳一场的时候，前方的长廊拐弯处，出现了几位宫女的身影，远远的，朝着僧人的方向走了过来。纳兰性德的心，一下子提到了嗓子眼儿。因为他看到其中一位宫女的身影，与表妹是那么的相似，只是有些不敢确定。那究竟是不是小表妹呢？纳兰性德不禁朝那边张望着。双方走得越来越近了，纳兰性德也不由得期待起来，期待着擦肩而过的霎那。

可天不遂人愿，那几位宫女在长廊的拐弯处，往另一个方向走去。纳兰性德见状顿时有些着急起来。也许是冥冥之中真有天意，仿佛心有灵犀一般，那几位宫女之中，突然有一位回头看向僧队的方向。四目相对后，纳兰性德的一颗心顿时激烈地跳动起来。即使相隔如此之远，纳兰性德还是认了出来，对方正是自己的表妹。虽然穿着和其他宫女一样的服装，梳着一样的发髻，但他还是能清晰地辨认出那就是自己的表妹，是自己心心念着的表妹。

对方似乎也认了出来这位喇嘛是谁，却不敢有丝毫异样的举动。她只是迅速把脸转了回去，身子却不由自主地晃了一下，就像是脚下的花盆底没有踩稳一样，微微有些踉跄，步子也拖拉起来，像是很不想离去，但却被前后的同伴挟着，不由自主地继续往前走。她的背影看起来是那么的凄凉，带着无力抗拒的无可奈何，只是在快要走远的时候，突地抬起手，像是要去扶一扶自己发髻上的玉簪，纤细的手指却轻轻扣了扣，仿佛在告诉纳兰性德，她已经见到了他。此时，纳兰性德不是不想开口唤她，是理智及时阻止了他。他们都很清楚在这样的环境下坚决不能任性，最大的限度，只能是四目相对，然后，纳兰性德便目送着对方的远去，远远地走进深不见底的后宫深处。

这一场预料之外的见面，只是发生在一瞬间，对这对年轻人来说，代表的却是前半生的告别，与后半生的永诀。他们已经不可能再有见面的机会。曾经萌动的美好感情，被现实残酷的狂风暴雨给摧残得一丝不留。很多年之后，纳兰性德想起这一次轻狂的重逢时，简直不敢相信它真的发生过，甚至怀疑它只是一场梦幻而已。但不管是梦幻也好，现实也好，纳兰性德都深深地铭记着表妹离去的身影，那身影，是那么无可奈何，那么恋恋不舍。当时，他们都有满腔的话想要倾诉给对方，但却只能把那些话深深地藏在心里，并永远地埋藏下去。

纳兰性德在另一首相思之作《减字木兰花（花丛冷眼）》中写道：

花丛冷眼，自惜寻春来较晚。知道今生，知道今生那见卿。
天然绝代，不信相思浑不解。若解相思，定与韩凭共一枝。

这首词，上阕纳兰性德用典于唐代风流才子杜牧的故事。据晚唐人高彦休的《唐阕史》记载：杜牧早年游湖州时，遇到过一个面相极为秀美的十余岁少女，心生喜爱之情，便与少女的母亲约定说等他十年，他若十年未回，再叫女儿出嫁。而杜牧当上湖州刺史已是十四年后的事了，彼时那女子已经嫁人生子了。为此，杜牧作《怅诗》以表达自己的怅惋之情：

自是寻春去校迟，不须惆怅怨芳时。
狂风落尽深红色，绿叶成阴子满枝。

纳兰性德在此沿用此典，以表明自己与杜牧相似的情感：原是只能怪自己游赏春景来迟，失了那最好颜色，怨不得如今花丛冷淡，萎靡相对。只是看着眼前这已经残了的春景，不由思及佳人，纳兰性德本性多愁善感，触景伤情便更一发不可收拾，一口气叹出，便吟："知道今生，知道今生那见卿。"想来佳人也若这冷眼花丛，不再两颊飞红、盈盈浅笑地出现在纳兰性德眼前了。纳兰性德与表妹永远分离，已到了春色已残的境遇，还能有何寄望呢？

词的下阕，纳兰性德用了"相思树"的典故。"不信相思浑不解"，"浑不解"在这里是全部不知道的意思。曾相知相爱的深挚情意，使得纳兰性德坚信那绝代芳华的佳人绝对不会忘记自己，而自己的一片相思情深，即使现在已是天各一方，伊人也定然不会一点都不知道。而你若是真的明白我对你的这份情意，就"定与韩凭共一枝"吧。

纳兰性德在这首词中，多寄托怅惋相思的怨愁和生死相许的深情，并未对世道炎凉和缘分浅薄怀有切肤之痛，这刚好迎合了纳兰性德"怨而不怒"的诗学主张。

从皇宫中平安回来的纳兰性德，回想起自己的这次冲动冒险，也不禁后背上满是冷汗。好在上天终究还是眷顾他的，在他以为自己再也见不到表妹的时候，朝思暮想的恋人便和自己擦肩而过，如愿以偿见了一面。然后，他往东，她往西，就像两条交叉线，一次交集之后，便是越行越远，最终相隔天涯。

对于纳兰性德的这次冒天下之大不韪，很难说他的父亲纳兰明珠不知道。其实，纳兰性德简直就是在拿全家人的性命做赌注。好在上苍是站在他这边的，所以，他赌赢了，全家都安然无恙。但是，他的一颗心还是紧紧系在深宫之内，系在表妹的身上。这么多年的感情，怎么可能说放下就放下、说遗忘就遗忘？

后来，宫中传来消息，说才貌双全的雪梅顺利得到了康熙皇帝的青睐，成功地从宫女变成了嫔妃。这一消息，让纳兰明珠一家人欢呼雀跃，而只有纳兰性德皱紧双眉，闷闷不乐。自己的一片相思之情，只能深深埋在心里，无人能懂。

纳兰性德知道，相思之苦，绵绵无绝期，过去了的，已经不能再重来。从此以后，他只能在词里行间表达自己的后悔与不舍，还有永远的怀念，苍凉的故事，会一直讲下去。

浣

溪沙

清 納蘭惟德

誰念西風獨自涼

蕭蕭黃葉閉疏窗

沉思往事立殘陽

被酒莫驚春睡重

賭書消得潑茶香

當時祇道是尋常

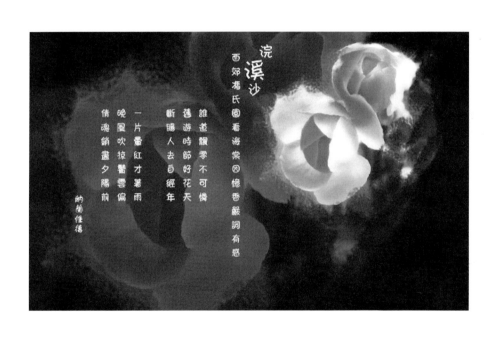

浣溪沙

西郊馮氏園看海棠因憶香嚴詞有感

誰道飄零不可憐
舊游時節好花天
斷腸人去自經年

一片暈紅才著雨
晚風吹掠鬢雲偏
倩魂銷盡夕陽前

納蘭性德

第三章

晓榻茶烟揽鬓丝，

万春园里误春期

01 拜广源寺，识秋水轩

　　纳兰性德与表妹雪梅的那段初恋虽然宣告夭折，但他的心里，总在感到孤寂的时候浮现出一个人的影像来，那些话，那些事，也总在某个相似的瞬间不经意地浮现出来。这一生，他与她已经甜蜜地携手了，但却偏偏又痛苦地擦肩而过。泪别过后，又能与谁相守？那些痛楚的心痕，像一首岁月之歌，在这个年轻季节轻吟浅唱，放射着一波波浅浅的伤怀。旧梦不须记，何等其难？

　　盛夏的一丝清风之中，纳兰性德轻轻地笑了，笑得有些勉强，也有些无奈。如果追忆过去的事情，都能用微笑的方式来缅怀，那么，当初所有的遇见便是美妙的。纳兰性德觉得，此时他更爱雪梅，那是因为没能抓住她；此时他心中更珍惜雪梅，那是因为与她永久离别。游离在往事的片段里，他与雪梅的爱恋，已是永久无法拼就的支离。也许，就此应该将雪梅深埋于记忆，不能再见阳光。就此，他远远地离开雪梅，远到模糊再模糊，就仿佛不曾出现过。"旧事浑如昨，怆然只问天"，雨过，自有天晴。

　　纳兰性德踱着步，忽然默诵起李白的《宣州谢朓楼饯别校书叔云》来：

弃我去者，昨日之日不可留；

乱我心者，今日之日多烦忧。

长风万里送秋雁，对此可以酣高楼。

蓬莱文章建安骨，中间小谢又清发。

俱怀逸兴壮思飞，欲上青天揽明月。

抽刀断水水更流，举杯消愁愁更愁。

人生在世不称意，明朝散发弄扁舟。

虽然，李白的这首诗所表达的举杯消愁之情与纳兰性德此时的失去爱恋之情有着不一样的境遇，但是，他们心中的痛楚程度却是惊人的一致，纳兰性德信口吟诵起李白的这首诗来，可见他的心情已经糟糕到了一定的程度。

无比的孤寂之中，纳兰性德的神经又似乎被什么东西触碰了，他的眼神即刻闪现出一种特殊的光。也许，人类有一个通性，就是日子过得一帆风顺的时候，往往什么都不相信，但一旦生活出现了逆水行舟，甚至出现了一些磨难，就会相信命运，相信天、地、神、佛，才觉得自己早就应该有这样的信仰。纳兰性德就是在极其悲伤痛苦的时候，想起了广源寺，想起了那个曾经赐给他名字、并赐给他"君子以成德为行，日可见之行也"这个谶语的寺院，想起了那个让人尊重的法瑶大师。他知道，法瑶大师早就死了，可他今天却萌生一种信念，就是法瑶大师的灵魂还在，广源寺永远是他虔诚膜拜的地方。

于是，纳兰性德整理好衣冠，一声不响地走出书房，然后牵出马来，蹬踏上马，朝着一个方向奔驰而去。显然，那个方向，就是广源寺的方向。一路上，纳兰性德感觉一直像有神仙在引导着，根本不用他辨认方向。大约走了半个多时辰，纳兰性德顺利地来到了广源寺。

此时，广源寺的外面已是人头攒动，香客云集。所来的香客，除了烧香膜拜之外，也有顺便观赏荷花的意图。广源寺外的池塘里，此时正盛开着大片的荷花，亭亭玉立，婀娜多姿。广源寺原本就是一个香火旺盛的地方，加之荷花娇艳绽放，因此吸引了京城里无数的香车宝马，一时间让广源寺变得更加热闹非凡。

纳兰性德看到这么多的香客云集，孤寂郁闷的心情一下子被冲淡了许多，表情也松弛下来。他在寺内的一角栓好马匹，便直奔大雄宝殿而去。在大雄宝殿，他默念着法瑶大师，也默念着其他祈祷之语，虔诚地在佛像前烧香、叩头。那清脆舒缓的木鱼声和忽浓忽淡的香烟味，似乎让他的神志清醒了许多，让他的心绪安宁了许多。

纳兰性德在佛前不知跪了多久，不知向故去的法瑸大师说了多少心里话。当他起身时，香客大多已经离开了。纳兰性德像完成了一件心中所愿，轻松地走出殿门。这时，他才发现，广源寺外的池塘里，荷花开得分外娇艳，完全与他刚来时所看到的荷花有着天壤之别。那满池的荷花，就像专门为他开放的一样，嫩蕊凝珠，莹莹笑面，让他顿生灵感，成就以《荷》为题的一首诗行，并饶有兴致地朗诵起来：

> 华藏分千界，凭栏每独看。
> 不离明月鉴，常在水晶盘。
> 卷雾舒红幕，停风静绿纨。
> 应知香海窄，只似液池宽。

纳兰性德在诗中提到的"香海"是佛国的名字，而"液池"在古代专指皇家的池塘。诗的前六句其实只是为了后面内容做了铺陈，旨在烘托"应知香海窄，只似液池宽"这两句。纳兰性德是说，这盛开着大片荷花的大池塘，就是佛教里所说的香海，对于一些走出尘世的人们来说，它就如同一条清浅的小溪，只需轻轻一跨就可以越过。而对于那些纠结于尘世的人们来说，这个开满荷花的池塘，就像皇家园林里广阔无边的太液池一样无法逾越。此时，也不知纳兰性德是把自己认定为走出尘世的人，还是把自己认定为纠结于尘世的人？他在来广源寺之前，应该是前者；而到了广源寺之后，他就应该属于后者了。

看着眼前的池塘，纳兰性德体悟到，只要随缘、放下，内心清净如一泓水，便自然而然的跟池塘里的水融为一体了，也跟池塘中的一片莲花融为一体了。佛家修行的最高境界是"空"，佛经里所讲的"色即是空、空即是色"，就应该是这样的境界。

纳兰性德这样想着，精神更加轻松起来。他知道今后应该如何来面对与表妹的诀别，知道应该如何来善待自己。他牵出马来，一声吆喝，不到半个时辰就回到了自己的渌水亭。从此以后，他又开始正常的读书、骑射、上太学，过起了表妹没来府上之前的那种坦然的生活。一旦思念的愁绪再次袭来时，纳兰性德就去广源寺拜佛听经。这样，纳兰性德就成了广源寺的常客，广源寺的大雄宝殿里，就经常能够看到他的身影。

一天，虽已暮色降临，但广源寺里的香客依然络绎不绝。在大雄宝殿里跪拜了大半天的纳兰性德，悄悄地走出殿门。看来，他的心情又是不错，没急着打马回府，而是独自转到了大雄宝殿的背后，再缓缓情绪。他慢条斯理地踱着脚步，享受着暮色降临的那份惬意。

此时，广源寺后院的十几株桂花都在娇滴滴地开着花，而且密密匝匝的。纳兰性德兴致勃勃地走到树下，只见一片片椭圆形的叶子，都衬托着金色的小花，就好像一个个的胖娃娃，躺在一个个碧绿的摇篮里。纳兰性德再近前一步，一阵浓郁的香味便扑面而来，让他心生陶醉。他甚至想把这些浓得化不开的香气统统吸进肺里，却蓦然停住了。这时，一串银铃似的笑声，从金黄色的花丛深处飘溢出来。

纳兰性德循声看过去，只见一群旗人少女正叽叽咕咕地谈论着什么，六七个年纪相仿的女孩子围在一起，头挨着头，你一言，我一语，说到忘情处，还会肆无忌惮地扬起清脆而甜美的笑声。

看到这些清纯而快活的旗人少女正在游戏，纳兰性德不想影响她们的兴致，就想一个人悄悄地离开。正当就要转身之时，一句特别的词一下子把他吸引住了。这正是他近期以来听得最多的词：秋水轩唱和。他站在那里，一种强烈的好奇心驱使他要看下去。

秋水轩唱和，是中国清代词史上的一件盛事。康熙十年，即1671年，著名词人、藏书家周在浚来到北京。周在浚字雪客，号梨庄，一号苍谷，又号耐龛，为河南祥符也就是现在的开封人。周在浚寓居在孙承泽的别墅秋水轩。孙承泽为明末清初政治家、收藏家，字耳北，一作耳伯，号北海，又号退谷，一号退谷逸叟、退谷老人、退翁、退道人等，为山东益都人。周在浚在秋水轩寓居之后，一时间，许多的名公贤士无日不来，与周在浚一起饮酒吟诗唱词为乐。

在来往的名公贤士之中，有一位被称为柳州词派"盟主"的人物，叫曹尔堪。曹尔堪字子愿，号顾庵，为浙江嘉兴籍的华亭人。华亭，就是现在的上海松江。曹尔堪博学多闻，工诗，与宋琬、沈荃、施闰章、王士禄、王士祯、汪琬、程可则并称为"海内八大家"。一天，众多的文友相聚之时，曹尔堪一时兴起，写了一首《贺新凉·雪客秋水轩晓坐柬檗子、青黎、湘草、古直》，挂上了秋水轩的壁间：

　　淡墨云舒卷。旅怀孤、郁蒸三伏，剧难消遣。秋水轩前看暴涨，晓露着花犹泫。贪美睡、红蚕藏茧。道是分明湖上景，苇烟青、又似耶溪浅。留度暑、簟纹展。

　　萧闲不羡人通显。笑名根、膏肓深病，术穷淳扁。衮衮庙牺谁识破？回忆东门黄犬。沧海阔，吾其知免。埋照刘伶扬酒德，倒松醪、好把春衣典。词赋客，烛频剪。

　　结果，曹尔堪的这首词，很快引来了秋水轩名人贤士龚鼎孳、纪映钟、徐倬等词人的纷纷唱和，并渐渐形成唱和的风气。于是，唱和活动日益热闹起来，数月后，竟演变成一场影响力巨大的群体酬唱活动，吸引当时大多数著名词人的参与，在清初词坛刮起了一场稼轩风，并吹向大江南北的词坛。秋水轩唱和在清代词史上留下了非常丰厚的一笔，除了周在浚结集了二十六卷《秋水轩唱和词》、收入 26 位词人的 176 首词作外，尤其形成了"词非一题，成非一境"的唱和风格。词的体式虽然一样，但词人对主题都有着自由的抒发，或表述心绪，或流露心迹。

　　秋水轩唱和的所有词作，全用《贺新凉》这个词牌，押"剪"字韵，分别是：卷，遣，泫，茧，浅，展，显，扁，犬，免，典，剪。词的每处韵脚和字数都必须一样，叫"步韵"，这也是和诗里最难的一种。但是对于这些文人来说，难度越大似乎越有挑战性，参与的人也越多，以至于大江南北的文人骚客们纷纷寄来诗稿，唱和活动可谓"险韵诗成，扶头酒醒，别是闲滋味"。

　　纳兰性德听着眼前旗人少女们偶尔高亢兴奋地背诵词作，偶尔窃窃私语地评论词作，实在让他难以挪动自己离开的脚步。他注意到，在这些盛装华服的女子当中，有一个身穿月白色长裙的少女显得非常素净淡雅，宛若一枝晶莹剔透的白梅一般。她用温婉低缓的声音，轻轻地背诵着秋水轩唱和的那些词句，甜美的韵味，仿佛山谷里叮咚流淌的山泉一样清凉悦耳。望着这位素净如白梅的女子，纳兰性德完全进入了一种唱和的境界，不由自主地奉和了一首《贺新凉（疏影临书卷）》：

　　疏影临书卷。带霜华，高高下下，粉脂都遣。别是幽情嫌妩媚，红烛啼痕都泫。趁皓月，光浮冰茧。恰与花神供写照，任泼来，淡墨无深浅。持素障，夜中展。

残缸掩过看愈显。相对处，芙蓉玉绽，鹤翎银扁。但得白衣时慰藉，一任浮云苍犬。尘土隔、软红偷免。帘幕西风人不寐。凭清光、肯惜鹓裘典。休便把，落英剪。

开篇的"疏影"二字，引自于北宋诗人林逋《山园小梅》中的诗句"疏影横斜水清浅，暗香浮动月黄昏"，直接交代了这是一首咏梅词。全词押"剪"字韵，用精妙的词句，引经据典，把一轮皓月之下的梅花写得其姿绰约，其神"冰茧"，无疑位居梅兰竹菊"四君子"之首。

没想到，纳兰性德轻轻的吟咏声，惊动了旗人少女。于是，她们就用各自的目光寻找声音的出处。很快，她们就看到了站在花丛后面的纳兰性德，便不约而同地惊呼起来，一个胆子稍大一点的姑娘站出来，厉声问道："你是谁？为什么鬼鬼祟祟地躲在花丛后面偷看我们？"

纳兰性德只好硬着头皮走出来，连连向姑娘们表示抱歉："对不起，各位小姐，打扰你们了！小生刚才听到各位小姐吟词评词，被深深吸引，早已情不自禁。"

说话间，姑娘们把目光齐刷刷地聚到纳兰性德的身上。她们看到这位剑眉朗目、温和儒雅的公子非同寻常，都禁不住唏嘘不已。有位姑娘似乎想起了什么，便走上前小心翼翼地问："听公子刚才填的词，不仅韵脚工整，步调一致，而且文采华丽，莫非公子是明珠大人府上的纳兰性德公子吗？"

纳兰性德只得承认，并说道："不错，在下便是纳兰性德。刚才有些唐突，打搅各位小姐了，请海涵！"说着，纳兰性德转身要走。

姑娘们一听说眼前站着的就是她们早就仰慕的纳兰性德公子，一下子围了上来，你一言，我一语，七嘴八舌地说这说那，谁也不肯放他走。这时，一位姑娘甜甜地问他："公子，你能告诉我们你刚才吟咏的是什么主题吗？"

被姑娘这么一问，纳兰性德反倒不知道如何回答了。他嗫嚅了半天，终于眼前一亮："这首词所咏的，就是眼前的场景。"他伸手向前，似乎指向了那株白梅树。

姑娘们回头一看，见纳兰性德所指的墙角有一株白梅树，可是，这个时节并不是梅树开花的季节。姑娘们正要继续向他问起什么，就见纳兰性德已被从前院过来的家人招呼走了。

　　离开姑娘们，纳兰性德就开始回忆刚才那位素淡如梅的姑娘来。她静静地站在姑娘们之中，低着头，手里不自然地摆弄着衣角，非常惹人怜爱。这种美好的记忆，伴着纳兰性德度过了一个美妙的夜晚。

　　后来，纳兰性德慕名找到了孙承泽的寓所，结识了许多前来参加秋水轩唱和的名公贤士，他也经常应孙承泽、周在浚、曹尔堪等文友之邀，到秋水轩参加唱和活动，为《秋水轩唱和词》的结集推波助澜。

02 撰石鼓记，乡试中举

　　随着纳兰性德的参与，秋水轩唱和在京城的影响越来越大，以至于全国各地、大江南北的文人雅士和骚客名流都纷纷涌进京城，来一睹秋水轩唱和的奇妙盛况。显然，他们到京城，都是有备而来的，所有的人，都带来了自己比较得意的词作。于是，京城的大街小巷，都在互相传诵着词人们的作品。

　　在相互交流的词作之中，就有一本名叫《江湖载酒集》的词集备受欢迎，并广为流传。这本词集的作者，是江南的落拓文人朱彝尊。编写这部词集的时候，朱彝尊已经四十多岁了。《江湖载酒集》主要取意于杜牧"落拓江湖载酒行"的诗意，也是朱彝尊对自己十余年来混迹于底层社会那种沧桑经历的真实写照。

　　当颓唐落魄的朱彝尊步履艰难地踏上了京城这片土地，并以一部《江湖载酒集》向世人倾吐着自己的心声时，很快赢得了许多文友的同情与尊重。

　　很快，纳兰性德也得到了这部词集，并爱不释手。一个月色浅淡的深夜里，纳兰性德捧读着《江湖载酒集》，一直不忍释卷。这时，窗外飘来隐隐约约的笛声。他披衣而起，踱入院中，那笛声清远悠扬，若有若无，韵味无穷，让他感觉飘飘欲仙。在笛声之中，他想起了那位素未谋面的朱彝尊，想起了他词集里的每一首词，不断地猜测着词人的长相、气质、言谈等各个方面。猜着猜着，他不由得拿起笔，研好墨，而后，一首《浣溪沙（残雪凝辉冷画屏）》片刻之间就跃然纸上：

> 残雪凝辉冷画屏，落梅横笛已三更。更无人处月胧明。
> 我是人间惆怅客，知君何事泪纵横。断肠声里忆平生。

这首词的大意是：院子里的残雪映衬着月光折射在画屏上，使得绘有彩画的屏看上去也显得凄冷。夜已三更，帘外月色朦胧，人声寂绝。不知何处《落梅曲》笛声响起，呜呜咽咽地惹断人肠。远方那位寻求知己的惆怅人啊，我明白你心里的苦楚与悲哀，因为，我跟你一样，在一声声让人断肠的笛声里回忆着自己令人惆怅的人生。

"我是人间惆怅客，知君何事泪纵横"，纳兰性德这个惆怅的少年，已经产生了一种朦朦胧胧的感觉：不管那个落拓的朱彝尊如今身在何方，他都已经把他当成自己人生的知己了，他真诚期盼着与朱彝尊的相识和交流。

但是，无论纳兰性德有多么好的天赋，也不能成为正统。纳兰性德知道，要想真正出人头地，必须在传统的科举之路上赢得一席之地。

纳兰性德走过了十七年的风雨历程后，开始迈向了十八岁的人生。十八岁，标志着纳兰性德进入了成人期。而作为纳兰明珠大人的长公子，他的婚姻大事，也必然被纳兰明珠夫妇提上了日程。但是，纳兰性德的心思不在娶妻成家上，他有着许多自己感兴趣的事情要做。

在国子监里读书求学时，纳兰性德对天天能看到的十只石鼓发生了浓厚的兴趣。国子监里的十只石鼓，实际上是十只雕刻成鼓状的花岗岩，上面还刻着一些已经湮灭不清的文字。那些文字，虽然已经辨认不清，但依然可以看出那字体的古朴遒劲。纳兰性德知道，这十只石鼓，是三代法物中硕果仅存的物件。

"三代"是什么意思呢？对于研究儒家经典的人们来说，"三代"可不是一个陌生的名词，它是对中国历史上的夏、商、周三个朝代的统称。"三代"一词最早见于春秋时期的《论语·卫灵公》："斯民也，三代之所以直道而行也。"由此，"三代"一词一直到战国时期都是指夏、商和西周。到了秦朝之后，"三代"的含义才开始包含了东周，并一直沿用下来。

在人们的心目中，"三代"是一个非常美好的世界。风调雨顺，国泰民安，是儒家人做梦都想恢复的理想世界。而如今想不到的是，"三代"唯一幸存的一件遗留法物，竟然就藏在国子监里，就摆在纳兰性德的面前，并且能够亲手抚摩着它们，感受着它们的雍容华贵。想到这里，纳兰性德激动得几乎控制不住自己的情绪，他甚至一连几天对着这些石鼓发呆，是那样的虔诚敬仰，仿佛摆在他面前的不是几块石头，而是佛像或者神龛之类的什么圣物。他日日不能自己，一种内心的虔诚膜拜驱使他拿起笔来，为十只石鼓写了一篇《石鼓记》，后来，这篇文字被收录在《通志堂集》十三卷里。

予每过成均，徘徊石鼓间，辄悚然起敬曰："此三代法物之仅存者！"远方儒生未多见。身在辇毂，时时摩挲其下，岂非至幸。惜其至唐始显而遂致疑议之纷纷也。《元和志》云："石鼓在凤翔府天兴县南二十里，其数盈十，盖纪周宣王田于岐阳之事，而字用大篆，则史籀之所为也。自正观中，苏勉始志其事，而虞永兴、褚河南、欧阳率更、李嗣真、张怀瓘、韦苏州、韩昌黎诸公并称其古秒无异议者，迨夫峋嵝之字，岳麓之碑，年代更远，尚在人间，此不足疑一也。程大昌则疑为成王之物，因《左传》成有岐阳之蒐而宣王未必远狩丰西。今蒐岐遗鼓既无经传明文而帝王辙迹可西可东，此不足疑二也。至温彦威、马定国、刘仁本皆疑为后周文帝所作，盖因史大统十一年西狩岐阳之语故尔。按古来能书如斯、冰、邕、瑗无不著名，岂有能书若此而不名乎？况其词尤非后周人口语。苏、李、虞、褚、欧阳近在唐初，亦不退迩昧昧，此不足疑三也。至郑夹漈、王顺伯皆疑五季之后鼓亡其一，虽经补入，未知真伪。然向传师早有跋云：数内第十鼓不类，访之民间得一鼓，字半缺者，校验甚真，乃易置以足其数，此不足疑四也。郑复疑靖康之变未知何在，王复疑世传北去弃之济河。尝考虞伯生尝有记云：金人徙鼓而北藏王宣府宅，迨集言于时宰乃得移置国学，此不足疑五也。"予是以断然从《元和志》之说而并以幸其俱存无伪焉。尝叹三代文学经秦火后至数千百年，虽尊彝鼎敦之器出于山岩、屋壁、坱亩、墟墓之间，苟有款识文字，学者尚当宝惜而稽考之，况石鼓为帝王之文，列膠庠之内，岂仅如一器一物供耳目奇异之玩者哉。谨记其由来，以告夫世之嗜古者。

通篇文章，旁征博引，围绕十只石鼓的真伪与断代的种种争议，梳理得有理有据。顺着纳兰性德的思路，我们看到石鼓的镌刻历史，看到了石鼓如何散落民间又如何最后重现人世、如何历经劫难最后被移置在北京的国子监里、以及如何被历代书法名家文人雅士所高度赞誉等史实。这些有理有据的辩证，读来令读者心服口服。纳兰性德不仅是一个多情善感的浪漫词人，也有鲜为人知的理性缜密的一面。

参加科举考试，是纳兰性德求取功名的必经之路。科举考试，历来是贫寒士子摆脱贫困、鲤鱼跳龙门的最佳出路。学子们寒窗苦读，十年磨一剑，就是为了这一刻的光荣胜出。但对于纳兰性德来说，完全不必要有那么大的压力。在清政府的科举制度里，旗人子弟在科举考试上是有一些特权的。旗人子弟即使不参加科举考试，也有机会入朝为官。更何况纳兰性德还拥有一位权倾朝野的父亲，对于他来说，轻松进入仕途不在话下。

此时，一向笃学儒家文化的纳兰性德，早已被博大精深的汉文化迷住了。他渴望能像一名普通的汉人士子一样，经过乡试、会试、殿试，从而一步步过关斩将，在科举考试这个没有硝烟的竞技场上，来充分展示自己的实力。他知道，自己如果想赢得那些汉人士大夫的尊重和认同，参加科举考试也是一个有效的渠道。其实，以纳兰性德的学识和才能，科举考试就如同探囊取物一般轻松和容易，最起码乡试和会试肯定是稳操胜券的。

康熙十一年（1662 年）八月，十八岁的纳兰性德充满信心地参加了顺天乡试，并轻松地赢得了举人身份。跟他一起中举的，还有纳兰性德的两位最要好的朋友和知交，一个是韩菼，另一个是曹寅。

这次顺天乡试的主考官是徐乾学。对徐乾学的名字，纳兰性德早已如雷贯耳。按惯例，考试结束之后，主考官要举办宴会，招待这次中举的举子们，其奉迎举子们的意义不言自明。谁都知道，这些举子们一旦通过会试和殿试，不知道有多少人将来有可能会成为朝廷上的大员，也就是成为自己的同僚。此刻，无疑正是发展关系、壮大人脉的最佳时期。徐乾学不破规矩，专门设宴招待举子们。

纳兰性德对徐乾学的宴请丝毫不感兴趣。让他高兴的是，通过这次宴会，有幸接触到久负盛名的博学大儒徐乾学。而且，按照惯例，主考官和举人之间自然而然形成了师生关系。那么，徐乾学就已经是纳兰性德的老师了。

在科举制度中，"老师"有好几种性质：其一为授业师，也就是主要负责教学的老师；其二为问业师，即在遇到疑难困惑的时候偶有请教的老师；

其三为受知师，即在乡试、会试等重要考试中担任主考官阅卷官的人……

从身份上看，徐乾学只是纳兰性德的"受知师"，但在纳兰性德的心目中，他的学术成就、文章水准和道德品质，都是纳兰性德慕名已久的，徐乾学正是他梦寐以求的真正的老师。

而对于徐乾学来说，纳兰性德的名字更是早有耳闻。三弟徐元文不止一次在他面前推荐并夸赞这个孩子："司马公贤子，非常人也！"徐元文所说的司马公就是纳兰明珠。纳兰明珠当时任兵部尚书，司马是兵部尚书的别称。徐元文的话，充分说明纳兰性德是一个德才兼备的好少年。

有了这样的印象，举办宴会那一天，徐乾学自然而然就特别留意了这位久负盛名的纳兰明珠的长公子。据徐乾学自己回忆说，当时十八岁的纳兰性德与众举子们一起来拜见他。他端坐在堂上，看着底下的举子们穿着一样的青色袍子，神色气质都比较一般，唯独纳兰性德举止娴雅，就像是鹤立鸡群。

当然，这只是一次礼节性的拜谒，彼此并没有机会进行深谈。但是，这位风度翩翩、器宇轩昂的年轻人，足以让徐乾学难以忘怀。他觉得，三弟徐元文对纳兰性德的评价一点都不为过。

三天后，纳兰性德下帖专程拜访徐乾学。此时，徐乾学也早就想找个机会全方面地了解一下纳兰性德，于是，徐乾学欣然地接见了纳兰性德。

他们的这次见面非常愉悦，谈论得尤其投机，尤其是纳兰性德，对儒家的"经史源尾"、各类文体的风格变化及发展历史条分缕析，娓娓而谈，极其富有见地。如果说第一次见面时，徐乾学还只是欣赏纳兰性德的外在形象和气质，那么这一次的促膝长谈，让徐乾学不禁对这位贵族公子有些刮目相看了。他想不到，这位纳兰明珠府的年轻公子，竟然对儒家文化有这么深刻的认识，甚至连一般的汉族文人学者都比不上他。

这一次见面，对于纳兰性德的意义非同小可。徐乾学不仅从此成为纳兰性德学术研究上的良师，更为他的为人处世提出了谆谆教诲。徐乾学告诫纳兰性德"为臣贵有勿欺之忠"，对此，纳兰性德有些懵懂，觉得自己不过是一个刚刚考中的举人，还没有任何官职，更谈不上跟皇上有什么关系，老师为何要如此训诫他呢？

但是在以后读书的过程中，纳兰性德逐渐参悟了其中的含义，也明白了老师教导这句话的良苦用心。并且，这句话在别人看来，不过是座师对年轻举人的惯常忠告，或许别的学子听听也就过去了，但在纳兰性德的意识里，却逐渐落地生根。

在以后的日子里，不管世界多么污浊，人心多么险恶，纳兰性德始终谨记老师"为臣贵有勿欺之忠"这一训诫，不管是对皇上还是对家人朋友，纳兰性德宁可委屈自己，也绝不失信于人。由于他的绝假纯真，也许他失去了很多追名逐利的机会，但是，他却收获了人间最真挚的爱情和最淳厚的友情。也许，对于纳兰性德来说，这样的人间至情才是他一生最宝贵的财富。

03 一封书信，虔诚谢师

纳兰性德参加乡试的座师，是大清王朝的著名学者、有"巨公大人"之称的徐乾学，让纳兰性德感到无限欣喜。乡试中榜后，纳兰性德随即以"仰慕风采，心神肃然"的心态，专程拜谒了徐乾学。从此，纳兰性德从师徐乾学长达十四年之久，用他自己的话说："执经左右，十有四年。先生语以读书之要，及经史诸子，百家源流，如行者之得路。"直至他英年早逝，一直从师于徐乾学。

徐乾学号健庵，是康熙九年（即 1670 年）第一甲三名进士，也称庚戌科探花。中榜后授翰林院修编，累官至刑部尚书。他学识渊博，是清初时代的著名学者，并被康熙皇帝所重用，曾担任《明史》总裁官，并总撰《大清一统志》。

自从独自到府拜谒徐乾学后，纳兰性德总是抑制不住自己激动的心情。终于，他忍不住给老师写去了一封洋洋洒洒的书信，并取名《上座主徐健庵先生书》，信中表达了说不尽的激动与兴奋。这也是一封书信体的散文，通篇引经据典，文情并茂：

某以诠才末学，年未弱冠，出应科举之试，不意获受知于钜公大人，厕名贤书。榜发之日，随诸生后端拜堂下，仰瞻风采，心神肃然。既而屡赐延接，引之函丈之侧，温温乎其貌，谆谆乎其训词，又如日坐春风令人神驰。由是入而告于亲曰：吾幸得师矣！出而告于友曰：吾幸得师矣！即梦寐之间，欣欣私喜曰：吾真得师矣！

夫师岂易言哉！古人重在三之谊，并之于君亲。言亲生之，师成之，君用而行之，其恩义一也。然某窃谓师道至今日亦稍杂矣。古之患，患人不知有师；今之患，患人知有师而究不知有师。夫师者，以学术为吾师也，以道德为吾师也。今之人谩曰：师耳，师耳，于塾则有师，于郡县长吏则有师，于乡试之举主则有师，于省试之举主则有师，甚而权势禄位之所在则亦有师。进而问所谓学术也，文章也，道德也，弟子固不以是求之师，师亦不以是求之弟子。然则师之为师，将谨谨在奉羔、贽雁、纳履、执杖之文也哉！

洙泗以上无论矣。唐必有昌黎而后李翱、皇甫湜辈肯事之为师。宋必有程朱而后杨时、游酢、黄干辈肯事之为师。夫学术、文章、道德，罕有能兼之者，得其一已可以为师。今先生不止得其一也。文章不逊于昌黎，学术、道德必本于洛闽，固兼举其三矣，而又为某乡试之举主，是为师生之道无乎不备，而某能不沾沾自喜乎？

先生每进诸弟子于庭，示之以六经之微旨，润之以诸子百家之芬芳，且勉之以立身行己之谊。一日进诲某曰：为臣贵有勿欺之忠。某退而自思，以为少年新进，未有官守，勿欺在心，何裨于用，先生何乃以责某也？及退而读《宋史》，寇准年十九，等第时崇尚老成，罢遣年少者。或教之增年。准不肯曰：吾初进取，何敢欺君。又晏殊同年召试，见试题曰：臣曾有作，乞别命题，虽易构文，不敢欺君。然后知所谓勿欺者随地可以自尽。先生固因某之少年新进而亲切诲之也，某即愚不肖敢不厚自砥砺奋发，以庶几无负君子之教育哉！承示宋元诸家经解，俱时师所未见，某当晓夜穷研，以副明训。其余诸书，尚望次第以授，俾得卒业焉。

《上座主徐健庵先生书》洋溢着纳兰性德对老师这一职业的深厚感情。他深切体会到他的老师徐健庵的"温温乎其貌，谆谆乎其训词"的温和仪容和诲人不倦教学态度，感受到恩师"如日坐春风令人神驰"的为师境界，让他抑制不住地"入而告于亲曰：吾幸得师矣！出而告于友曰：吾幸得师矣！

即梦寐之间，欣欣私喜曰：吾真得师矣！"信中，纳兰性德对教师事业的无限崇敬、对自己受教于名师的无限欣喜和兴奋之情溢于言表，通篇情真意切，朴实感人。

纳兰性德认为，老师这一崇高的职业是不能随便称呼的："夫师岂易言哉？"这实际是说老师并非一般人能够胜任的。"古人重在三之谊，并之君亲。"是说古人把老师放在与君、亲并列的位置上。天、地、君、亲、师在古人的心目中占据着最为重要的位置，是神圣不可侵犯的。纳兰性德认为："言亲生之，师成之，君用而行之，其恩义一也。"意思是说，父母养育了我的身体，老师塑造了我的灵魂，只有经过老师的精心培养，一个人才能真正掌握一定的知识技能，然后才有机会被皇帝使用，去承担一定的社会责任，为国家尽忠，为国家效力。

纳兰性德在信中提出："夫师者，以学术为吾师也，以道德为吾师也。"这句话是说，老师必须是学术、文章和道德三个方面的楷模，成为学生效仿的表率。学术和文章是属于智育的范畴，而道德是属于德育的范畴，纳兰性德能从智育和德育两大方面来诠释师道，足以说明他对老师的高度敬仰。

纳兰性德写道："古之患，患人不知师；今之患，患人知有师究不知有师。"就是说，古时的忧患，是人们不知道需要老师；而今天的忧患，是人们知道需要老师，但不知道为什么需要老师，不知道老师在"传道、授业"的同时又在做人上"解惑"。纳兰性德在信中大力提倡尊师重教，重振师道，并列举了一系列古人从师学习并取得成就的典型范例，来强调从师学习的重要性。同时，也论述了对"老师"称谓上的泛滥，指出社会上有一些人为了功利目的，随便称有权有势的人为"老师"，从而玷污了老师的声誉。

纳兰性德认为，他的老师徐乾学完全具备了一位优秀教师应有的素质，是老师中的楷模，称其为："为师之道，无乎不备。"并说："示之以六经之微旨，润之以诸子百家之芬芳。"充分认识到徐乾学在他"少年新进"时就给他以"勿欺之忠"的"亲切诲之"是非常及时的，是非常必要的。

在年轻的纳兰性德眼中，徐乾学是他梦寐以求的真正的老师。在他看来，徐乾学的文章不亚于唐朝散文八大家的韩愈，学术道德又是渊源于宋代理学家程颢、程颐和朱熹。纳兰性德再一次提起老师徐乾学叮嘱他的"为臣贵有勿欺之忠"，说明是他阅读了《宋史》后，才明白了老师的良苦用心。《宋史》里边记载了寇准参加科举考试的故事：当时寇准十九岁就在科举考试中一举夺魁，但是当时的风气是崇尚老成，皇帝用人也都爱用老成持重的人，对年纪太小的考生往往不予重用。于是，有好心人就劝寇准把自己的年龄改大几岁，而寇准说什么也不改，他说："吾初新进，何敢欺君！"意思是说，我刚刚踏上进取之道，哪敢欺君罔上。还有北宋的另一位名相晏殊，十四岁的时候就以神童应召，在与其他考生一起参加廷试的时候，发现试题恰好是自己以前做过的，于是当即启奏曰："臣曾有作，乞别命题，虽易构文，不敢欺君。"晏殊和寇准在还没有踏入仕途的时候就以"勿欺"自许，哪怕事情对自己不利，也绝不违背自己的原则。

纳兰性德以寇准和晏殊诚实守信的故事，来反思老师徐乾学的训诫，并从中领悟到"勿欺"是一种难能可贵的品质。纳兰性德一直告诫自己要遵循老师训诫，去做事，去做人。

这封《上座主徐健庵先生书》以尊师重教为中心，指出了老师应有的社会地位，阐明了老师的基本任务，驳斥和抨击了轻视老师的社会风气。这封信说明，纳兰性德不仅是一位杰出的词家、文学家，还是一位杰出的教育理论家，为大清王朝教育理论的形成做出了贡献。

纳兰性德的老师徐乾学是江苏著名的"昆山三徐"之一。在江苏昆山，有一座玉峰山，在这座山的南麓矗立着一所著名的藏书楼，名为"传是楼"，楼的主人就是徐乾学。那时候，徐家在当地可谓是名流大户。在徐氏祠堂里，挂着这样一副对联："教子有遗经，诗书易春秋礼记；传家无别业，解会状榜眼探花。"上联是说徐家以儒家经典教育子弟，读书是他们人生的第一要务；下联是说，徐家的传家宝就是读书，正是因为读书，徐家才有了一门的解元、会元、状元、榜眼和探花。

这个对联一点都不夸张。当时的徐家兄弟，号称"同胞三鼎甲"，又称"昆山三徐"。老大徐乾学是康熙九年（1670 年）庚戌科探花，授翰林院编修；老二徐秉义是康熙十二年（1673 年）癸丑科探花，而老三徐元文出道更早，是顺治十六年（1659 年）己亥科状元。三兄弟由读书而科举，由科举而同朝为官，并位至极品，徐氏一门由此而名满天下，成为昆山的名门望族。

三兄弟仕途显达，甚至连已故的父亲都受到了朝廷的追封。三兄弟的母亲，是当时著名的思想家顾炎武的妹妹。顾炎武，原名绛，字忠清，既是著名的思想家，也是著名的史学家、语言学家，与黄宗羲、王夫之并称"明末清初三大儒"。因为仰慕文天祥的学生王炎午的为人，后来改名为炎武，字宁人。一直被后人所流传的名句"天下兴亡、匹夫有责"就出自顾炎武之手。顾炎武对几个外甥们的学业有很大的帮助，是三兄弟个个出类拔萃的培养者之一。

徐乾学爱书如命，读书、藏书是他最大的嗜好。随着他在朝廷地位的逐渐巩固，官职的逐渐高升，财力自然也越来越大，人脉越来越广，这些，都成为他搜罗天下图书珍本的本钱，"传是楼"便在徐乾学不断的填充下，成为名满天下的藏书楼。

徐乾学的藏书楼取名"传是楼"有两种说法。一说是，徐乾学有一次带着子孙登上传是楼做了一番训话：我将来拿什么传给你们呢？我常常慨叹一些父辈祖辈们，他们把土地田产传给后代，后代子孙未必都经营得好；把金银古董等宝物留给后代，后代子孙未必都守得住；把府宅园林和亭台桥榭留给后代，后代子孙未必都有能力享受。我应当以此为借鉴。那么，我能传给你们什么呢？说罢一转身，指着那些书说："所传者，唯是矣。"另一说，是清朝学者汪琬《传是楼记》中所记载的："尧以是传之舜，舜以是传之禹，禹以是传之汤……"这些圣人之间传递的这个"是"，是代指道统。邵长蘅由此推断，这个"是"就是徐乾学取名"传是楼"的由来。

汪琬的《传是楼记》被收入《四部丛刊》中的《尧峰文钞》卷本，对徐乾学的传是楼进行了较为详细的记载：

昆山徐健菴先生，筑楼于所居之后，凡七楹。间命工木为橱，贮书若干万卷，区为经史子集四种，经则传注义疏之书附焉，史则日录家乘山经野史之书附焉，子则附以卜筮医药之书，集则附以乐府诗余之书，凡为橱者七十有二，部居类汇，各以其次，素标缃帙，启钥灿然。于是先生召诸子登斯楼而诏之曰："吾何以传女曹哉？吾徐先世，故以清白起家，吾耳目濡染旧矣。盖尝慨夫为人之父祖者，每欲传其土田货财，而子孙未必能世富也；欲传其金玉珍玩、鼎彝尊罍之物，而又未必能世宝也；欲传其园池台榭、舞歌舆马之具，而又未必能世享其娱乐也。吾方以此为鉴。然则吾何以传女曹哉？"因指书而欣然笑曰："所传者惟是矣！"遂名其楼为"传是"，而问记于琬。琬衰病不及为，则先生屡书督之，最后复于先生曰：

甚矣，书之多厄也！由汉氏以来，人主往往重官赏以购之，其下名公贵卿，又往往厚金帛以易之，或亲操翰墨，及分命笔吏以缮录之。然且裒聚未几，而辄至于散佚，以是知藏书之难也。琬顾谓藏之之难不若守之之难，守之之难不若读之之难，尤不若躬体而心得之之难。是故藏而勿守，犹勿藏也；守而弗读，犹勿守也。夫既已读之矣，而或口与躬违，心与迹忤，采其华而忘其实，是则呻佔记诵之学所为哗众而窃名者也，与弗读奚以异哉！

古之善读书者，始乎博，终乎约，博之而非夸多斗靡也，约之而非保残安陋也。善读书者根柢于性命而究极于事功：沿流以溯源，无不探也；明体以适用，无不达也。尊所闻，行所知，非善读书者而能如是乎！

今健菴先生既出其所得于书者，上为天子之所器重，次为中朝士大夫之所矜式，藉是以润色大业，对扬休命，有余矣，而又推之以训敕其子姓，俾后先跻巍科，取膴仕，翕然有名于当世，琬然后喟焉太息，以为读书之益弘矣哉！循是道也，虽传诸子孙世世，何不可之有？

若琬则无以与于此矣。居平质驽才下，患于有书而不能读。延及暮年，则又跧伏穷山僻壤之中，耳目固陋，旧学消亡，盖本不足以记斯楼。不得已勉承先生之命，姑为一言复之，先生亦恕其老诗否耶？

徐乾学成为纳兰性德的老师后，非常器重纳兰性德。他特意把他历年搜罗的一些珍本藏书拿出来，供纳兰性德阅读。那些书都是极为罕见的宋元经学著作。研究儒家经典的学问，古人称之为经学。从五经到九经，再到十三经，历朝历代都有许多学者为之作注作疏，各自阐发其中的道理，使得儒学成为一个开放的学术系统，不断吸纳着崭新的思想。

纳兰性德从小也是在书海里泡大的，但当他看到徐乾学收藏的这么多珍贵书籍的时候，简直惊呆了，仿佛进入了一个自己从来不曾知晓的世界。在这个世界里，竟然蕴藏着那么多精辟的见解，那么多深奥的学问，让他产生了一种在浩瀚的海洋里看到了一座美丽岛屿的感觉。这些著作，不但纳兰性德没有读过，甚至连当时的一些儒学老师们也不曾读过，他再一次拜服于大汉文化的博大精深。由此，纳兰性德成为传是楼的最大受益人。

04 寒疾误考，师生情重

1672 年，十八岁的纳兰性德在顺天府乡试中轻松中举，取得了第二年参加京城会试的资格。

清朝的科举制度基本承袭了明朝时期的科举制度。清初的顺治年间，科举考试曾两次分满汉两榜取士，到康熙时改为只有一榜。

清朝的科举考试分为科举的初步考试和科举的正式考试两个阶段进行。

科举的初步考试分三级进行，就是：童试、岁试、科试。初步考试的第一级为童试，一般又叫作"小考"。凡童子开始应初试的时候称为"童生"，童生经过县里面选拔后，到督学进行考试，督学考试合格就可以称为"秀才"。初步考试的第二级为岁试。取得秀才资格的生员每一年考一次，这既是一个选优的过程，也是一个晋级的过程。初步考试的第三级为科试。科试每三年举行一次，通过科试的生员，才有资格参加举人的考试。这三级就是科举的初步考试。

科举的正式考试也分为三级进行，就是：乡试、会试、殿试。

正式考试的第一级为乡试。乡试每三年举行一次，在子、卯、午、酉这四个年中的八月举行。乡试考中了以后就称为"举人"，乡试的第一名称为

"解元"。举人实际上是候补官员，有资格做官了。按清代的科举制度规定，举人可以到吏部注册，可以取得一定官职，可以当县官。

正式考试的第二级为会试。会试是在乡试后的第二年二月举行，又叫"春试"、"礼闱"、"春闱"。会试在京城举行，参加会试的自然都是举人。会试如果考中了，则称为"贡生"，会试的第一名称为"会元"。贡生每年的名额大概有 300 名左右。会试后一般要举行复试。

正式考试的第三级为殿试。参加殿试的都是具有贡生身份的人，取中后统称为"进士"。殿试一般在四月前后，由皇帝在太和殿亲自考试，考中后就是钦定的进士，可以直接做官了。殿试分三甲录取。第一甲赐"进士及第"，第二甲赐"进士出身"，第三甲赐"同进士出身"。第一甲录取三名，第一名称为"状元"，第二名称为"榜眼"，第三名称为"探花"，前三名合称为"三鼎甲"。第二甲第一名称为"传胪"。状元授翰林院修撰，榜眼、探花授翰林院编修。其余诸进士再参加朝考，考论诏奏议诗赋，选擅长文学书法的为庶吉士，其余分别授主事和知县等职。但实际上，要获得主事、知县等职，还须经过候选、候补等程序，有的进士甚至终身得不到官位。庶吉士在翰林院内特设的教习馆肄业三年期满后，再举行"散馆"考试，成绩优良的分别授翰林院编修、翰林院检讨等职，其余分发各部任主事，或分发到各省任知县。

科举考试的内容主要是八股文。八股文主要测试的内容是经义，从《诗》《书》《礼》《易》《春秋》里选择一定的题目来进行写作。题目和写作的方式都是有一定格式的。八股文中有四个段落，每个段落都要有排比句，有排比的段落叫"四比"，后来又叫"八股"。八股文在当时是非常重要的，它关系到一个人能不能升官，能不能科举考试中进士升官。皇帝一般都看重八股文。由此，当时的人们都一门心思地扑在八股文上，只有八股文章才能敲开科举考试的大门。

康熙十二年（1673 年）的二月，十九岁的纳兰性德参加了三年一度的会试。会试开始，纳兰性德心里默念着主考官的姓名：杜立德、龚鼎孳、姚文然、熊赐履。对四名主考官的名字，纳兰性德最熟悉龚鼎孳。他清楚地记得，龚鼎孳就是自己在参加秋水轩唱和活动时，感觉写词写得非常好的那一位。

会试对于纳兰性德来说，依然是一片坦途、十拿九稳的事，赢得考试，几乎没有悬念。考试结果正如纳兰性德所期望的，顺利通过，成为贡生。在这次考试中，和他一起参加过乡试的好友韩菼名列第一，摘取了"会元"的桂冠。韩菼的夺冠，让纳兰性德羡慕不已。当场，纳兰性德就暗下决心，要在接下来的殿试上取得好成绩，不能被好友落下。

取得了贡生的资格后，纳兰性德就开始准备参加最后的殿试。殿试又称"御试"、"廷试"、"廷对"，由皇帝亲自出题考试，目的是对会试合格的贡生区别等第。对于殿试，纳兰性德依然是成竹在胸，毫不紧张。

然而，上天也许是觉得纳兰性德受到的眷顾太多了，生活和求学之路太顺了，这不利于他今后的发展，应该让他受一点挫折，经受一点考验。于是，就在临近殿试的前夕，一场高烧突然袭来，而且久烧不退，把纳兰性德击垮在床上。在历经十年寒窗苦读后，终于等来了验证自己学业水平的关键时刻，却病魔来袭，无法参加最后的殿试，纳兰性德禁不住仰天长叹。在这暖风微醺、阳光明媚的春天，纳兰性德却被一阵阵的病痛包围着，更被一阵阵的寒冷包围着。

纳兰性德所患的是一种叫"寒疾"的病。按照中医的说法，这种"寒疾"可能是伤寒，也可能是肺炎一类的疾病，据书中记载，宋代抗金名将岳飞就曾得过这种疾病。在距离殿试金榜题名仅一步之遥的时候，这位雄心勃勃的纳兰性德公子，却被这场突如其来的"寒疾"撂倒了，多年的努力付之东流。他眼看着昔日的同窗们一个个摩拳擦掌地去参加殿试，心情如同跌落万丈深渊而一蹶不振。

殿试发榜的消息很快传来了，纳兰性德的好友、那位在会试中折冠的韩菼在这次殿试中，再一次高中了一甲第一名，获得"状元"。纳兰性德得到消息后百感交集，在病榻上写下了一首七律《幸举李闱以病未与廷试》：

> 晓榻茶烟揽鬓丝，万春园里误春期。
> 谁知江上题名日，虚拟兰成射策时。
> 紫陌无游非隔面，玉阶有梦镇愁眉。
> 漳滨强对新红杏，一夜东风感旧知。

这首七律，写尽了纳兰性德的悲观和落寞。他看着别的新科进士热热闹闹地在京城的大街上游行，自己却不能跟他们一样享受成功的喜悦。出现这样的结果，并不是因为纳兰性德的才学比他们差，而是他的运气太差了。纳兰性德的进士梦破灭了。本来，在皇帝面前展露才华的时候到了，可现在，他却只能躺在家里愁眉紧锁。在见到考中"状元"的韩菼时，他强颜欢笑，内心却百感交集。纳兰性德知道，距离下一次殿试，还有整整的三年之久，他现在唯一能做的，就只有耐心地等待，等待下一次殿试的到来。

就在纳兰性德痛苦失落的时候，得知他情绪极其低落的徐乾学派人到他府上，给他送来了一份珍贵的礼物，这件礼物，让纳兰性德在精神上得到了极大的安慰和鼓励。

徐乾学送来的，是一筐鲜红的樱桃。

在唐朝时期，樱桃被称作"含桃"。在中国的北方地区，樱桃是一年中最早成熟的水果之一，被称为"初春第一果"。每年，到了樱桃成熟的季节，皇家要用它来供奉祖宗太庙。这个时期，皇帝就带着大臣们，在皇家的樱桃园里采摘樱桃，并专门开宴席品尝，还向近臣赏赐樱桃，以此来表达对近臣的关怀。受到赏赐的大臣们，要郑重地写诗作文，来答谢皇帝，营造君臣和睦的氛围，王维、韩愈、白居易这样的大手笔，都在皇帝身边写过这类的诗文。

唐朝已经建立了比较完善的科举制度。唐太宗时，虽然在承袭隋朝科举制度的基础上增加了科目数量，但明经和进士仍是选拔官员的主要科目。明经科的主要考试内容包括帖经和墨义。帖经有点像现代考试的填充，试题一般是摘录经书的一句并遮去几个字，考生需填充缺去的字词。墨义则是一些关于经文的问答。进士科的考试主要是要求考生就特定的题目创作诗、赋，有时也会加入帖经。唐高宗时代以后，进士科的地位慢慢超越了明经，成为科举中唯一的重要科目。唐高宗认为，进士科考生需要发挥创意方能及第，而明经只需熟读经书便能考上，进士科比明经科更能考察人的综合素质。每年的新科进士放榜的时间，往往跟樱桃成熟的时间相重合，樱桃自然成为喜庆之果。新科进士们往往会聚在一起，享受大吃樱桃的盛宴。说是"大吃"，其实每人能享受一小碟已经不错了。因为樱桃在市面上非常贵，俗话说"樱桃好吃树难栽"，虽然长安本地出产樱桃，但樱桃树大多集中在皇家御苑内，每年的产量极为有限，所以，谁家请客能弄些樱桃来，那是很让人惊叹的。于是从唐朝开始，形成了一个惯例，就是新科进士会在庆功宴上，一般都会用樱桃招待客人。樱桃可以算得上是水果中的"果之骄子"，而新科进士又是读书人中的"天之骄子"，于是，樱桃便代表了进士的荣耀及尊贵。

在京城，虽然樱桃比较普遍，但以纳兰性德的博学，他当然能够领会老师送樱桃的一番苦心。老师分明是说：你虽然因病没有参加殿试，但在老师的心中，你就是当之无愧的新科进士。老师的用心，让纳兰性德非常感动，也很受鼓舞。为感谢老师对他的厚爱，他专门写了一首名叫《临江仙·谢饷樱桃》的词：

绿叶成阴春尽也，守宫偏护星星。留将颜色慰多情。分明千点泪，贮作玉壶冰。

独卧文园方病渴，强拈红豆酬卿。感卿珍重报流莺。惜花须自爱，休只为花疼。

因为这首词里先后出现了"守宫"、"红豆"等词，所以曾一度被解读为爱情词。从词的内容看，人们的误解也许有道理。

先看"守宫"一词。传说古时候人们用朱砂来喂养蜥蜴，久而久之，蜥蜴便通体呈现赤红色。当喂完七斤朱砂后，将赤红的蜥蜴捣碎，点在少女的身体上，赤红色便终生不会褪去，而只有在夫妻同房后，赤红的色彩才会褪掉。为此，用蜥蜴捣出来的砂被称为"守宫砂"，古人常用查看守宫砂的方式，来检验女子是否还保有处女之身。

"红豆"在古典诗词里一直都是相思的代名词。"红豆生南国，春来发几枝，劝君多采撷，此物最相思。"这是现在连孩子都会背的著名的爱情诗。可见，"红豆"一向是传达爱情和相思的信物。

但纳兰性德的这首《临江仙·谢饷樱桃》却并非为恋情所作，而是为了感恩老师徐乾学对他的厚爱。

最能证明这个观点的是词中的"饷"字。在古代，表示赠送的词还有"奉"、"赐"等等。"奉"一般指向尊者、长者馈送礼物；"赐"一般专指皇上赏给大臣什么东西，有时也表示长者向地位比自己低的人赠送礼物。而"饷"字也可用来表示赠送之意，但一般是指年龄较长者针对少者而言，是因双方感情比较亲密而赠送，而非过度强调尊卑顺序。因此，只一个"饷"字，便让老师徐乾学赞不绝口。

而且，"绿叶成阴春尽也"这句里所用的典故，也是取其"错过期限"的含义，因为错过了距离自己仅一步之遥的殿试，而放榜之日又恰逢樱桃成熟，按惯例，新科进士将以樱桃大宴宾客，纳兰性德在此感叹"绿叶成阴春去也"，既点出了樱桃成熟的时令，又暗中惋惜错过了樱桃宴这个令人艳羡的时刻。

"守宫"在这里也并非表示女性的处女身份，而是强调樱桃那诱人的颜色和形态，像处女守宫砂一样的猩红，像星星一般晶莹透亮。

"留将颜色慰多情"这一句，直接抒发作者对恩师的感激之情：谢谢您送来的这些娇艳的樱桃，安慰我多情善感的心灵。这一份心灵的抚慰，不是樱桃本身带来的，而是"樱桃"的寓意带来的。纳兰性德明白，自己虽然无缘殿试，可在老师心里，自己依然是一个最优秀的学生。

"分明千点泪，贮作玉壶冰"两句中，仍引用了一个典故：曹操儿子曹丕称帝后，爱上了一个叫薛灵芸的美女，费尽周折以千金聘礼纳为妃子。薛灵芸去京师离开父母的时候，伤心欲绝，一路泪流不止，泪水流到玉唾壶里，壶都被她的眼泪染成了红色。等到了京师一看，壶中的眼泪都变成了血一般的殷红。唐朝诗人王昌龄那句"洛阳亲友如相问，一片冰心在玉壶"，也是写给薛灵芸的，赞美薛灵芸的高洁清纯。

因此，"分明千点泪，贮作玉壶冰"这两句的真正用意，是纳兰性德将老师馈赠的樱桃比喻成晶莹纯洁的"红泪"，贮藏在玉洁冰清的"玉壶'之中，并借此来表达对老师馈赠的感激之情，对老师理解的欣慰，也表示对这份师生情谊的珍惜。

"独卧文园方病渴，强拈红豆酬卿"这两句也同样引用了一个典故：据说汉代的司马相如曾任孝文园令，他患有一种叫作"消渴疾"的病，类似于现在的糖尿病，在家称病闲居。后来，文人们多以文园消渴代指文人患病。所以，患病在家的纳兰性德就用司马相如来自比了。有感于老师的深情厚谊，病中的纳兰性德强撑身体，拿起一颗像红豆一样鲜红的樱桃，他不能亲自去拜谢老师，就借樱桃来表达自己的思念之情。

"感卿珍重报流莺"中的"流莺"也是樱桃的别称。李商隐曾经写过一首《百果嘲樱桃》诗：

> 珠实虽先熟，琼葇纵早开。
>
> 流莺犹故在，争得讳含来。

李商隐的诗原是为了讽刺唐代一个叫裴思谦的人。当时宦官仇士良当权当道，裴思谦为了考中进士，千方百计打通仇士良的关系后，拿着仇士良的推荐信，趾高气扬地去找主考官高锴，高锴惧怕仇士良的淫威，不敢拒绝，只好录取裴思谦为状元。其实，纳兰性德在这里是反用了这个典故，是表示自己虽然没能高中进士，可老师依然把我当进士看待，就像当年仇士良力挺裴思谦一样赏识我，这份情谊实在是令我感动啊！

最后两句"惜花须自爱，休只为花疼"是纳兰性德以花自比，既感谢老师的关爱与赏识，也请老师好好保重身体不要一味地担心我、挂念我。

徐乾学给纳兰性德送来樱桃，纳兰性德给徐乾学送了一首词，这一来一往地互相馈赠，既充分表达了师生之间的情谊深厚，也体现了纳兰性德对老师的感恩之情和对师生情谊的珍惜。

05 建通志堂，编大经解

　　纳兰性德身患"寒疾"、错过殿试之年，也是大清王朝山雨欲来风满楼的一年。

　　纳兰性德的好友韩菼在殿试中脱颖而出，摘得状元，并非他的才学明显超过了其他的考生，而是因为他的考卷完全迎合了康熙皇帝的心意。康熙皇帝在殿试时所出的试题，就是讨论"三藩"的问题。点韩菼为状元，也是康熙皇帝向全国发出了一个明确的政治信号。这个政治信号，就是削撤"三藩"。

　　康熙皇帝自康熙六年（1667年）亲政以来，"三藩"问题一直是他的心腹大患。他的执政理念就是"天下大权，当统于一"，于是，在他于康熙八年智擒鳌拜之后，就决意要处理"三藩"问题。

　　康熙十二年的三月，"三藩"之一的平南王尚可喜奏请朝廷，欲将自己的王爵移交给儿子，而自己告老还乡。康熙皇帝看到这份奏章后，认为这是天赐良机，就恰到好处地来个顺水推舟，不仅准了尚可喜"退休"的请求，还下旨命令尚可喜全藩尽撤，长子不能袭封。康熙的决定，无疑将"三藩"问题一下子推到了风口浪尖，大有牵一发而动全身态势。一时间，朝臣们你言我语，议论纷纷。

康熙皇帝准奏尚可喜"退休"、全藩尽撤的旨意，让吴三桂和耿精忠这另外两个藩王的心里很不是滋味。这年的七月，他们两个联合上疏，奏请朝廷撤藩。其实，上疏撤藩并不是两个人的真实心意，而是在投石问路。针对奏请，康熙立即召集众大臣上朝，集中商议撤藩问题。结果，商议之中，朝臣们大多对撤藩持反对意见，只有纳兰性德的父亲纳兰明珠等三位大臣力主撤藩。纳兰明珠等三人认为，"三藩"在南方的势力越来越大，反叛趋势已经形成，削亦反，不削亦反，不如在他们反叛之前趁早给予削撤。纳兰明珠等人的态度正合皇上的心意，于是，康熙皇帝果断决议：削撤"三藩"。纳兰明珠不断得到康熙的赏识和重用，也为纳兰性德日后步入仕途赚取了政治资本。

在得知康熙皇帝做出撤藩的决定后，平西王吴三桂于康熙十二年（1673年）的 11 月 31 日扯旗造反，天下开始陷入金戈铁马的征战局面。

纳兰性德从来就不是一个对政治敏感的人，他根本没有注意到自己的父亲因为力主撤藩，进而成为皇帝身边少数的几个受到倚重的大臣之一。此时，病体刚刚初愈的纳兰性德，正在家中营建他的新书斋。养病的几个月时间，老师徐乾学多次来到府上看望他，并给他带来自己收藏多年的古籍珍本，纳兰性德每天就是依靠大量的阅读，来排解心中的郁闷与寂寞。

读着老师送来的书籍，纳兰性德有了许多新的感悟。他觉得，历朝历代的大多数读书人都有同一种的心态，就是读书不是为了求知、求道，而是为了功名利禄。因此，许多学者苦心孤诣的作品，根本就赢得不了几个读者，不是一出世就被束之高阁，就是在世事变迁中渐渐散落，他们的思想及见解，仿佛从来不曾出现在这个世上。也许，这些思考就是纳兰性德营建书斋的出发点。

经过几个月的努力，书斋很快就建成了。新建的书斋，是在他原来的藏书室"花间草堂"的基础上扩建的。纳兰性德给新建的书斋取了一个很大气的名字：通志堂。他还专门写了一首《通志堂成》的诗来纪念这件事：

> 茂先也住浑河北，车载图书事最佳。
>
> 薄有缥缃添邺架，更依衡泌建萧斋。
>
> 何时散帙容闲坐，假日消忧未放怀。
>
> 有客但能来问字，清尊宁惜酒如淮。

诗中的"茂先"一词，指的是西晋文学家张华，茂先是他的字，历任中书令、尚书、司空等职，以"博物洽闻"著名于世，著有《张司空集》《博物志》。在《晋书·张华传》之中，就有"书载茂先三十乘"之句，并说张华："雅爱书籍，身死之日，家无馀财，惟有文史溢于机箧。尝徙居，载书三十乘。"

诗中的"邺架"一词则来自于唐韩愈《送诸葛觉往随州读书》一诗："邺侯家多书，插架三万轴。"邺侯指的是李泌。李泌历仕唐玄宗、唐肃宗、唐代宗、唐德宗四朝，在唐德宗时被任为宰相，并被封为邺县侯，世人因此称他为李邺侯。唐肃宗时，朝廷专门为他在南岳烟霞峰下兜率寺的旁侧，建了一个书房，并取名为"端居室"，后人称其为"邺侯书院"，这是中国书院史上最古老的一所书院。后来，人们就用"邺架"来比喻藏书处。

"薄有缥缃添邺架"这句诗，是纳兰性德在惋惜自己虽然拥有了一座书斋，却没有太多的藏书，并期盼着有朝一日能够达到邺侯书院那种程度。

其实，纳兰性德的心里非常清楚，自己的老师徐乾学就是当代的邺侯。自从生病的几个月以来，他每天都沉浸在老师徐乾学那些浩如烟海的儒家典籍里，并无以自拔。这是一个别人永远无法看到也无法感知的奇异世界，他在这个世界里，快乐着自己的快乐，幸福着自己的幸福。

有了自己的新书斋后，纳兰性德又产生了一个想法：老师徐乾学有这么多的珍贵典籍，要是能把它们汇编成一部大型丛书该多好啊！

这个想法虽已产生，但却一直埋藏在纳兰性德的心里，不敢跟老师说。他觉得，老师肯把多年珍藏的典籍借给他阅读，已经是对他的格外抬爱了，怎么还敢奢望把它们汇编起来呢？可是，自己的想法不说出来，总是憋得慌。终于有一天，当纳兰性德试探着把自己的想法告诉老师时，让他没想到的是，老师居然兴奋起来，而且说他自己也曾有过这样的想法，只是因为工程浩大，才迟迟没有动手实行。老师说，这是一件功在当代、造福后人的大好事，如果纳兰性德公子愿意做这件事，你的才学足以当之，你的财力也足以当之，你的精力更足以当之，这些经典由你来汇编，实在是最为适合的人选。

老师的一番话，让纳兰性德大喜过望。他实在是没有想到老师居然如此豁达。这是一个真正读书人的豁达。书，是用来读的，不是用来藏的，一个真正的读书人，不可能深藏起所谓珍本密不示人，而应该是迫不及待地把自己所喜爱的书籍拿出来，跟所有爱书人一起分享。

老师徐乾学的鼓励和支持，令纳兰性德有些欣喜若狂了。主编这样的一套经典丛书，应该是多少人梦寐以求的事啊？而他，是站在老师徐乾学的肩膀上得到了这个机会。他立刻抖擞精神，开始了编纂《通志堂经解》这项庞大的工程。中国搞思想史研究的人，没有人不熟悉《通志堂经解》。纳兰性德在传统知识界的声誉，并不是靠他的诗词来奠定的，而是靠《通志堂经解》这部丛书。

《通志堂经解》在编印的过程中，纳兰性德不仅亲自参与校勘，还亲自撰写了关于《周易》《尚书》《诗经》、《论语》等九种经典的注释，因此，《通志堂经解》又称《通志堂九经解》。纳兰性德在《通志堂经解总序》中写道：

经之有解，自汉儒始。故《戴礼》著经解之篇于时分门讲授曰：《易》有某家，《诗》、《书》、三《礼》有某家，《春秋》有某家者，某宗师大儒也。传其说者，谓之受某氏学，则终身守其说，不敢变。党同抵异，更废迭兴，虽其持论互有得失，要其渊源皆自圣门。诸弟子流分派别，各尊所闻，无敢私并一说者，盖其慎也。

东汉之初，颇杂谶纬，然明章之世，天子留意经学，宣阐大义，诸儒林立，仍各专一家。今谱系之列于《儒林传》者，可考而知也。

自唐太宗命诸儒删取诸说为《正义》，由是专家之学渐废，而其书亦鲜有存矣。至宋二程、朱子出，始刊落群言，覃心阐发，皆圣人之微言奥旨。当时如眉山、临川、象山、龙川、东莱、永嘉、夹漈诸公，其说微有不同，然无有各名一家如汉氏者。

逮宋元初年，学者尤知尊朱子，理义愈明，讲贯愈熟，其终身研求于是者，各随所得，以立言要其归趋，无非发明先儒之精蕴，以羽卫圣经，斯固后世学者之所宜取衷也。惜乎其书流传日久，十不存一二。

余向嘱友人秦对岩、朱竹垞购诸藏书之家，间有所得，雕版既漫漶断阙不可卒读，抄本讹谬尤多，其间完善无讹者又十不得一二。间以启于座住徐先生，先生乃尽出其藏本示余小子曰：是吾三十年心力所择取而校订者。余且喜且愕，求之先生，炒得一百四十种，自《子夏易传》外，唐人之书仅二三种，其余皆宋元诸儒所撰述，而明人所著间存一二。请捐资，经始与同志雕版行世。先生喜曰：是吾志也。遂略叙作者大意于各卷之首而复述其雕刻之意如此。

这篇序言的大意是：经解工作是从汉代时就开始了，《易经》《诗经》《春秋》三《礼》等各有专家研究，弟子们严守师传，小心谨慎，不敢有所改变，不敢兼并诸说。到了东汉，虽然谶纬流行，但正统儒学仍然被认真地传承下来。直到唐太宗下令统一经义，为群经编撰《正义》，汉代的专家之学便渐渐地废止了，书也没有保存下来多少。到了宋代，程颢、程颐和朱熹等领袖儒学，阐发圣人的微言大义，当时虽然还有苏轼、王安石、陆九渊等人形成了另外的学派，但学派之间的差异并不是很大，再也见不到汉代的风气。及至宋末元初，学者们尤其推崇朱熹的理学，经义研究日渐精深，出现了很多精辟的见解。只可惜他们的著作流传下来的还不足十分之一二。我曾经嘱托友人秦松龄（号对岩）、朱彝尊（号竹垞）去搜集购买各地的藏书，不时就有所发现，但其中好的版本又不足十分之一二。有一次，我和我的老师徐乾学谈到了追溯经解这件事，徐先生便把他所有的藏书都拿给我看，说这些书是他老人家三十年辛苦搜罗所得，而且做过严格的校订。我又是高兴又是惊愕，于是，我恳求先生，从中抄录了一百四十多种，自《子夏易传》而外，唐人之书仅有二三种，其余的都是宋元学者的著作，明代著作也略有一些。接下来便是筹备资金，与志同道合的友人开始把这些书籍雕版出版。徐乾学先生喜形于色，说正是他的愿望。

在序言之中，纳兰性德对编纂《通志堂经解》的来龙去脉作了简要的介绍。除了总序外，纳兰性德还为《通志堂经解》撰写了六十四篇序跋，其中有关于《易经》的二十七篇，关于《春秋》的十五篇，关于《尚书》的九篇，关于《诗经》的七篇，关于《礼记》的四篇，关于《论语》的一篇，关于《孟子》的一篇，加上总序，共计六十五篇。这些序言，在弘扬程颢、程颐和朱熹理学的大前提下，也蕴含了纳兰性德不少富有个性的学术观点。

序跋的文字，往往最能反映学者的核心理念和基本学术观点，是高屋建瓴的总括式的理论概述。它不仅体现了纳兰性德对于儒家典籍深入研究之后的融会贯通，而且反映了他求真务实的学术态度。

《通志堂经解》是清代最早出现的一部阐释儒家经义的大型丛书，共收录先秦、唐、宋、元、明经解138种，纳兰性德自撰2种，共计1792卷。这套书问世后，很快就引起了人们的高度重视，从内阁武英殿到广肆书铺，一版再版，经师和通儒们，都以拥有这么一大部丛书为幸。就是后来的乾隆皇帝，也认为《通志堂经解》"是书荟萃诸家，典瞻赅博，实足以表彰六经。"因此，他借助编修《四库全书》之际，命令馆臣将《通志堂经解》补刊齐全，订正讹谬，再次出版。

但是，乾隆皇帝对署名"纳兰成德校订"却颇有疑议。他曾经说，朕看到纳兰性德为《通志堂经解》所做的总序，落款时间是康熙十二年，但推算时间，纳兰性德那时候还不过是个孩子。乾隆认为，一个未成年的孩子，不可能独立完成这么浩大的文化工程，实际上，编书的主要工作，应该是纳兰性德的老师徐乾学做的，纳兰性德只是署个名字而已。乾隆认为纳兰性德"滥窃文誉"，是个沽名钓誉之徒。

其实，乾隆对纳兰性德评价如此之低，是因为他对纳兰家族一直抱有成见。纳兰性德的父亲纳兰明珠曾因结党营私之罪名被罢免，后来虽被平反，但阴影总是笼罩在乾隆的心头。纳兰性德的弟弟纳兰揆叙曾经卷入了皇子争夺储位的斗争中。纳兰揆叙与皇八子允禩一向交好，关系非常亲密，所以后来成为允禩争夺皇位的最有力的支持者。当允禩争皇位失败后，其门下曾经散布谣言，说皇四子胤禛趁父皇重病时进入乾清宫，用参汤毒死了康熙，并矫诏登基。胤禛对当时造谣诽谤的允禩一党恨之入骨，甚至放下话来：朕与阿灵阿、揆叙有不共戴天之恨。当时，纳兰揆叙虽然已经去世，但雍正仍不解恨，命人将纳兰揆叙墓碑上的字磨去，改刻成"不忠不孝柔奸阴险揆叙之墓"几个字。还有纳兰性德的女婿年羹尧因为犯下重逆之罪，被雍正处死。所有这些，让乾隆感觉与纳兰家族有些不共戴天。

乾隆皇帝只是凭对纳兰家族的厌恶，凭着一些迎合乾隆好恶的军机大臣的不真实的考据，就断定纳兰性德"滥窃文誉"，认为他是将老师徐乾学的成果据为己有，是典型的恬不知耻。乾隆皇帝的评价，也影响了当时及后来的一批文人。有人甚至推断：纳兰性德和他的老师共同编撰《通志堂经解》，实是师徒两人狼狈为奸，老师徐乾学支持学生，是为了迎合奉承纳兰明珠，而纳兰性德校勘如此鸿篇巨著，是窃取了老师的学术成就。

乾隆的看法，真是大冤特冤了纳兰性德。其实，任何人只要仔细阅读纳兰性德自己写的《通志堂经解总序》，就能了解事实的真相，也完全可以还纳兰性德一个清白了。他对老师和自己在这项工作中的贡献，写得非常明白和详尽，既没有抬高自己，更没有掠人之美，掩盖老师和其他朋友的功劳。其实，纳兰性德只是朝廷上层政治斗争的牺牲品，这是纳兰性德的悲哀，更是大清王朝的悲哀。

06 恩师遭案，依依惜别

　　一部洋洋 1792 卷的《通志堂经解》，收集了 140 种宋元以来解释儒家经典的书籍，规模宏大，卷帙浩繁。无疑，这部流传百世的不朽巨著，凝结着纳兰性德的聪明智慧和呕心沥血，也见证了他的少年老成和勤奋博学。同时，这部书的雕版和印行，也都是纳兰性德捐助的。当然，这些捐助都来自于他的开明的父亲纳兰明珠，在支持儿子求学做学问方面，纳兰明珠从来都是出手大方，毫不吝啬。

　　对《通志堂经解》做出突出贡献的另外一个人，就是纳兰性德的恩师徐乾学。在《通志堂经解》的编撰过程中，徐乾学始终充当着顾问的角色，几乎与纳兰性德朝夕相处，形影不离。整部《通志堂经解》的形成，徐乾学几乎都历历在目。关于《通志堂经解》的内容，徐乾学在《通志堂经解序》中写道："经始于康熙癸丑，自《通志堂经解》出，宋元以来各家说经之作，厘然具存，否则早已散佚不传。"显然，纳兰性德编撰《通志堂经解》，对保存古代文化经典是有突出贡献的。徐乾学在《通志堂经解》中还写道："余兄弟家所藏书，复加校勘，更加秀水秋岳、无锡秦对岩、常熟钱遵王、毛斧季、温陵黄俞邰及竹垞家藏旧版书若抄本，厘择是正，总若干种，谋雕版行世。门人纳兰容若，尤怂恿是举，捐金倡始，同志群相助成，次第开雕，经始于康熙癸丑，逾二年讫工，藉以表彰先哲，嘉惠来学，功在发余，其敢掠美，因叙其缘起，志在首简。"作为满族的贵族子弟，纳兰性德的所作所为，实在是难能可贵。

但是，当《通志堂经解》问世后，便有好事者乖张事实，对纳兰性德加以诽谤说："《通志堂经解》系徐健庵家刊本，镌成名镌版赠之，序中绝不一语乃徐氏也。"无论好事者怎么说，都改变不了纳兰性德所做出的贡献。

正当纳兰性德与恩师沉浸在《通志堂经解》告罄的喜悦之中时，徐乾学却遭人弹劾，被朝廷降职，放还家乡。与徐乾学同时被贬的，还有纳兰性德的另一位老师蔡启僔。由于两个人都曾经是康熙十一年顺天乡试时的主考官，纳兰性德在那次考试中中举，他们和纳兰性德自然都属于座主与门生的关系。

康熙十二年（即 1673 年）的秋天，曾经担任顺天府乡试主考官的徐乾学和蔡启僔同时被贬，遭人弹劾。两个人所犯的错误是：副榜遗漏，汉军卷未取，造成录取的考生人数不平衡。汉军卷指的是汉军八旗考生的试卷。清代的科举考试，并不是完全凭借才学。当时，清朝政府有个政策，就是要求录取的各个地区考生人数要取得平衡。也就是说，即便是最差的江南考生，也要比最好的塞北考生考得好，但根据名额的分配比例，江南考生中举几个，塞北考生也要按比例中举相应的人数。

徐乾学和蔡启僔任顺天府乡试主考官时，从被放弃的试卷中挑出了韩菼的考卷，成为举人，韩菼也因此在后来的殿试中一举夺魁，成为状元，可谓是慧眼识才。但是，徐乾学和蔡启僔还是没有处理好录取的比例问题，副榜没有录取汉军考生，造成失误。清代科举的乡试取士，除正榜外，还要另取若干名，列为副榜。二人由于担任主考官失误，便遭到给事中杨雍建的弹劾。给事中虽然仅是正七品的官，但相当于皇帝身边的顾问。于是，徐乾学和蔡启僔都被降一级调用，放还家乡。徐乾学将被放回到江苏昆山，蔡启僔将被放回到浙江德清。

在纳兰性德的心里，徐乾学是一位不可多得的好老师，他学术、文章、道德三者兼具，堪称老师当中的典范。更何况，纳兰性德正是在老师徐乾学的悉心指导和真诚帮助下，完成了长篇巨著《通志堂经解》。无疑，从某种角度来说，纳兰性德的《通志堂经解》，也传承了徐乾学的学术见解和思想精华。徐乾学的突然离去，让纳兰性德即刻感觉到像是中断一条汲取知识营养的补给线。

对两位座师的被弹劾放还家乡，纳兰性德的心里充满了无限的伤感。送两位先生返回家乡的那天，正是一个秋风萧瑟、北雁南飞的凄凉日子。文人雅士间的送别，往往是"长亭外、古道边，芳草碧连天"，或者是"碧云天，黄叶地，西风紧，北雁南飞。晓来谁染霜林醉，总是离人泪。"临行前，纳兰性德在难舍难离之中，精心备好了酒宴。他与两位座师推杯换盏间，早已是醉翁之意不在酒。纳兰性德融情入景，托物言志，在把酒言伤之中留下了一首《秋日送徐健庵座主归江南》：

> 江枫千里送浮飏，玉佩朝天此暂辞。
> 黄菊承杯频自覆，青林系马试教骑。
> 朝端事业留他日，天下文章重往时。
> 闻道至尊还侧席，柏梁高宴待题诗。
> 惆怅离筵拂面飏，几人鸾禁有宏辞。
> 鱼因尺素殷勤剖，马为障泥郑重骑。
> 定省暂应纡远望，行藏端不负清时。
> 春风好待鸣驺入，不用凄凉录别诗。

纳兰性德送给徐乾学的这组七律，跟以往的送别诗大不相同。这首诗，虽然描写了秋天的景色，却看不到有衰败的迹象。虽然写的是离愁别绪，但并没有生离死别的苍凉。或许，纳兰性德早就预料到这次离别不过是暂别而已。他在诗中说的"春风好待鸣驺入，不用凄凉录别诗"，意思是但等时机成熟后，老师还会回京复职，那时我们又会重逢了。

虽然同为座师，但纳兰性德与蔡启僔之间的往来却不多，只是因为那次顺天乡试，他们之间才有了名分上的师生关系。望着眼前这位老人，觥筹交错间，纳兰性德的离愁却另有一番滋味，他在《摸鱼儿·送座主德清蔡夫子》一词中写道：

> 问人生、头白京国，算来何事消得。不如耄画清溪上，蓑笠扁舟一只。
> 人不识，且笑煮、鲈鱼趁着莼丝碧。无端酸鼻，向歧路销魂，征轮驿骑，断雁西风急。

英雄辈，事业东西南北。临风因泣。酬知有愿频挥手，零雨凄其此日。休太息，须信道、诸公兖兖皆虚掷。年来踪迹。有多少雄心，几番噩梦，泪点霜华织。

纳兰性德写给蔡启僔的词，远没有写给徐乾学的诗音调高昂，倒是有些自在轻飞的释然。

或许徐蔡二人本就不同。蔡启僔幼年时就谦逊而胸怀大志。他的父亲蔡亦琛是明代万历丙辰科进士，官至吏部侍郎。蔡启僔从小就随父在京师授业，他虽是官宦子弟，但从不奢侈，不讲究吃穿。他身着素布青衫，却能在贵胄公子中显得风姿绰约、鹤立鸡群。求学时，他执意进取，毫不气馁，从小就立下鸿鹄之志，后来终于在殿试大考中夺得状元。

但他为官几年后，却渐渐恬淡于宦途，急流勇退，开始悠然畅游于山水间，以修读图书自娱。熄了争名逐利之心，荒野舟，绿蓑衣，寒江雪，这样的结果对于蔡启僔来说，或许也是一种解脱。

其实，蔡启僔身上很多特点都和纳兰性德有相似之处：一样的出身官宦世家，一样的没有纨绔子弟的骄奢淫逸，一样的读书上进却又淡泊名利，一样的向往山野田园。如果他们朝夕相对，也许会惺惺相惜地对着山风豪饮，分享那瘦落的青苔路，观赏那绝望的落日以及荒郊的残月。在聚散别离之中，他们会觅片刻之交点，忘路途之远近，不屑世态炎凉，相视对饮菊花，惟愿此刻静好。但是，他们在彼此的生涯里，却终归只是一个过场人物。或许，是由于纳兰性德的父亲纳兰明珠位高权重，而蔡启僔担心自己有逢迎之嫌，才没有跟纳兰性德走得太近。在这场别离之后，于彼此生命中都画上了一个句号。

在这次送别的队伍里，还有一位让纳兰性德在意的人，他就是徐乾学的儿子徐艺初。在这之前，由于纳兰性德经常去徐家走动，久而久之，也跟徐艺初成为好朋友。

徐艺初，名树谷，艺初是他的字号。因为他没有取得功名也没有成家，所以只得随同父亲一起回归故里。

纳兰性德看着昔日的好友即将离去，举杯祝愿之间，把所有的叮咛和祝福全部化成了诗句喷涌而出，他在《雨中花·送徐艺初归昆山》中写道：

天外孤帆云外树，看又是春随人去。水驿灯昏，关城月落，不算凄凉处。计程应惜天涯暮。打叠起伤心无数。中坐波涛，眼前冷暖，多少人难语。

词中的"春随人去"，出自于宋代贺铸的《望西飞》中："计留春，春随人去远。"意思是说，朋友走了，似乎把春天也带走了。词句表达了对朋友的依依不舍和珍惜之情。由于徐乾学一家是在秋天返回家乡，所以，这里的"春天"应该是比喻"像春天一样的好心情"。

这首词，上阕的大意是：远处的孤帆缥渺，运河两岸的大树由近及远，一直伸向云烟迷离的尽头。你走了，把我生命中的春天也一起带走了。这一去，路途遥远，跋山涉水，路上数不胜数的渡口驿站，迎接你们的是昏黄的灯火。穿州过县，等到终于可以歇脚的时候，早已是月落乌啼的时分了，旅途跋涉，一定是倍觉凄凉。

上阕是写景的。纳兰性德最善于以景化意，他把一种深情寄寓在巧妙摄取的景框里，让读者产生身临其境的感觉，并为之动容。

上阕的实虚绘景之后，纳兰性德在下阕里收敛起万千思绪，进行慰藉和叮嘱：路上一定要多加小心，别只顾着赶路把时间给忽略了，一定要计算好行程，天黑前停靠码头休息。收拾好忧伤的心情，打起精神。只待日后老师回京重来任职，我还要继续接受老师的传教。

纳兰性德的这首词，虽然是赠给徐艺初的，但实际上，字里行间却饱含着对恩师徐乾学的真情留恋和依依不舍。

纳兰性德始终对恩师尊崇有加，情深义重。

康熙十四年（1675年），徐乾学捐复原官，后升为左春坊左赞善，充任日讲起居注官。不久，因父母先后去世，徐乾学回老家丁忧。清代，丁忧专指官员在父母死后，子女按礼须持丧三年，其间不得行婚嫁之事，不预吉庆之典，任官者并须离职。在丁忧期间，徐乾学在别人帮助下，编纂了一部关于丧礼的重要著作《读礼通考》，计一百二十卷，他博采诸家之说，剖析义理十分透彻。

康熙十九年（1680年），他为纳兰性德搜集唐、宋、元、明学者的解经之书，纂辑成《通志堂九经解》一千七百九十五卷。

康熙二十一年（1682年），徐乾学被任命为《明史》总裁官，次年又升为侍讲学士。

康熙二十四年（1685 年），大考翰林詹事于保和殿，徐乾学列为一等，徐乾学和韩菼、孙岳颁、归允肃等获皇帝褒奖赏赐，随即升徐乾学为内阁学士、在南书房值班。徐乾学出任《大清会典》、《一统志》副总裁，教习庶吉士，为庶吉士编纂一部《教习堂条约》，此书后来收入《学海类编》。同年，由他主持诠释康熙帝钦定的《古文渊鉴》脱稿，全书六十四卷。纳兰性德就是在这一年英年早逝，年仅 31 岁。在纳兰性德的眼睛里，老师徐乾学一直都是一个学术、文章、道德三者兼具的好老师。

康熙二十五年（1686 年），徐乾学授任礼部侍郎，充经筵讲官。次年，升左都御史，并兼任《一统志》编纂局总裁。一年后，徐乾学任会试主考官，不久，擢升刑部尚书。

康熙二十七年（1688 年），徐乾学上疏请求放归故里，康熙批准他的请求。于是，徐乾学携书局即家编辑，随行有阎若璩、顾祖禹、胡渭与黄虞稷，致力于《大清一统志》编修，又仿司马光《资治通鉴》体例，与万斯同、阎若璩、胡渭等排比正史、参考诸书，纂成《资治通鉴后编》一百八十四卷。

康熙三十年（1691 年），徐乾学因包庇朱敦厚之事遭到革职。康熙三十三年（1694 年），徐乾学遗疏将自己编著的《一统志》献与康熙，于是，康熙下诏，为死去的徐乾学恢复了之前的官职。

徐乾学的一生堪称著作等身，康熙朝钦定官书，十之八九都是他监修总裁的，因此被世人所看重。如果不是纳兰性德英年早逝，也许他与恩师在著书立说上会有更多的合作，会给后人留下更多的宝贵遗产。

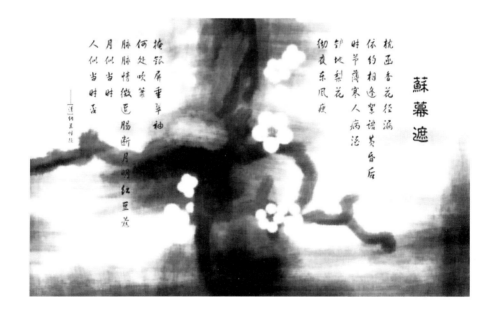

蘇幕遮

枕函香花径漏
依约相逢紧谱黄昏后
时节薄寒人病酒
铲地梨花
彻夜东风硬

梅银屏重华袖
何处吹箫
脉脉情微匣肠断月明红豆蔻
月似当时
人似当时否

——选自《饮水词》

第四章

一枝秾艳露凝香，

云雨巫山枉断肠

01 渌水亭内，编撰杂识

对于纳兰性德来说，渌水亭就是他心目中的世外仙境。他除了在这里读书写字、习武练功、养心休息外，最重要的是他在这个地方结交名人志士，会见天下墨客。这里，还曾经是他与表妹雪梅情窦初开、心心传情的地方，所有的一切，都似乎印记着什么，让他无法割舍。

纳兰性德天性喜欢结交朋友。他与好友们聚会，大多都安排在渌水亭这个地方。渌水亭是位于纳兰明珠府西侧的一座小型别墅，也是纳兰性德心中的一个标志性建筑。这个依水而建的亭阁，完全是按照纳兰性德的设计而建造的，古韵浓郁，风格独特。院落厅堂，处处都展示着设计者的独具匠心。谁也没想到，纳兰性德竟然在建筑设计上，有着聪慧的天资。

纳兰性德之所以把自己的别院命名为"渌水亭"，是取自流水清澈涵远之意。俗话说：君子之交淡如水。在纳兰性德的心目中，能在渌水亭来往的，自当都是谦谦君子，温润如玉，非同凡响。

据唐李延寿编纂的《二十四史》中的《南史》记载：南北朝时期的南齐有一位世家子弟，名叫庾杲之，字景行，祖父做过雍州刺史，父亲做过司空参军。庾杲之自幼以孝顺著称，而且品行端正，长相清秀俊逸，风采照人，一时为世人所称道。他做了官之后，更是一向以清贫自守。后来，庾杲之被南齐当朝的重臣王俭委以重任，做卫将军长史。南朝的另一位当朝重臣安陆侯萧缅知道这一消息后，马上就给王俭写了一封信，对重用庾杲之表示赞同和祝贺。萧缅在信中写道："盛府元僚，实难其选。庾景行泛绿水、依芙蓉，何其丽也。"当时，人们把王俭的幕府称为莲花池，所以，萧缅便用"泛绿水、依芙蓉"来赞美庾杲之的品行和官德。由于庾杲之孝顺父母，甘于清贫，一生行的都是君子之事，所以，当他在南齐永明九年去世以后，被齐武帝萧赜赐予谥号"贞子"。

纳兰性德借用庾杲之这个典故为自己的别院取名为"渌水亭"，很显然有着自比庾杲之的意思。在纳兰性德的心中，要像庾杲之那样做正人君子，做好官清官。

渌水亭的修建，为纳兰性德营造了一个心目中的世外桃源。由于纳兰性德突染寒疾错过了殿试后，就开始编纂一部叫作《渌水亭杂识》的笔记。他在这部笔记的序言中写道：

癸丑病起，批读经史，偶有管见，书之别卷。或良朋莅止，传述异闻，客去辄录而藏焉。逾三四年，遂成卷，曰《渌水亭杂识》，以备说家之浏览云尔。

由此可见，笔记里所记载的，既有纳兰性德的一些读书心得，也有从朋友那儿听到的奇闻异事。《渌水亭杂识》无疑是在诗词之外，纳兰性德别样性情的表现。一部《渌水亭杂识》，使得渌水亭这个名字流芳久远。笔记之中，留存着纳兰性德写的一首名为《渌水亭》的七绝诗：

野色湖光两不分，碧天万顷变黄云。

分明一幅江村画，着个闲庭挂夕曛。

这首诗，足以说明渌水亭在纳兰性德心目中的位置。同城中的豪宅相比，渌水亭才是纳兰性德真正意义上的家，是灵魂的憩园。

虽然纳兰性德与父亲纳兰明珠同时在康熙一朝盛极一时，然而到了乾隆时期，这个家族的存在却威胁到了新一代权臣和珅的利益。于是，这个家族遭到了清算，家产被籍没，位于后海的纳兰明珠官邸则被和珅霸占。后来，到了光绪年间，原来的纳兰明珠官邸又成了醇亲王载沣的王府。如今，这里已经成为宋庆龄的故居。

在渌水亭里学习和生活，纳兰性德的心情非常轻松、快乐，他就像是一个跑入世外桃源的孩子，充满了好奇心和求知欲。

他在《渌水亭杂识》中记载娑罗树时说：

五台山僧侈言娑罗树灵异，至画图镂版，然如巴陵、淮阴、安西、伊洛、临安、白下、峨眉山，在处有之。闻广州南海神庙，四本特高，今京师卧佛寺二株，亦有干霄之势。顾或著或不著，草木亦有幸不幸也。

意思是说：五台山上的僧人们夸口说，他们那儿的娑罗树非常灵验，于是大肆宣传，俨然吹捧成了佛家神树，但是这种树并不只有五台山才有，在巴陵、淮阴、安西、临安、峨眉……到处都是这种源自印度的娑罗树，虽然同样都为娑罗树，因为生长在不同的地方，也就有了不同的命运，有的名声大噪，有的默默无闻。

纳兰性德的这段叙说，很有讽刺意味。他说，不要说人，就连树木也要讲究个出身问题，出身不同，命运也是截然不同的。

还有一些记载，则是显示出纳兰性德对事物的独特见解。他在《渌水亭杂识》中写过"铸钱"一事：

铸钱有二弊：钱轻则盗铸者多，法不能禁，徒滋烦扰；重则奸民销钱为器。然而，红铜可点为黄铜，黄铜不可复为红铜。若立法令民间许用红铜，惟以黄铜铸重钱，一时少有烦扰，而钱法定矣。禁银用钱，洪永年大行之，收利权于上耳，以求盈利，则失治国之大体。

纳兰性德认为，铸钱有两个弊端，如果铸轻了，很容易被盗铸，也就是假币，会扰乱日常经济生活，要是铸的重了，那些不法之徒就会把钱重新铸为器皿。如果立法准许民间使用红铜，只用黄铜来铸重钱，应该就会少很多烦扰。纳兰性德的这个观点，恰恰被康熙皇帝的继任者雍正皇帝所采用了，可见他所具有金融管理方面的天资。

雍正推行币制改革，其中一项主要的措施便是控制铜源，打击投机犯罪：

熔钱铸器可牟厚利导致铜源匮乏，铜价升高，铸钱亏损。于是，雍正下令：只准京城三品以上官员用铜器，余皆不准用铜皿，限期三年黄铜器皿卖给国家，如贩运，首犯斩立决。同时，朝廷稳定控制白银，保证铜源，稳定了货源以保铸造流通。

后来的乾隆皇帝，铸的钱被称为乾隆通宝，那些铜钱有的是铜锌铅合金，叫黄钱；有的再加上些锡，叫青钱。铸青钱可以防止铜钱被私自销熔，因为青钱销熔后，一击就碎，无法再打造成器皿。这也在一定程度上遏制了不法之徒，稳定了货币流通。

纳兰性德在《渌水亭杂识》写了有关"铸钱"的论说后，又当即建议朝廷吸取明朝的教训，不要一味地追求盈利，应该把铸钱的权力收归国有，这样才会保证经济的稳定。在纳兰性德的建议下，清朝确实吸取了明朝的教训，实行银钱平行本位，大数目用银子，小数目用铜钱，保证官钱质量，保证白银的成色，纹银一两兑换铜钱一千文，也算是控制住了货币的稳定。

《渌水亭杂识》的编纂开始于康熙十二年（1673 年）完成于康熙十五年（1676 年）。这期间的康熙十二年十一月，大清朝发生了一件非常重大的事件：吴三桂起兵反叛朝廷，酿成了长达八年的"三藩之乱"。作为满族贵族统治阶级中的一员，纳兰性德自然非常关注这场战乱，在《渌水亭杂识》中发表了许多自己的见解。

一如：

唐昭宗欲伐李克用、李茂贞，无可将者，而朱温、杨行密辈其下智勇如林，盖朝廷用卢携、王铎之流，其所举者李系、宋威耳。智力勇艺者壅于下，悉为强藩所用。

正值三藩作乱之时，纳兰性德发出了对往古治乱得失的感慨，把人才的使用看成是关乎经国大业成败的要务。

二如：

宋文帝时，员外散骑侍郎孔熙先与范晔谋逆，事露，付廷尉，熙先望风吐款，辞气不挠，上奇其才，遣人慰勉之曰：以卿之才而滞于集书省，理应有异志。此乃我负卿也。又责前吏部尚书何尚之曰：使孔熙先三十年作散骑郎，那不作贼？此与唐武后之见骆宾王讨己檄文曰：有才如此而使之沦落不偶，宰相之过也。皆绰有帝王之度，足令才士心死。若梁元欲敕王伟，却不可同年而语。

在这里，纳兰性德通过列举两个对待谋反之臣采取宽容态度并反思自己的帝王之事例，来表达自己的观点。宋文帝与武则天面对反臣，能主动承认自己没能及时发现和重用人才，才令其谋反，是"帝王之度"导致"才士心死"，纳兰性德借此表达了所有读书人的心声。

在《渌水亭杂识》中，纳兰性德也充分地表达了自己对于诗词的一些见解：

诗乃心声，性情中事也。发乎情，止乎礼义，故谓之性。亦须有才，乃能挥拓；有学，乃不虚薄杜撰。才学之用于诗者，如是而已。昌黎逞才，子瞻逞学，便与性情隔绝。

在纳兰性德看来，诗歌是心声的流露，应该着重抒写心声，因为诗歌的写作是发乎于情，而止乎于礼的。在诗歌的写作中，必须具备丰厚的学识，有满腹的学问，这样，写诗才不会去浅薄地杜撰，才会挥洒自如。

纳兰性德一直在抒写着自己的心声，而且不加任何的修饰，也不用华丽的辞藻，看似简简单单地把自己的心声自然而然表达出来，作品却总是那么真实且感人肺腑。

他在《渌水亭杂识》写道：

诗之学古；如孩提不能无乳姆也；必自立而后成诗，犹之能自立而后成人也；明之学老杜学盛唐者，皆一生在乳姆胸前过日。

纳兰性德认为，学习作诗要学习古人，就像小孩子不能没有乳母一样。小孩子是先要有乳母抚养，然后才能长大成人独立的，学习作诗也是同样的道理。前人的诗句就好比是乳母，学习的人就好比小孩子，需要先尽心尽力去学习前人的诗句，然后才能独立。

其实，这也是我们的学习之道。学习之道，古往今来，一脉相承。师者，传道授业解惑也。那么，学作诗也必然是在学习前人经验的基础上向前发展的。熟读唐诗三百首，不会作诗也会吟，就是这个道理。

纳兰性德在《渌水亭杂识》中写了这样一条诗词短论：

自五代兵革，中原文献凋落，诗道失传，而小词大盛。宋人专意于词，实为精绝，诗其虐饭涂羹，故远不及唐人。

纳兰性德觉得：自从五代战争连连，世道混乱之后，中原文化便凋落了，诗歌衰落失传，而填词则兴盛了起来。宋代的人都喜欢填词，专心于此，所以成就极高，但是他们并不喜欢作诗，所以在诗上面远远不及唐代的人。

无论是谁，一旦提起中国的古典文化，就必然会提到"唐诗"、"宋词"、"元曲"，这些无疑都是一个时代的象征，在某一个方面，有着其他时代所无法企及的艺术成就。

纳兰性德在《渌水亭杂识》中认为：

曲起而词废，词起而诗废，唐体起而古诗废。作诗欲以言情耳，生乎今之世，近体足以言情矣。好古之士，本无其情，而强效其体，以作古乐府，殊觉无谓！

他的意思是说：有了曲子，词便荒废了，有了词，诗便被荒废了，唐诗兴盛起来，古体诗便渐渐没落。作诗不过是为了抒发心声，所以我们生活在现在这个时代，用近体诗就可以了，不用勉强自己去用那古体诗来抒情。那些好古之人，本来没有什么心情要抒发，只是为了仿古而勉强自己写作乐府，实在是觉得有些莫名其妙。

纳兰性德在《渌水亭杂识》中极力推崇南唐后主李煜的词：

花间之词为古玉器，贵重而不适用。宋词适用而少贵重，李后主兼有其美，更饶烟水迷离之致。

纳兰性德的词一向被评价为有后主遗风，这是举世公认的。素有"清初词坛第一人"、"阳羡词派"领袖之称的陈其年在《词话丛编》中写道："纳兰词哀感顽艳，颇有南唐后主遗风，悼亡词情真意切，痛彻肺腑，令人不忍卒读。"而中国现当代著名词学家、中国古典文学研究家唐圭璋也在《词学论丛·成容若（渔歌子）》中这样说："成容若雍容华贵，而吐属哀怨欲绝，论者以为重光后身，似不为过。"唐圭璋所说的"重光"，便是南唐后主李煜，而李煜的字，正是"重光"。不管是纳兰性德同时代的人，还是后来的现当代的人，评价纳兰性德的词深得后主的遗风，是一致的见解。

而在纳兰性德看来，《花间集》这部中国最早的词总集，就像是贵重的古代玉器一样，漂亮却并不实用。确实，《花间集》词风香软，用香艳堆砌的辞藻来形容女子，内容不外乎离愁相思、闺情哀怨，这也就难怪会被纳兰性德形容为古玉器，贵重却不适用了。

而到了宋代，李后主、晏殊、欧阳修、柳永、秦观、周邦彦、李清照等人的词作，秉承花间词的艺术风格，去其浮艳，取其雅致，运笔更加精妙，反映的社会现实更广泛，从而更加婉转柔美或豪放壮阔，从而开创了新一代别开生面的词风。

对此，纳兰性德认为，而宋词虽为适用，但却毫无贵重之感。综合比较，李后主则是兼得了花间词与宋词两者的长处，兼有两者其美，更加具有烟水迷离的美感。

02 西郊冯园，海棠花开

纳兰性德非常喜欢结交文人雅士。他在编纂《渌水亭杂识》期间，完全倾倒于《江湖载酒集》和《静志居琴趣》这两部词集。他甚至觉得，普天之下能够把词写得如此真挚感人的，再难找到第二个人。这两部词集的作者，就是明末清初的著名词人朱彝尊。

朱彝尊，生于明崇祯二年（1629年），卒于康熙四十八年（1709年），浙江秀水（今嘉兴）人，诗人、词人，经学家，学者，藏书家。字锡鬯，号竹垞，晚号小长芦钓鱼师，又号金风亭长，祖籍江苏吴江。明代景泰四年迁居浙江嘉兴府秀水县，曾祖朱国祚为明代万历十年（1582年）进士，官至户部尚书兼武英殿大学士，加少傅，死后追加为太傅。祖父朱大竞，曾为云南楚雄府知府。朱大竞为官清廉，辞官回乡时，"力不能具舟楫"，行李"仅敝衣一簏而已"。等到朱彝尊这一代时，家境越发地困窘了，一旦遇到荒年，有时候甚至会断顿。

顺治二年（1645年）春天，十七岁的朱彝尊与归安县儒学教谕冯镇鼎之女冯福贞结婚。因朱家家境太贫寒，无力聘娶冯福贞，朱彝尊只好入赘到冯家，做了上门女婿。冯家有两个女儿，冯福贞是长女，当年十五岁，幼女冯寿常只有十岁。

婚后，朱彝尊甚至无以为生，仅以西席为业。当时的"西席"，是对授业之师或幕友的尊称。有时，朱彝尊出外公干远游他乡，每次回到家中，家人都会争相责备他，因为他生为男子而不能养家，以至于家人都跟着他过穷苦生活。唯独他的妻妹却不嫌弃他的落魄，不嫌弃他的贫穷，一直欣赏他、尊重他。朱彝尊利用闲暇时间教她写字，教她作诗，久而久之，彼此间产生朦胧的情愫。但朱彝尊还是眼睁睁地看着19岁的妻妹嫁人了，等到妻妹24岁回娘家的时候，他们的感情才拨云见雾。

妻妹也喜欢诗词，更写得一手漂亮的书法。她曾经多次临帖王献之的《洛神赋》，因为里面有一句话她特别喜欢："收和颜而静志兮，申礼防以自持。"这是曹植见到洛水女神的时候，虽然仰慕她的美丽，却终于宁静心志，以礼自持。于是，妻妹冯寿常取字静志，并跟姐夫约定要彼此"和颜静志，以礼自持"，朱彝尊也以"静志"题名自己的居所。

虽然彼此心里构筑了坚强的防线，却阻挡不了与日俱增的爱情。朱彝尊只有把内心浓烈的爱情寄托于诗词。于是，他的第一部词集《静志居琴趣》就这样诞生了。这部词集以淳雅真挚的词风，以真实情感的叙写，以纯挚萦思的心灵，抒发了对一个端庄贞静的窈窕淑女的钟爱之情，表达对倾心爱慕的红颜知己的怀恋。并很快以其美丽而哀愁的词句传到京城，传到了纳兰性德耳中。《静志居琴趣》中就有一首深情的《桂殿秋·思往事》：

思往事，渡江干。青蛾低映越山看。共眠一舸听春雨，小簟轻衾各自寒。

这首词，写在明亡之初。当时，朱彝尊与妻妹在富春江浮游避难，词人仅以二十七个字，就把自己与恋人之间的绵绵深情，以疏疏淡淡的笔法中透出，把一对恋人之间的那种夜不入寐的情愫，生动而细腻地表露出来，表达了作者与恋人同乘一船而无法亲近的苦衷。"青蛾低映越山看"一句写白昼觑看恋人，假借观赏窗外"越山"为掩盖，暗喻蛾眉与青山相映之美。"共眠一舸听春雨，小簟轻衾各自寒"二句中的一"听"一"寒"，将各自相恋的失眠心态，从听觉和触觉两种感应角度，写尽了情愫暗通而心愿深违的情境。

纳兰性德深深地被朱彝尊的《静志居琴趣》迷住了。他的迷恋，不仅因为朱彝尊词风的清丽哀婉，更是因为他发现朱彝尊跟自己一样是一个至情至性的男子。他一下子明白了，词不再只是歌筵酒席上的片刻欢娱，而是岁月长久积淀下来的刻骨铭心的爱恋。

于是，纳兰性德非常渴望结识朱彝尊这位他所仰慕的人。他冥思苦想，给朱彝尊写了一封长信，表达了自己盼望相识的迫切心情。结果，朱彝尊不但回信了，而且还来到了纳兰明珠的府上，亲自登门拜访了少公子纳兰性德。从此以后，他们便成了无所不谈的词坛挚友。

两个人初见之时，朱彝尊已经 45 岁了，比纳兰性德的父亲纳兰明珠还大六岁，比 19 岁的纳兰性德大了整整 26 岁，他们之间，无疑属于忘年交。出于年轻人的礼貌，纳兰性德常常主动上门，拜见并请教朱彝尊，二人同游朱彝尊岳父家的西郊冯园。西郊冯园是一个闻名京城的花园，是朱彝尊的岳父冯镇鼎精心设计并建造的。在谈及明末清初著名文学家龚鼎孳时，都由衷地赞叹龚鼎孳的海棠词。龚鼎孳富有才气，洽闻博学，诗文并工，在文人中声望很高，时人把他与江南的钱谦益、吴伟业并称为"江左三大家"。纳兰性德与朱彝尊都从心里敬佩他的文学才气。

纳兰性德与朱彝尊因词结缘，以文交心，彼此结下了深厚的友谊。具有满族贵族身份的纳兰性德等人，与具有汉族知识分子身份的朱彝尊等人相互交往，在当时有着非常特殊的意义。这种交往，有力地促进了满汉民族之间的相互融合，缓解了满汉民族之间的矛盾，加快了满汉文化交流，在一定程度上扭转了清初词坛的风气，引领了词坛的中兴。为此，纳兰性德与朱彝尊、陈维崧并称为"清词三大家"、"康熙词坛三鼎足"；纳兰性德还与项延纪、蒋春霖一起，被清朝著名词人谭献称为"清代三大词人"。

"落拓江湖载酒行，醉月狂歌九天凌"是唐代大诗人杜牧的诗句。而对于朱彝尊来说，落拓江湖载酒行只能是望而兴叹。应该说，大多数的时候，朱彝尊都在喝粥，根本没钱买酒喝。栖栖遑遑，已经这么过了大半辈子。当初做了上门女婿，已经很抬不起头来，自己又一直窘迫，生计无着。不要说旁人看不起他，就连自己的岳父、岳母和妻子，都不愿意给他好脸色看。过了不惑之年以来，朱彝尊的脑海里时时出现孔子的那句话："后生可畏，焉知来者之不如今也？四十、五十而无闻焉，斯亦不足畏也已。"意思是说，年轻的后辈是值得寄予厚望的，怎么能知道后来人的将来不如今日呢？但一个人到了四五十岁仍无所成就而不被人知，那他就不会使人产生敬仰和没有大望了。而朱彝尊转眼就要步入老年了，他的心里好生的郁闷。

由于"江左三大家"的最后一人龚鼎孳刚刚辞世，华夏词坛处于群龙无首的局面。谁可以领袖群伦，再开一派风气？这也成了文士词客茶余饭后的一个谈资。这个领袖会是谁呢？是无锡的顾贞观，是秀水的朱彝尊，还是京城纳兰明珠府里的贵胄公子纳兰性德？

在西郊冯园，朱彝尊穿着一身敝缊袍，纳兰性德则披着一身狐貉。纳兰性德倒没有在意什么，可敏感的朱彝尊却不由得想起孔子的那句话来："衣敝缊袍，与衣狐貉者立，而不耻者，其由也与？"意思是说，穿着破旧的丝棉袍子，与穿着狐貉皮袍的人站在一起而不认为是可耻的，大概只有仲由吧。这是孔子对自己的弟子子路的夸奖。朱彝尊感觉，现在的自己，不正是子路的这般局面么？但耻或不耻，他自己也说不清楚。

两个人之间，谈诗论词是最好的话题。谈论诗词，一下子就把两个人之间悬殊身份给拉平了。他们越聊越投机，朱彝尊也会越聊越放开，会像一个真正的才子一样，在纳兰性德面前指点文章，臧否人物。

西郊冯园向来都是京城里文人雅士们的聚集之地，龚鼎孳生前更是没少来过。龚鼎孳很喜欢冯氏花园内的海棠花，每次见到海棠花开，就会题咏词作。词作一出，就会迅速传遍京城。如今，冯氏花园的海棠花已经飘零了，龚鼎孳也不在人间了。

"锡鬯兄。"纳兰性德总喜欢以字来相称朱彝尊。"你可记得这首词：'春花春月年年客。伤春又怕春离别。只为晓风愁。催花扑玉钩'。"

"记得，这是香岩（指龚鼎孳）《菩萨蛮·上巳前一日西郊冯氏园看海棠》这首词的上阕，当时这首词风靡京城。"朱彝尊应道，并缓缓地吟出了下阕："娟娟双蛱蝶。宛转飞花侧。花底一声歌。疼花花奈何。"

纳兰性德笑着吟道："年年岁岁花间坐。今来却向花间卧。卧倚璧人肩。人花并可怜。"

朱彝尊仍是吟出了下阕："轻阴风日好。蕊吐红珠小。醉插帽檐斜。更怜人胜花。这是香岩的《菩萨蛮·同韶九西郊冯氏园看海棠》，共有两首，这是第一首。

朱彝尊先发制人了："锦香阵阵催春急。旧花又是新相识。纨扇一声歌。流莺争不多。"这是《菩萨蛮·同韶九西郊冯氏园看海棠》第二首中的上阕。

随即，纳兰性德也同样吟出了下阕："紫丝围黄屧。小立朱楼侧。廉外斗腰肢。垂杨软学人。"

"好记性!"朱彝尊不禁赞叹道。此时,二人仿佛是在暗中比试着对龚鼎孳词作的熟悉程度。

纳兰性德又说:"小弟记得还有一首叫作《罗敷媚》。"说罢,便狡黠地望了一眼敦厚朴实的朱彝尊,很有些扬扬自得的神情。

朱彝尊点点头说:"那是《罗敷媚·朱右军司马召集西郊冯氏园看海棠》,当年也极有名的:今年又向花间醉,薄病深深。火齐才匀。恰是盈盈十五身。青苔过雨风帘定,天判芳辰。莺燕休嗔。白首看花更几人。"

龚鼎孳的这几首词,咏的都是冯氏花园里的海棠。他寓所的书房叫香岩斋,词集题为《香岩词》,所以,人们往往以香岩来称谓他。龚鼎孳有一段著名的爱情故事,就是"秦淮八艳"之中的顾眉嫁给他做了妾室,后来龚鼎孳在崇祯朝被治罪,两人便从才子佳人转为患难夫妻,感情比较深厚。后来,明朝灭亡,"江左三大家"全都投降了清政府。龚鼎孳为自己开解,说当时本拟自杀殉国,奈何小妾不让。一代文宗,就这样把节操问题的责任,推给了青楼出身的顾眉。

龚鼎孳先降过李自成,后降过清,及至晚年,他和顾眉的爱情生活早已成为一段传奇。当年恋爱中的龚鼎孳写过不少旖旎温柔的诗词,随着汉人对亡国之痛渐渐淡忘,这些诗词也就渐渐流传开了,也感动过尚在少年的纳兰性德。

纳兰性德与朱彝尊同游西郊冯氏花园,共同欣赏香岩的海棠词。词中,海棠依旧清晰,旧事却越发迷离。眼前,海棠花早已飘落了,可这飘落的样子,不也是可爱的么?纳兰性德触景生情,很快作出了一首《浣溪沙·西郊冯氏园看海棠,因忆香岩词有感》:

> 谁道飘零不可怜,旧游时节好花天。断肠人去自今年。
> 一片晕红疑着雨,晚风吹掠鬓云偏。倩魂销尽夕阳前。

这首词的上阕大意是:看这海棠凋落,又飘零,谁不会生发一种怜悯的爱意呢?遥想去年,我们相携一同赏花,正是繁花时节的好天气,而如今,那令我肝肠寸断的人,别我而去已经一年。

下阕大意是:一片红晕的花朵,似乎沾上了雨点,非常惹人心生爱怜,就如同我一样楚楚可怜。晚风吹起，天边云朵如鬓，随风飘去。伊人梦魂尽销，独立夕阳欲坠前。

海棠历来是一种受文人喜爱的花木。海棠高雅淡然，清香又近乎无味，色美而不妖艳，被誉为"花中神仙"。纳兰性德的"一片晕红疑着雨"，使用了他所惯用的意象处理方法，刻画了一丛楚楚可怜的海棠花。

去西郊冯园的归途中，与纳兰性德同行的朱彝尊反复吟诵着这些清丽的句子，忽然略有所悟地对纳兰性德说："'谁道飘零不可怜，旧游时节好花天。断肠人去自今年。'是呀，长在富贵根芽上是一种幸福，纵然飘零不也可以飞舞起漫天红雨么，难道不也是一种美丽？你这首词，分明是写给我的呀！"朱彝尊想着想着，突然又失声笑道："这么好的词，真恨不得这是我写的呀！"

纳兰性德放松了马缰，悠悠然地回应道："难道锡鬯兄就没有诗兴么？"

朱彝尊苦笑一声说："花园都游过了，当时没写，现在就没什么可写的了。"

纳兰性德将马鞭一指道："这一路上，荷塘、远山，甚或是锡鬯兄故乡的山水，只要有了诗情，天下何物不能成诗呢？"

"说得好！"朱彝尊低声赞道，竟也起了一些豪情，便打马扬鞭，把纳兰性德甩在了身后。纳兰性德只觉得朱彝尊的声音忽然变得爽朗了，一首《鹧鸪天（莫问天涯路几重）》随之而出：

莫问天涯路几重。轻衫侧帽且从容。几回宿酒添新酒，长是晨钟待晚钟。
情转薄，意还浓。倩谁指点看芙蓉。行人尽说江南好，君在巫山第几峰。

"好词！"纳兰性德由衷地赞了一句后，又若有所思地自言自语说："'莫问天涯路几重。轻衫侧帽且从容'，这个'侧帽'的典故，哪里是在说他自己！莫非他是在说我么？"

关于"侧帽"一词，来自于北朝青年贵族独孤信的一则典故：独孤信姿容绝代，是所有人仰慕的焦点。一天，他出城打猎，回来的时候不小心被风吹歪了帽子，但因为他要赶在宵禁之前回城，并没有留心到这个小小的细节。等到第二天，城里却突然出现了一件怪事：满城的男子们尽是歪戴帽子的造型。

"莫问天涯路几重。轻衫侧帽且从容"，纳兰性德反复品味着这两句词，脸上渐渐浮现出会心的笑意。他喜欢这两句词，喜欢"侧帽"这个典故。四年之后，他刊刻了自己的第一部词集，取名就叫作《侧帽词》。那个时候，不仅纳兰性德翩翩浊世佳公子的风神仪表会像侧帽而归的独孤信一样，成为所有目光的焦点，他的词作，也会随着侧帽风流不胫而走，传唱京城，传唱天下。

03 国家危难，冠礼成人

　　孟子曰："天将降大任于斯人也，必先苦其心志，劳其筋骨，饿其体肤，空乏其身，行拂乱其所为，所以动心忍性，曾益其所不能。"纳兰性德即将冠礼成人的时候，正赶上年轻的清朝政府面临"三藩之乱"的大考，纳兰性德无疑经受了一次刻骨铭心的人生磨砺。

　　1673年11月底，前明平西伯、宁远总兵，清平西王吴三桂在云南起兵反清，从而拉开了长达八年的战争序幕。吴三桂在长篇《讨清檄文》中写道：

　　原镇守山海关总兵官，今奉旨总统天下水陆大师兴明讨虏大将军吴，檄告天下文武官吏军民等知悉：

　　本镇深叨明朝世爵，统镇山海关。一时李逆倡乱，聚众百万，横行天下，旋寇京师，痛哉毅皇烈后之崩摧，惨矣！东宫定藩乏颠错，文武瓦解，六宫恣乱，宗庙瞬息丘墟，生灵流离涂炭，臣民侧目，莫可谁何。普天之下，竟无仗义兴师勤王讨贼，伤哉！国远夫偈可言？

　　本镇独居关外，矢尽兵穷，泪干有血，心痛无声，不得已歃血订盟，许虏藩封，暂借夷兵十万，身为前驱，斩将入关，李贼逃遁，痛心君父，重仇冤不共戴，誓必亲擒贼帅，斩首太庙，以谢先帝之灵。幸而贼遁冰消，渠魁授首，正欲择立嗣君，更承宗社封藩，割地以谢夷人。不意狡虏遂再逆天背盟，乘我内虚，雄据燕都，窃我先朝神器，变我中国冠裳，方知拒虎进狼之非，莫挽抱薪救火之误。本镇刺心呕血，追悔无及，将欲反戈北逐，扫荡腥气，适值周、田二皇帝，密会太监王奉抱先皇三太子，年甫三岁，刺股为记，记名托孤，宗社是赖。姑饮泣忍隐，未敢轻举，以故避居穷壤，养晦待时，选将练兵，密图恢复，枕戈听漏，束马瞻星，磨砺警惕者，盖三十年矣！

兹彼夷君无道，奸邪高涨，道义之儒，悉处下僚；斗霄之辈，咸居显职。君昏臣暗，吏酷官贪，水惨山悲，妇号子洋以至彗星流陨，天怨于上，山崩土震，地怨于下，官卖爵，仁怨于朝，苛政横征，民怨于乡，关税重征，商怨于涂，徭役频兴，工怨于肆。

本镇仰观俯察，正当伐暴救民，顺天应人之日也。爰率文武臣工，共襄义举，卜取甲寅年正月元旦寅刻，推封三太子，郊天祭地，恭登大宝，建元周启，檄示布间，告庙兴师，克期进发。移会总统兵马上将耿，招讨大将军总统使世子郑，调集水陆官兵三百六十万员，直捣燕山。长驱潞水，出铜驼于荆棘，奠玉灼于金汤，义旗一举，响应万方，大快臣民之心，共雪天人之愤。振我神武，剪彼嚣氛，宏启中兴之略，踊跃风雷，建划万全之策，啸歌雨露，倘能洞悉时宜，望风归顺，则草木不损，鸡犬无惊；敢有背顺从逆，恋目前之私恩，忘中原之故主，据险扼隘，抗我王师，即督铁骑，亲征蹈巢覆穴，老稚不留，男女皆诛，若有生儒，精习兵法，夺拔痍谷，不妨献策军前，以佐股肱，自当量材优翟，无靳高爵厚封，起各省官员，果有洁己爱民，清廉素著者，仍单仕；所催征粮谷，封储仓库，印信册籍，解军前，其有未尽事，宜另颁条约，各宜凛遵告诫，毋致血染刀头，本镇幸甚，天下幸甚！

吴三桂声称自己当年接受托孤，忍辱偷生，终于秘密地把崇祯皇帝的三太子抚养成人，如今恭奉三太子为主，意欲推翻满清蛮夷，夺回汉人天下，恢复大汉衣冠。这篇檄文，飞速地传遍了大江南北，一时人心动荡。

康熙十三年，京城内占据优势的主和派甚至提出了这样的建议：杀掉强力主战的纳兰明珠，重新与"三藩"议和。这种态势，仿佛是汉代"七王之乱"的重演，纳兰明珠有可能扮演了晁错的角色。晁错是汉景帝的御史大夫，政治上进言主张削藩，剥夺诸侯王的政治特权，以巩固中央集权。这一主张，严重损害了诸侯利益，导致以吴王刘濞为首的七国诸侯以"请诛晁错，以清君侧"为名，举兵反叛。景帝听从重臣袁盎之计，腰斩晁错于东市。

天威难测，纳兰明珠府里顿时笼上了一片阴霾。作为纳兰明珠的长子，纳兰性德也开始为了父亲和家族的命运惴惴不安了。他第一次感受到政治的高深莫测和冷酷无情。

一天，纳兰性德在渌水亭里展开一张宣纸，即刻看见了宣纸上写着的两首诗。纳兰性德一下子认出了这是父亲纳兰明珠的字迹。

其一：

城社丘墟不自由，孤灯囚室泪双流。

已拼一死完臣节，肠断江南亲白头。

其二：

反复南疆远，辜恩逆丑狂。

微臣犹有舌，不肯让睢阳。

纳兰性德感觉到，这两首诗，都是父亲故意写给他的，让纳兰性德震撼了好久。父亲曾经跟他讲过，这两首诗，第一首是《绝命诗》，第二首是《殉难诗》，作者是广西富川知县刘钦邻。刘钦邻是顺治十八年进士，被派到富川去做知县。在吴三桂发动叛乱的时候，富川县城陷落，刘钦邻带着四十多名家丁与叛军展开了巷战。由于众寡悬殊，刘钦邻被擒。叛军采取收买人心的策略，重新为刘钦邻刻了官印，希望他能归顺叛军。刘钦邻当即把官印掷在地上，并怒斥叛军无君无父。刘钦邻在牢房里写下两首诗后，自缢而死。

"微臣犹有舌，不肯让睢阳"，这是以唐朝的睢阳城守张巡为榜样。纳兰性德熟知这段历史。那是"安史之乱"的时候，多少州官县守都在叛军来临之前闻风而逃，只有张巡和许远坚守睢阳，牢牢地拖住了叛军的脚步。那是一场骇人听闻的守城大战，城中的粮食吃光了，军士们就吃树皮草根坚持战斗。但是，城池还是被攻破了，被俘的张巡面无惧色，痛斥叛军，终遭残杀。后来，韩愈写了一篇《张中丞传后序》，以此来歌颂英雄的壮举。

纳兰性德明白了，父亲把刘钦邻两首诗写给自己看，是让自己也写出一首诗来，借用自己在文人贤士中的小小声望，来传达一种态度。纳兰性德知道，在这种紧要关头，他必须全力支持父亲。纳兰性德提起笔来，一蹴而就，写出了《挽刘富川》：

> 人生非金石，胡为年岁忧。
> 有如我早死，谁复为沉浮。
> 我生二十年，四海息戈矛。
> 逆贼忽萌生，斩木起炎州。
> 穷荒苦焚掠，野哭声啾啾。
> 墟落断炊烟，津梁绝行舟。
> 片纸入西粤，连营倏相投。
> 长吏或奔窜，城郭等废丘。
> 背恩宁有忌，降贼竟无羞。
> 余闻空太息，嗟彼巾帼俦。
> 黯澹金台望，苍茫桂林愁。
> 卓哉刘先生，浩气凌斗牛。
> 投躯赴清川，喷薄万古流。
> 谁过汨罗水，作赋从君游。
> 白云如君心，苍梧远悠悠。

这首五言长诗，是纳兰性德写给刘钦邻的挽歌，更是代父亲发给所有人的一个响亮的政治信号。这首诗传出后，朝廷很快传来了消息：刘钦邻被追赠为太仆寺少卿，赐谥"忠节"，封妻荫子。对于刘家，这是信念和命运，是悲泣和怀念。而对于朝廷，这是一个坚决抗敌的强有力信号。精明的纳兰明珠从来就没有为自己会重蹈晁错的覆辙而担心过，他清楚地知道，力主撤藩，自己押对了宝。于是，在国事之余，纳兰明珠还可以安然地操持家事。儿子纳兰性德已经年满二十岁了，是一个真正的成年人了，有很多事情需要为儿子策划操持。

但纳兰性德心里，是反对战争的。他担心唐代睢阳城里人吃人的惨剧再次重演。他所关注的，是在举国大战中的那些小人物：普通的士兵、士兵的妻子、离乱的家人……为此，他写了十三首的组诗，题为《记征人语》，也是他一生中最著名的一组诗：

列幕平沙夜寂寥，楚云燕月两迢迢。
征人自是无归梦，却枕兜鍪卧听潮。

横江烽火未曾收，何处危樯系客舟
一片潮声飞石燕，斜风细雨岳阳楼

楼船昨过洞庭湖，芦笛萧萧宿雁呼
一夜寒砧霜外急，书来知有寄衣无

旌旗历历射波明，洲渚宵来画角声。
啼遍鹧鸪春草绿，一时南北望乡情。

青磷点点欲黄昏，折铁难消战血痕。
犀甲玉抱看绣涩，九歌原自近招魂。

战垒临江少落花，空城白日尽饥鸦
最怜陌上青青草，一种春风直到家

阵云黯黯接江云，江上都无雁鹜群
正是不堪回首夜，谁吹玉笛吊湘君。

边月无端照别离，故园何处寄相思
西风不解征人苦，一夕萧萧满大旗

移军日夜近南天，蓟北云山益渺然
不是啼乌衔纸过，那知寒食又今年

鬓影萧萧夜枕戈，隔江清泪断猿多
霜寒画角吹无力，梦归秦川奈尔何

一曲金筇客泪垂，铁衣闲却卧斜晖。

衡阳十月南来雁，不待征人尽北归。

才歇征鼙夜泊舟，荻花枫叶共飕飗。
醉中不解双犍卧，梦过红桥访旧游。

去年亲串此从军，挥手城南日未曛。
我亦无端双袖湿，西风原上看离群。

一组诗完毕，纳兰性德感到意犹未尽，又填了一首词，题为《南乡子·捣衣》：

鸳瓦已新霜。欲寄寒衣转自伤。见说征夫容易瘦，端相。梦里回时仔细量。支枕怯空房。且拭清砧就月光。已是深秋兼独夜，凄凉。月到西南更断肠。

纳兰性德听着千万户女子捣衣的声音，心里在想有多少远征在外的将士等待着和家人团聚。

种种迹象表明，纳兰性德已经具备了成年人应该拥有的成熟。

康熙十三年的一个良辰吉日里，纳兰明珠府里格外肃穆。纳兰明珠夫妻像木偶一般，被纳兰性德和纳兰性德的汉人朋友们搀扶着，来到一个指定的位置上，来看眼前的人们奔波忙碌着。

纳兰性德管一个正在搬动的东西叫作洗，纳兰明珠就皱了皱鼻子，心想，这不就是个洗脸盆吗？纳兰性德告诉父亲，这不是洗脸用的，是承接盥洗时流下来的弃水。府里的仆人们按照吩咐，把洗摆在了屋檐东端的地上。纳兰明珠问儿子为什么要把这个洗脸盆摆在屋檐那边，纳兰性德说，首先，那不是洗脸盆，是洗。再有，那洗的上方也不叫屋檐，屋檐两端向上翘起，这个部位叫作荣。

让纳兰明珠困惑的远远不止这些。这天，纳兰明珠穿的衣服，是纳兰性德特地定制的，头上戴着一顶奇怪的黑帽子。纳兰性德告诉他，那黑帽子叫玄冠，上身穿的叫作缁衣，下身穿的裙子叫裳。

纳兰性德还讲出好多关于穿戴的学问：说裳的前边是黑色，后边是黄色，这个裳叫作杂裳。正是因为这件杂裳，整套打扮才和朝服不同，这叫玄端服。

一条宽宽的、赤色而有些发黑的皮带垂到膝盖上，这叫爵韠。"不爵韠者，降于主人也"，只有一家之主才可以这么穿，这是地位的标志。一家之主必须这么穿，因为这是礼。

纳兰性德自己穿得更怪，一点都不像大人。那衣服是丝织的，染成黑色，绣着朱锦边，这叫采衣。还用朱锦束着发髻，恭恭敬敬地在东房里面朝南站着。此刻，他的脑子里全是《礼记》当中早已读得烂熟的那些段落："故冠于阼，以著代也……"他觉得，每一个举动、每一个位置，都是有极深刻意义的，都不能被忽视。

这是纳兰明珠家在搞儒家的冠礼，并严格遵循《仪礼·士冠礼》举行仪式。按照汉人的传统，贵族男子到了二十岁就要进行冠礼，加冠之后就标志着成年。纳兰性德冠礼的这一天，纳兰明珠被折腾得焦头烂额，他这才领教了什么是"礼仪之邦"。

纳兰明珠事后问过儿子：为什么把一次成人礼搞得这么复杂？纳兰性德回答说：《礼记》里边有一篇《冠义》，专门阐述冠礼的意义。说人之所以成为人，之所以和禽兽不同，就是因为人有礼义。而礼义之始，其实不过是言谈举止得当而已，一切复杂的仪式，都是约束人的言谈举止，这点做到了，才能进入礼义更深的内容，君臣父子、尊卑长幼的秩序才能融洽和睦。古人说"冠者，礼之始也"，古代帝王都是很看重冠礼的。正因为重视，所以要在家庙举行。

二十岁的纳兰性德，对汉文化已经熟稔得像母语一样了，仿佛自己完全不是出身自北方的旗人家庭，而是成长在江南的书香门第。

"已冠而字之，成人之道也"。加冠之后，还要为冠者取字，从此人们便以字相称，不再称呼他的名了。我们所说"名字"，原本是指"名"和"字"两种。取字是一件慎重的事，要在冠礼上三次加冠之后由嘉宾来取。纳兰性德冠礼时请来的嘉宾，就是满腹经纶的金风亭长朱彝尊。

《荀子·不苟》有一段话定义君子的品行："君子宽而不侵，廉而不刿，辩而不争，察而不激，寡立而不胜，坚强而不暴，柔从而不流，恭敬谨慎而容。"能够做到这些，就是一位真正的君子。纳兰性德一直很喜欢这段话，也曾抄录下来，作为自己的座右铭。纳兰性德想，他喜欢这段话，锡鬯兄应当知道。

"礼仪既备，令月吉日，昭告尔字。爰字孔嘉，髦士攸宜……"朱彝尊按部就班地念诵着取字时的祝词，这些古奥的文字大意是说：三次加冠的礼仪已经完备了，正值良辰吉日，现在就把你的字告诉你，让你知道。这个字非常美好，正与俊雅的士人相宜。字取得适宜就是一种福分，你要永远地受用保持……

朱彝尊顿了一顿，终于说道："你的字就叫'容若'。容，取自《荀子·不苟》中的'恭敬谨慎而容'，你的'成德'之名取自《易经》，所以就用《易经》里惯用文法加上一个'若'字。"

朱彝尊随即笑道："从今以后，我可以叫你容若兄弟了。"

在汉文化里，取字不但要取得漂亮，还一定要和名相配。比如赵云字子龙，云从龙，风从虎，"云"与"龙"正好相配，"子"则是男子的美称。张飞字翼德，"飞"与"翼"也是一样的道理。"成德"与"容若"，一个出自《易经》的"君子以成德为行"，一个出自《荀子》的"君子……恭敬谨慎而容"，都是君子的最高品质。名如其人，字如其人，容若这一生也确乎担得起"君子"二字。

这时，纳兰明珠看到自己的妻子有些疑惑的样子，就告诉她："这就是汉人的成人礼，说明咱们的儿子长大成人了！"

"他不是早就长大成人了么"，纳兰性德的母亲有些愕然，"不过也好，这是不是说，咱们得赶紧给儿子张罗婚事了？"纳兰明珠笑了，纳兰性德也笑了。

04 喜事连连，大婚圆满

纳兰性德刚刚冠礼成人，纳兰明珠府就传来一个特大的喜讯：当朝天子康熙传诏，约纳兰性德在北京西山的一个水院凉亭相见。听说少公子要被皇上召见，纳兰明珠府上上下下无不为之欢欣不已。

能被当朝天子传诏约见，的确是一件非常了不起的事情。如果皇上传诏约见纳兰明珠，还不会让人感到惊讶，皇上召见王公大臣商议国事，是很正常的。但是，约见一个刚刚成年的少公子，对于纳兰明珠府，尤其是纳兰性德来说，都是不同寻常的，也许，这也预示着某种未来的开启。

其实，康熙对纳兰性德早有耳闻，知道纳兰明珠之子是一位少有的神童，不仅精通骑射，更是熟读诗文。康熙尤其喜欢纳兰性德的词，早就想见一见这位京城文人贤士都爱结交的才子。得知纳兰性德已经冠礼成人后，就命身边的小太监到纳兰明珠府上，专程传诏纳兰性德，约定在北京西山的一个水院凉亭相见。康熙与纳兰性德在凉亭相见，目的是为了能与纳兰性德促膝相谈，不受君臣之别的约束。

北京西山一带是皇家园林的聚集区，这里林木苍翠，鸟语花香。辽、金、元、明、清各个朝代的帝王将相，都看上了这一片山清水秀的风水宝地，纷纷在此修建皇家园林和私人别墅。山林之间分散着几座寺院，常有钟鼓之声悠悠地回荡。纳兰明珠府的明珠相国园也建在这里，整个园林坐拥四季美景，显得异常的娴雅清幽。

这一天，纳兰性德与比他大一岁的当朝天子面对面时，瞬间便为康熙的气质所惊诧。他早就听父亲讲过康熙是一位非常了不起的皇帝，指点江山，年轻有为，今日相见，更觉非同一般。他觉得，眼前的康熙皇帝显得超乎寻常的英明睿智，有着凛凛威严的帝王霸气。两个人尽了君臣礼节式的寒暄后，康熙就像一位故交一样，与纳兰性德一起俯瞰秀美风景，显示了年轻帝王所特有的豪迈与豁达。康熙又吩咐随从备上酒菜，与纳兰性德坐于亭中，开杯小酌。他们谈古论今，谈诗说词，很有相见恨晚的情愫。纳兰性德被康熙气吞山河的襟怀所倾倒，他的王者霸气，激起了纳兰性德的澎湃热血。而康熙也被纳兰性德身上的诗性气质所吸引，心生由衷的惊叹与欢喜。显然，这种欢喜是来自于皇帝内心的惜才爱才。

两个人相座而视，康熙就如同一只飞翔在旷野上的鸿鹄，风云不尽，展翅不已。而纳兰性德则如同一株含苞的梅花，风骨隐秘，暗香悠长。康熙看着眼前清静儒雅、落落大方的纳兰性德，似乎明白了纳兰性德为什么填出那么多的好词来。康熙向四周巡视一番，满怀兴致地问纳兰性德有何新的词作。此时，纳兰性德触景生情，一首以前他写过的《水调歌头·题西山秋爽图》脱口而出：

空山梵呗静，水月影俱沉。悠然一境人外，都不许尘侵。岁晚忆曾游处，犹记半竿斜照，一抹映疏林。绝顶茅庵里，老衲正孤吟。

云中锡，溪头钓，涧边琴。此生着几两屐，谁识卧游心？准拟乘风归去，错向槐安回首，何日得投簪？布袜青鞋蹑约，但向画图寻。

纳兰性德的这首词，也是题画之作。词的上阕侧重景与境的描写。"空山梵呗静，水月影洞天"，这世外幽静的山林，不惹一丝世俗的尘埃。还记得那夕阳西下时，疏林上一抹微云的情景。在悬崖绝顶之上的茅草屋中，一位老和尚正在沉吟。词的下阕侧重观画时的感受与心情的刻画。行走在云山之中，垂钓于溪头之上，弹琴于涧水边，真是快活无比。隐居山中，四处云游，一生又能穿破几双鞋子，而我赏画神游的心情又有谁能理解？往日误入仕途，贪图富贵，如今悔恨，想要归隐山林，但是这一愿望要到何日才可以实现呢？
只希冀从这画中得到安慰。

康熙听后，深深被眼前这位俊朗的才子所折服，欢喜之情溢于言表。他
知道，不久的将来，纳兰性德将会为他所用。纳兰性德也默默地立下誓言，
如果将来拥有为皇帝效力的机会，一定鞠躬尽瘁。凉亭之内，两个人聊了很
久很久才依依不舍地各自散去。

纳兰性德终究还是一个多情的人。他告别了皇上，回到了家里，一种浓
浓的思念之情浮上心头。纳兰性德想起了深居宫中的雪梅表妹，一首《采桑
子（拨灯书尽红笺也）》跃然纸上：

> 拨灯书尽红笺也，依旧无聊。玉漏迢迢，梦里寒花隔玉箫。
> 几竿修竹三更雨，叶叶萧萧。分付秋潮，莫误双鱼到谢桥。

纳兰性德在词中表达的是：在灯下给表妹写信，即使写满了信纸仍是意
犹未尽，心里依旧惆怅无聊。偏又漏声迢迢相伴，不但添加愁绪，而且令人
如醉如痴，仿佛在梦中与她相见，却又朦朦胧胧不甚分明。室外秋雨敲竹，
滴在树叶上，点点声声，淅淅沥沥。将这孤独寂寞的苦情都付与此时的秋声
秋雨中，不要忘了将书信寄给表妹才好。

世界之大，芸芸众生，能够有一个远方的人付诸思念，或许也是一件幸
福的事情。在昏黄的灯光下，纳兰性德将满腹的思恋都填于纸上，让飞鸿送去，
两个爱恋之人天各一方，相互都有着无尽的想念。在悲伤无望之中，却又充
满美好的回忆，看似无聊，但却是持久永恒的。

纳兰性德将一首小词写得情谊融融，求而不得的爱情，让他感到痛苦而
悲伤，但同时也让他充盈着忽明忽暗的幸福感。

一段爱恋已经成为永久的回忆，而另一段幸福已离他很近，近得就在
眼前。

冠礼之后不久，纳兰明珠夫妇就开始给真正"成年"的纳兰性德张罗婚礼。
就像《礼记》这部书所分列的，《冠义》之后就是《昏义》了。《礼记》中所言：
"夫礼始于冠，本于昏，重于丧、祭，尊于朝、聘，和以射、乡，此礼之大
体也。"意思是：说起礼的实行，要从男子加冠开始，把成婚当作根本，最
重在于丧葬祭祀，讲究与乡里和睦相处，这些就是礼的大体情况。自古以来，

冠礼和婚礼，一个是礼之始，一个是礼之本，意义都非常重大。

为纳兰性德筹备婚礼，一时成为纳兰明珠府里最大的事情。纳兰性德的岳父，也是纳兰明珠的亲家，名叫卢兴祖，汉军镶白旗人，当时正在担任清朝政府的两广总督。纳兰氏家族与卢氏家族结亲，是当时官员之间结亲的一种最理想的模式：京官与地方官结亲，一个是中央要员，一个是封疆大吏，朝中有人好做官，地方有人好办事，互惠、互利、互补。

由此看来，清代政策是允许满汉通婚的，卢家是汉人，明珠家是满人，卢家与纳兰家通婚，并没有什么问题。而清代政策，是不允许旗人与非旗人通婚的。显然，这个通婚政策不是对民族身份的限制，而是对政治身份的限制。

这样的一桩婚事，婚礼一定办得很热闹才对，但事实恰恰相反，纳兰性德与卢氏小姐的婚礼却办得很简单。汉文化在形式上的核心，就是节制和内敛。纳兰性德生活在满汉文化大融合的时代，婚礼自然有着浓郁的汉文化味道。

但是，贵族子弟的婚礼也有大操大办的，《诗经》里有一篇《韩奕》，所描绘的就是韩侯取妻的场面。韩侯亲自到岳父家里去接妻子，这就是周礼中的"亲迎礼"。行亲迎礼的韩侯以上百辆的彩车组成了一个浩浩荡荡的豪华车队，直奔岳家而去，这么浩大的车队规模，相当于两国大战出征时的壮观场面。

据《礼记》所记：无论车队多么豪华、多么浩大，所举行的亲迎礼总是要在黄昏时分举行，新郎还要把亲迎的用车，一律漆成黑色。按照周礼的规定，士的用车标准为栈车，大夫的用车标准为墨车，平时，这个标准是任何人也不准突破的。而到了举行婚礼的特殊时期，则允许士把自己的车漆成黑色，把它当作大夫一级才能享受的墨车去迎接新娘，让士在结婚的大喜日子好好地风光一回。

新郎坐上漆成黑色的车，随行的人都带着火把。走着走着，天越来越黑。天黑，车也黑，人更黑。因为新郎的衣裳绣的是黑边，随从穿的都是黑衣。而到了岳父家，所看到的也是清一色身穿黑衣的女眷。

新郎亲迎新娘之后，一群黑衣人乘着黑车、举着火把往回返。到了新郎家后，新郎和新娘要吃上一顿饭来补充能量，并用一种专门的合卺杯喝酒，这就是饮合卺酒，也就是现代婚礼上所喝的交杯酒。合卺酒喝完之后，新婚夫妇就该入洞房了。等到了第二天清晨，新娘沐浴梳妆之后，这才第一次拜见公婆。

整个婚礼的过程是以静为主的。新郎家里一连几天都不能奏乐，为的是照顾新娘的情绪。人们觉得，新娘毕竟刚刚离开父母，年纪又小，虽然婚礼是件喜事，但喜中也有离别的悲伤，婚礼低调一些才是人之常情。

婚礼不但不可以吹拉弹唱，甚至也不需要别人祝贺。按照儒家的观点，结婚意味着传宗接代，传宗接代意味着新陈代谢，做人子的自然不能无所感伤，所以，没有心情接受亲朋好友的祝贺。

接受了汉文化熏陶的纳兰明珠和纳兰性德，都强力主张按照儒家古礼来操办婚礼，不搞浩大的排场。其实，纳兰性德本人更喜欢用古朴而简单的方式，来完成他与卢氏的婚礼，无论是乐队的锣鼓，还是宾客的喧哗，他都会厌烦，甚至头痛欲裂。这样喧闹的婚礼气氛，只属于那些凡俗中的芸芸众生。

对于纳兰性德来说，整个婚礼的过程完全处于应付状态，没有自主，也没有欢乐，以至于有种黄昏终于捱到了夜晚、夜晚终于捱到了睡着的感觉。

虽然纳兰性德与卢氏结婚了，可是，自己的妻子到底长得什么样，他根本就不知道。古代，男女之间很少见面，兄弟之间、表兄弟之间相互代替相亲的现象经常出现，举行完婚礼，也就嫁鸡随鸡，嫁狗随狗，无法再反悔了。

纳兰性德憨憨地睡着了，睡得很香，而他的妻子，一直坐在灯光下，整整看了他一夜。

05 巫山云海，琴瑟合鸣

　　婚礼后的第二天清晨，纳兰性德醒来时，天还没有大亮。这时，妻子已经不在床上了。朦朦胧胧之中，纳兰性德看到自己所盖的被子上，绣着一对交颈相依的鸳鸯，栩栩如生，活灵活现，极其精致。纳兰性德心想，这是哪个巧手的绣工完成的呢？她绣制的时候，是否怀揣着对爱情的美好向往呢？正想着，纳兰性德又发现，妻子起床后，已将他的被子角掖得紧紧的，生怕他受寒气的侵袭。回想起自己香甜地睡了一夜，连妻子的模样都没来得及细细地端详，心里觉得有些好笑。初婚的夜晚，就这样平淡无奇地度过了，他忽然觉得有些不可思议。如果新婚之夜的新娘是他的表妹，他也许不会独自睡去，一定会激情澎湃，一夜无眠。他摇摇头，有些苦涩地笑了，笑得实在有些难看。

　　纳兰性德坐起来，攥紧拳头，伸了伸懒腰后，起身下床。他来到窗前，推开雕着蝴蝶和百合的桃心木窗，顿觉一股凉气扑面而来。外面的雾还未散去，淡淡的雾气将远山浓重的黛色轻轻地染开，这景象，让人感觉空气之中都有一股淡淡的墨香。

　　"好一幅幽静的水墨画！"纳兰性德不由得说出声来。

"真是一幅幽静的水墨画！"几乎同时，一个温软纤细的声音从楼下的院子里传来，让纳兰性德心生一惊。寻声望去，见声音的主人着一身大红金线滚边旗装，正站在一丛灿若明星的栀子花旁，如仙女一般望着纳兰性德刚才望着的方向。那个芊芊的女子，正是纳兰性德的新娘。

纳兰性德永远也忘不了新婚妻子那回头的一瞬。许是听见了楼上的声音，她急急地回过头来确认，两人的眼神相遇，她并没有避开。纳兰性德觉得，妻子看向自己的样子，像在阅读一首古老且不朽的诗行，一个字一个字，读得一丝不苟，认真而坚定。她那张脸，虽无惊人的美艳，但柔和而端庄的五官，让人足以感觉到她拥有着亲和、温厚的个性。

默默的对视之中，虽然缺少话语，但许多的默契，在两个人的视线中传递，一种特有的心灵感应彼此萌发。

她忽然一笑，绽放如桃花。她说，"原来你也在看这水墨风景，早晨凉，窗别大开。"

她的话，虽然不多，但却被眼前的时空拉得很细很长，似乎过了好久，才慢慢地传到了纳兰性德的耳朵里，让纳兰性德心里暖暖的。

纳兰性德也会心地笑了，笑得清亮而淡定。他说，"你起得那么早，小心着凉。"

听了纳兰性德的话，她牵着裙角跑开了。纳兰性德正在纳闷之时，就见房门被推开了，顿时，一股沁人心脾的栀子花香扑面而来，他们紧紧地拥抱在了一起，眸光交汇，心跳融合，谁也不想分开。也许，他们都知道了新婚之夜浪费了许多大好的时光，现在，就应该及时把浪费的时间补回来。新婚夫妻的亲亲热热，让被子上的那对鸳鸯更显得活灵活现。

纳兰性德很快发现，妻子卢氏有着和他相似的个性：温柔、纯真、孩子气。这样相似的个性，也让夫妻两个人更容易沟通，更容易交流，更容易心灵相通。这是卢氏的福气，更是纳兰性德的福气。

有一天，忽降暴雨，雷声隆隆，闪电频频，狂风大作。纳兰明珠府上的一大家人，都聚在厅堂里，品新茶，吃点心，聊一些闲情轶事，以打发雨天无聊的时光。这个时候，却偏偏不见卢氏在。纳兰性德放心不下，就在几间房屋里到处寻找，仍不见卢氏踪影。纳兰性德有些急了，正要遣仆人出去进一步寻找时，他忽然从后院的角落里看见卢氏。只见她一人撑着两把伞，站在那里一动不动。

　　纳兰性德走近一看，妻子用一把伞遮着自己，另一把伞却遮着一缸正在盛开的荷花。由于油纸伞单薄，不敌狂风骤雨，妻子已是满身的雨水。纳兰性德看在眼里，急在心上，马上喊她快进屋子来。可是，纳兰性德喊了好几声，卢氏才依依不舍地离开了那缸荷花，跑回屋子里。

　　果然，卢氏随后就因着凉生病了，而且病得不轻。于是，纳兰性德忍不住地责备她，埋怨她。面对纳兰性德的责怪，卢氏怯生生地解释说：荷花柔柔弱弱的，身子骨哪经得起那天的狂风暴雨啊？若是荷花被雨水打坏了，来年不能开花了，那该多可惜啊？这样，纳兰性德也就不再责怪她。待纳兰性德消气了，卢氏又有些得意地说："你见过暴雨都无法浇灭的蜡烛吗？那天的荷花，就像是燃烧的红焰，而褐色的水缸，就是烛台，虽然是狂风大作，但无法摧毁它们。"听得妻子的话，纳兰性德一下子紧紧地握着她的手。妻子的手热热的，一种奇异的感觉即刻流入了他的心房。

　　陪丈夫读书是卢氏最喜欢做的事情。每一天，她都要提前走进书房，替自己的丈夫收拾好桌子，并摆上丈夫最喜欢的两样瓜果。她说，这样既能让纳兰性德一饱口福，又能用瓜果所特有的清香驱赶掉屋子里的浊气，比使用什么香料都好。纳兰性德看书的时候，卢氏不是跟着丈夫一起看书，就是做一些绣花的活。如果纳兰性德累了，她就一边切开瓜果，一边和自己的丈夫闲聊几句，帮助丈夫缓解疲劳。

　　有一次，卢氏问纳兰性德："你说，你识得的这许多的字里，最悲伤的字是哪一个？"

　　纳兰性德一愣，感觉妻子问的问题很是奇怪，也很有意思。他想了想，用反问式的口气回答道：是"情"字吗？

　　卢氏摇摇头，微微一笑说："这个字，还是你名字中的一个字呢。"

　　纳兰性德仍是不解，愣愣地看着卢氏。

　　卢氏停了好久，才轻声说道：是"若"字。

　　纳兰性德知道自己的字为"容若"，但妻子为什么把这个"若"字称为最悲伤的字呢？纳兰性德实在是不得其解。

　　看着有些惊诧的纳兰性德，卢氏解释道：世人常道，这件事若能这般这般，这次意外若能如何如何，该多好；将来若能怎样怎样，我必将如何如何。凡"若"字出现，皆是因为已对某人某事无能为力。这个字，是失意者的自欺欺人，不是将幸福寄托在老朽腐烂、灰飞烟灭的过去，就是期望于深不可测、形迹可疑的未来。当现实无可挽回，任何行动均属浪费，只能在语言中实现憧憬，但无论你的话在语言逻辑上如何天衣无缝，现实总是用超越逻辑的方式证明给你看它有多残酷。

卢氏觉得，若没有遗憾，一生不必说"若"；而说再多的"若"，却无法不遗憾。在与纳兰性德说这些话时，她怎么也没想到，就在几年之后，纳兰性德却为她说起了"若"字，而且说得无尽无休。

相处的日子久了，感情渐渐地深厚了，纳兰性德就开始把自己所填的词交给卢氏看。这些词作，有些与她有关，有些与她无关。不管有关，还是无关，卢氏都看得很是认真。

有一次，卢氏看得兴起，说自己要将纳兰性德填的词，每一首都用一种颜色来形容。于是，她细细地翻看着纳兰性德的每一首词，并一一地加以评点："暗损韶华，一缕茶烟透碧纱"是淡青色，又苦又香；"桃花羞作无情死，感激东风"是深红色，触目惊心；"絮飞时节青春晚，绿锁长门半夜灯"是翡翠色，如同翡翠凝固了大自然的血液，这字句也保留着时间的泪痕；而"便是有情当落日，只应无伴送斜晖"是月白色，毫不掩饰的悲伤，令人胸口冰凉。

爱情就像盛夏时节的蝉，生命早早就诞生，但却埋在地下，一直不声不响，暗中顽强地生长，没有人察觉。待到某一天破土而出时，随即就声嘶力竭地鸣叫起来，让人惊诧。纳兰性德与卢氏的爱情，就像盛夏时节的蝉。

一天清晨，当纳兰性德醒来的时候，发现卢氏已起床梳妆去了。因天色尚早，纳兰性德便点起灯，挑亮灯芯。这时，纳兰性德发现灯影下横着一支卢氏掉落的玉钗，他捡起玉钗，竟然感觉出一丝丝妻子的温度。这真是一种非常奇妙的感觉。她虽然不是美艳绝伦，也无盖世才华，但是，对于纳兰性德来说，她就是幸福的蝉。

纳兰性德对妻子的感觉，渐渐成就了他平生最为著名的《四时无题诗》（十六首）：

其一
一树红梅傍镜台，含英次第晓风催。
深将锦幄重重护，为怕花残却怕开。

其二

金鸭香轻护绮椽，春衫一色飏蜻蜓。

偶因失睡娇无力，斜倚熏笼看画屏。

其三

手拈红丝凭绣床，曲阑亭午柳花香。

十三时节春偏好，不似而今惹恨长。

其四

青杏园林试越罗，映妆残月晓风和。

春山自爱天然妙，虚费筠奁十斛螺。

其五

绿槐阴转小阑干，八尺龙须玉簟寒。

自把红窗开一扇，放他明月枕边看。

其六

水榭同携唤莫愁，一天凉雨晚来收。

戏将莲菂抛池里，种出花枝是并头。

其七

小睡醒来近夕阳，铅华洗尽淡梳妆。

纱幮此日偏惆怅，翦取巫云做晚凉。

其八

追凉池上晚偏宜，菱角鸡头散绿漪。

偏是玉人怜雪藕，为他心里一丝丝。

其九

却对菱花泪暗流，谁将风月印绸缪。

生来悔识相思字，判与齐纨共早秋。

其十

解尽余酲爇进香，雨声虫语两凄凉。
如何刚报新秋节，便觉清宵分外长。

其十一

璇玑好谱断肠图，却为思君碧作朱。
几夜西风消瘦尽，问侬还似旧时无。

其十二

菊香细细扑重帘，日压雕檐起未忺。
端的为花憔悴损，一枝还向胆瓶添。

其十三

凝阴容易近黄昏，兽锦还余昨夜温。
最是恼人风弄雪，睡醒无事总关门。

其十四

玉指吴盐待剖橙，忽听楼外马蹄声。
问郎今日天寒甚，却是何人抵暮行。

其十五

漫学吹笙苦未调，娇痴且自阅焚椒。
博山香尽残灰冷，零落霜华带月飘。

其十六

谩爇甜香谩煮茶，桃符换却已闻鸦。
宿妆总待侵晨换，留取鬟心柏子花。

　　这十六首诗，纳兰性德描绘了他与卢氏生活美好幸福的状况，也表达了担心这样美好的日子会像花一样凋落的心情。
　　纳兰性德的情感生活里，还有一个常常被人遗忘的插曲。他新婚不多时，纳兰明珠夫妇便为他娶了一个庶妻，并说这是为了更好地传宗接代、光大门楣。

纳兰性德本不想接受庶妻颜氏，但出于尽到长子的义务，还是被迫接受了。

其实，颜氏也是纳兰明珠夫妇千挑万选出来的女子，她美丽、温柔、聪慧、贤淑，是一个出类拔萃的女子。可纳兰性德对她，就是热情不起来。在纳兰性德的眼里，她不是不美，也不是不贤惠，纳兰性德对她，始终是爱护和尊重的态度，完全不像对卢氏那样，有着挚爱深情。

颜氏进门后，卢氏并没有因为纳兰性德的偏爱而变得有恃无恐，她对待长辈，依然是顺从恭谦，同时，她待颜氏始终是温柔亲厚。尤其是对待纳兰性德，更是倾己所有，毫无保留。

卢氏心里很明白，纳兰性德和一般的男人不一样，所以，她格外珍惜自己的丈夫。为纳兰性德，她付出自己的一切都心甘情愿。卢氏觉得，纳兰性德年轻健康，相貌堂堂，出身高贵，文武双全，这些，都是她爱的理由。在他们的二人世界里，如果说卢氏是万古不竭的沧海水，那么，纳兰性德就是温柔缠绵的巫山云。一首《江城子（湿云全压数峰低）》则巧妙地透露了纳兰性德此时的心情：

湿云全压数峰低。影凄迷，望中疑。非雾非烟，神女欲来时。若问生涯原是梦，除梦里，没人知。

纳兰性德的这首词被收录在《通志堂集》之中，有的版本的题是《江城子·咏史》。但细读词作，其词意与咏史并无多大的联系。如果真的把这首词作为咏史之作，其中所咏的只是宋玉梦神女之事。

宋玉是古代非常出名的美男子，楚地人，也是屈原的弟子，他除了有英俊的容貌外，还留下了《高唐赋》和《神女赋》这两篇上乘之作。宋玉梦见神女的传说，就来自于《神女赋》。宋玉梦见的神女，具有倾国之美，世间无二，无可挑剔，上古不曾有，今世未曾见。

这样的神女，深深地烙印在纳兰性德的脑海里，这首《江城子》，似乎就是为神女所作。反复吟诵，难免有一种身临其境之感，好似重圆宋玉之梦。

"除梦里，没人知。"在卢氏身边，纳兰性德到底想表达一种怎样的哀伤，只有他自己知道。

与卢氏在一起的时候，纳兰性德经常与她共享唐代元稹的《杂忆五首》。他对卢氏说："'忆得双文胧月下，小楼前后捉迷藏'，这不也是我们的样子么？'忆得双文独披掩，满头花草倚新帘'，这不正是你那天的样子么？"

心里时常吟诵元稹的诗，纳兰性德写了《诗三首》以示追和：

之一

卸头才罢晚风回，茉莉吹香过曲阶。

忆得水晶帘畔立，泥人花底拾金钗。

之二

春葱背痒不禁爬，十指掺掺剥嫩芽。

忆得染将红爪甲，夜深偷捣凤仙花。

之三

花灯小盏聚流萤，光走琉璃贮不成。

忆得纱帏和影睡，暂回身处妒分明。

纳兰性德与卢氏举案齐眉，夫唱妇随，两个人的生活充满了幸福与快乐。越是这个时候，纳兰性德越加珍惜，他生怕这样的生活会在有一天失去。

06 銮殿高中，出任侍卫

　　错过了康熙十二年（1673 年）的殿试后，由于乡试、会试和殿试都是三年一次，纳兰性德一等就是整整三年。在等待殿试的三年时间里，纳兰性德不管做什么事情，不管经受多大的寂寞，他都会将万千心事和诸多滋味，一起调和在水墨里，然后落于笔端，成就了一首首流芳百世的经典词作。

　　纳兰性德明白，人生一世，如白驹过隙，年华转瞬即逝。一生仿佛就是为了看一轮月亮由月圆到月缺，看一片叶子由抽芽到落地，看一只蝉虫由出生到老去，看一朵昙花由含苞到凋谢。

　　他喜欢苏东坡说的这么一段话："客亦知夫水与月乎？逝者如斯，而未尝往也，盈虚者如彼，而卒莫消长也。盖将自其变者而观之，则天地曾不能以一瞬；自其不变而观之，则物与我皆无尽也，而又何羡乎？且夫天地之间，物各有主，苟非吾之所有，虽一毫而莫取。惟江上之清风与山间之明月尔，得之而为声，目遇之成色，取之不尽，用之不竭，是造物者之无尽藏也，而吾与子之所共适。"

　　这段话的意思是说：你了解那江水和月亮吗？江水总是像这样不断地流去，但始终没有消失。月亮有时圆有时缺，但最终没有消损和增长。原来，如果从那变化的一面去看它，那么天地间的万事万物，连一眨眼的工夫都不曾保持过原状。从那不变的一面看，那么事物和我们都是无穷无尽的，还羡慕什么呢？再说，天地之间，事物都各自有其主宰，如果不是我所有的东西，虽然是一丝一毫，也不能取用。只有江上的清风和山间的明月，耳朵听到它就成为声音，眼睛看到它就成为颜色，取用它们没有人禁止，享用它们不会竭尽。这是大自然的无穷的宝藏，我和您可以共同享用的。

东坡居士的话，总是让纳兰性德豁然开朗。然而，作为一个人来说，纵有高才雅量，也会有不合时宜的悲凉。历史，就像是一位装载了无数记忆的老人，深邃而沉默，见证过无数热血英雄披荆斩棘、策马扬鞭，凭着过人的才智与谋略、锋芒和霸气统一河山；也见证过无数墨客文人十年寒窗、日夜苦读，凭借过人的才华和胸襟、坚定和信念封侯拜相。成者为王，败者为寇，成者在史卷上千古流芳，败者湮没在茫茫风雨里。

纳兰性德虽然刚刚冠礼成人、娶妻纳妾，但他却是一个大彻大悟的人。他的心里，有着同龄人所少有的哲思。他觉得，因为见过百舸千帆竞逐，走过万水千山，才甘愿寄一叶扁舟，独作江边渔父。生命是一个过程，从平淡到复杂，再从繁复到简单，经历过就不遗憾。一个波澜不惊的人，是因为他曾经经历过惊涛骇浪。一个无谓的人，是因为他曾经拥有过。人们所看到的隐者，都是脱下征袍、抛散浮名的人，他们与山水为伴，闲对春花秋月，一壶浊酒度尽余生。

应该说，纳兰性德既是词人，更是铁血男儿。他虽然不贪图功利，不贪图虚名，却有远大抱负。他不甘心做沧海里的一颗沙砾，渺小若微尘，同时，也不奢望在大清的土地上给自己留下一座不朽的丰碑。他只是想在人生的书页上，能够记下真实的一笔，不辜负上苍所赐予他的生命。

纳兰性德虽出身清朝贵族，但长期以来被汉人文化熏染，慢慢接受并且喜爱上汉文化的这种氛围。清朝的统治者也是一样，他们渐渐丢下刀剑，拿起笔墨，逛戏园、玩味古董艺术，再不是从前那些只懂得驰骋疆场的野蛮汉子了。他们将园林建在山水灵逸之地，狭小帐篷换成亭台楼阁，耕种渔猎换成锦衣玉食。过往的游牧生活、林海雪原、大漠风情，被古典庭院、杏花烟雨取代。时间可以改变一切，改变根深蒂固的思想和习惯。一个人，原本是没有故乡的，当他在一个地方居住久了，就会被当地的文化和习俗所感染，而后在那里创造生活、耕耘日子，那里就成了他的故乡。

康熙皇帝提倡以儒家思想为本，试图用儒家思想来感化汉人，消除汉人对满人心理上的隔阂。纳兰性德身上虽然流淌着满人的血，但他骨子深处，却有着许多汉人都不能及的儒雅和情怀。对于康熙十二年未能参加殿试，他一直深感遗憾。

三年时间，春夏秋冬轮番登场；一千多个日夜，日月星辰循环更替。岁月流逝之中，纳兰明珠府发生了许许多多的变化，纳兰性德也经历了许许多多的事情。

这三年间，纳兰性德编纂了《通志堂经解》和《绿水亭杂识》，举行了成人冠礼仪式，先后迎娶卢氏为妻、颜氏为妾，颜氏为他生了长子名叫富格，在西山园林的水院凉亭受到当朝天子召见。

这三年间，纳兰性德的母亲还为他生了一个弟弟，名叫揆叙。揆叙比哥哥纳兰性德小了19岁，仅比纳兰性德的长子富格大一岁，而纳兰性德的三弟揆方，更是比纳兰性德小了24岁之多。在古代，儿子辈比孙子辈小的现象比比皆是，不足为奇，经常是儿媳领着孩子去照料生小孩的婆婆。揆叙长大成人后，初任佐领、侍卫，后来先后任翰林院侍读、侍讲学士擢掌院学士、兼礼部侍郎、迁工部右侍郎、转工部左侍郎、迁都察院左都御史、仍掌翰林院事，撰有《益戒堂集》《鸡肋集》《隙光亭杂织》《后识》等著作。揆叙曾因为立储问题，让康熙震怒，同时，又被上疏以流言盛传遭指责。至雍正朝时，其身后名分又进一步被贬，后至乾隆年间才得以恢复。揆叙的妻子耿氏为耿聚忠之女。耿聚忠是清初"三藩"之一耿精忠的三弟，险些受到长兄的牵连。但耿聚忠不为哥哥所惑，始终忠于清王朝，没有受到"三藩之乱"的影响，被加太子太保衔得善终。因此，耿聚忠才具备了成为纳兰明珠亲家的条件。

这三年间，纳兰性德的父亲纳兰明珠被皇上提升为吏部尚书。吏部尚书掌管全国官吏的任免、考课、升降、调动、封勋等事务，是吏部的最高长官，为中央六部尚书之首，为从一品大臣。吏部尚书相当于现在的中央组织部部长兼人事部部长。由此，纳兰明珠府更加显赫，用威震京城来形容一点都不过分。

三年间所发生的事情，除了纳兰性德身患寒疾外，几乎都是让纳兰明珠府上上下下为之欢呼、为之振奋的事情。

正是应验了"时来运转"这一谶语，康熙十五年（1676年），二十二岁的纳兰性德终于走进了殿试的考场。三年前，殿试的一个考生位置就应该是他的，说不定，有了他的参考，状元也许不会落到好友韩菼的手里。那次殿试，康熙皇帝出的考题，是关于裁撤三藩方面的内容。纳兰明珠就是力主撤藩的当朝大臣，纳兰性德受父亲的影响，对撤藩也持有坚定的支持态度，并形成了自己独到的见解，这都符合康熙皇帝的心意。但，由于错失殿试，纳兰性德没能向康熙皇帝及时展示自己的文采和政治观点。

三年后，机会再次来临之时，纳兰性德开始加紧挑灯夜读。为了博取功名，纳兰性德大量阅读他以前从来不愿阅读的八股文章。

厚积而薄发，三年后首次参加殿试的纳兰性德，不负家人和亲朋好友的众望，高中二甲七名，赐进士出身。也就是说，加上一甲中榜的状元、榜眼和探花，纳兰性德相当于在殿试中考了第十名。他所取得的成绩，对于满族出生的读书人来说，已数佼佼者。纳兰性德面对廷对时，析理之谙熟，几乎在一些朝廷中的宿儒之上。康熙对这位青年才俊极为喜欢。在文武百官的眼里，纳兰性德就是一只展翅翱翔的雄鹰，而朝廷必会有一片广阔的天空任他遨游。

其实，纳兰性德本应该取得比二甲七名更好的名次，甚至可以进入一甲行列，去赢得状元、榜眼和探花。在这次考试中，纳兰性德的发挥相当出色，不但分析议论切中事理、逻辑清晰，而且书法飘逸遒劲，深得康熙皇帝赏识。看到这份考卷，康熙皇帝情不自禁地点头微笑，心里暗暗惊叹：相府公子果然名不虚传！但是，由于康熙皇帝喜欢纳兰性德的才气，那次在西山园林的水院凉亭见面时，就希望他有朝一日能陪伴在自己的身边，方便切磋和交流诗词创作。

可是，纳兰性德如果中了状元，按惯例要授翰林院修撰；而中了榜眼和探花，就要授翰林院编修。一旦出现这样的结果，康熙皇帝不可能去破坏以往的惯例而重新安置纳兰性德。身为皇帝，应该带头遵守规矩才行。于是，康熙皇帝只好在殿试中，有意压低了纳兰性德的试卷分数，控制纳兰性德进入一甲行列。这样，以二甲七名中榜的纳兰性德，才可以顺理成章地到皇上身边当差。

纳兰性德在殿试中二甲七名后，随即就在康熙身边出任御前侍卫一职，专门跟从康熙皇帝，负责侍奉和保卫工作。这是一个苦差事，更是一个肥差事。那时，能在皇帝身边担任侍奉和保卫工作，可以称得上是一件光宗耀祖的事情，前途无可限量。

　　纳兰明珠府里再一次张灯结彩，庆祝少公子纳兰性德殿试高中。近几年来，纳兰明珠府里所有的喜事，都似乎与纳兰性德有关，他因此成了纳兰世家的骄傲。纵然是身为吏部尚书的纳兰明珠，也好像赶不上儿子的荣耀。

　　以后的日子里，纳兰性德慢慢地体悟出了什么叫作"高处不胜寒"。当一个人闷在井里时，难免感叹人生的狭隘，总会有着一身才华无处施展的失落。而脱离井中，却走向了另一个极端。自古以来，多少人在矛盾中挣扎，为求完善，不断地超越自我，可是也有许多人，穷其一生也无法让自己颖悟超脱。

　　纳兰性德独自一人郁郁寡欢的日子越来越多了。每当这个时候，都是卢氏在一旁宽慰他。一盏清茶，一杯淡酒，一曲琴音，卢氏总能恰到好处地消除他心中的郁闷。纳兰性德觉得，人生虽然不能碌碌无为，可是功名对于他来说也只是浮云过眼。这一生，他只想谋一个在翰林院修书的差事，去搜寻古迹，找回一些逝去的文明。他只想和爱妻琴瑟相合，每日闲游山水，执手相看，不离不弃。他只想和文友填词作赋，煮酒闲话，无尽风雅。

　　殿试高中后，纳兰性德没有被安排做翰林院修书，没能与文字真正结缘，而是做了康熙的御前侍卫。康熙皇帝太喜欢他了，将他留在身边随时可以任用。康熙的决定也许只是一时的兴致，但无论是何种原因，他作为当朝的天子，一言九鼎，都无需顾及纳兰性德的想法。

　　按理说，纳兰性德殿试中第，又被当朝天子选定为御前侍卫，他本人应该兴奋激动才是。纳兰性德也是有血有肉之人，也同家人一起，同亲朋好友一起，为自己取得的成就而激动不已。可激动之后，纳兰性德善于将世间的繁华关在门外，还原于自由自在的本真。心事向谁说，唯有用那一首首的真情词作。

《浪淘沙（红影湿幽窗）》

红影湿幽窗，瘦尽春光。雨余花外却斜阳。谁见薄衫低髻子？还惹思量。
莫道不凄凉，早近持觞。暗思何事断人肠。曾是向他春梦里，瞥遇回廊。

　　这首词意思是说，透过小窗望去，雨水打湿了红花，春光将尽。雨停了，却已是夕阳西下。谁看到一个人穿着单薄的衣衫，低垂着头，身影孤独。把酒独酌，无限的凄凉。曾经像做梦一样相遇，怎不让人伤心断肠？纳兰性德是在说与谁听？

《浪淘沙（眉谱待全删）》

眉谱待全删，别画秋山，朝云渐入有无间。莫笑生涯浑是梦，好梦原难。

红咮啄花残，独自凭阑。月斜风起袷衣单。消受春风都一例，若个偏寒？

这首词给人以无限遐想的空间。很明显，纳兰性德在以景喻人。他把女子描眉的形象跃然词中，不但刻画了女子的内心活动，更是表达了女子复杂的心情。她可以不参看任何眉谱，而是独出心裁，画出了与大自然相匹配的眉形。女子将自己的眉毛画得似有若无，淡雅别致。此词，纳兰性德又是为谁而作？

《浪淘沙（紫玉拨寒灰）》

紫玉拨寒灰，心字全非，疏帘犹是隔年垂。半卷夕阳红雨入，燕子来时。

回首碧云西，多少心期，短长亭外短长堤。百尺游丝千里梦，无限凄迷。

这首词，堪称是纳兰性德的代表作之一，似真非真，极富浪漫色彩。全词曲折跌宕，情景交融，凄凉动人，给人以黯然销魂、内心湿润之感。纳兰性德通过少妇在闺中的无聊举动和看室外的景象，表达了一种特有的伤感之情。词为谁写？情为谁伤？知者，唯纳兰性德也！

木兰花

——[清] 王国维

而今才道当时错
心绪凄迷 红泪偷垂
满眼春风百事非

情知此后来无计
强说欢期 一别如新
落尽梨花月又西

菩薩蠻

納蘭容若

窗寒對遍天涯暮　暮天遍對寒窗窈
花落正啼鴉　鴉啼正落花

袖羅垂影瘦　瘦影垂羅袖
風首一絲紅　紅絲一首風

第五章

谁念西风独自凉，

当时只道是寻常

01 莫逆之交，惺惺相惜

康熙十五年（1676年），纳兰性德开始在康熙身边担任三等侍卫。也就是这一年，经国子监祭酒徐元文的推荐，江南名士顾贞观来到了纳兰明珠府中做塾师，专门来教纳兰性德的弟弟纳兰揆叙和纳兰性德的长子纳兰富格。于是，纳兰性德有幸结识了当时大名鼎鼎的顾贞观。

顾贞观，字远平、华峰，号梁汾，江苏无锡人。曾祖顾宪成，是晚明东林学派的领袖；祖父顾与淳，四川夔州知府；父亲顾枢，才高博学，为东林学派另一领袖高攀龙的门生。母亲王夫人也是生长于诗书之家。贞观禀性聪颖，幼习经史，尤喜古诗词。长兄景文、次兄廷文、姊贞立、弟衡之，都具才名。顾贞观与陈维嵩、朱彝尊并称明末清初"词家三绝"，同时又与纳兰性德、曹贞吉共享"京华三绝"之誉。他早年曾任秘书院典籍，康熙六年（1667年）时曾扈驾东巡。但他对功名富贵并不热心，加之清廷中一些官员对他的轻视与排挤，使得他在康熙十一年（1672年）不得不离开朝廷，告归还乡。

顾贞观来到纳兰明珠府中做家庭教师时，已是四十岁的人了，到了人生的不惑之年，而纳兰性德却仅二十二岁。此时，纳兰性德血气方刚，不仅是相府公子，而且刚中进士，并在皇帝身边担任侍卫之职，而顾贞观只不过是一介布衣，是相府的家庭教师。他们之间的家庭出身、社会地位以及年龄都有悬殊的差异。但是，二人却是一见倾心，大有相见恨晚之感，彼此之间很快结为知己。纳兰性德在交友上，都是以才取人，尤其喜欢结交汉人学士，年龄和民族都不是交友的障碍。

与纳兰性德结交，顾贞观在一首词的词注中做了记载："岁丙辰，容若二十有二，乃一见即恨识余之晚，阅数日，填此阕为余题照，极感其意。"顾贞观所说的"此阕"，就是纳兰性德的堪称"友谊之歌"代表作的词《金缕曲·赠梁汾》，纳兰性德也因此一举成名：

德也狂生耳。偶然间、缁尘京国，乌衣门第。有酒惟浇赵州土，谁会成生此意。不信道、遂成知己。青眼高歌俱未老，向尊前，拭尽英雄泪。君不见，月如水。

共君此夜须沉醉。且由他、蛾眉谣诼，古今同忌。身世悠悠何足问，冷笑置之而已。寻思起、从头翻悔。一日心期千劫在，后身缘、恐结他生里。然诺重，君须记。

这首题赠之作，表达了纳兰性德与顾贞观诚挚的友情。

词一开篇，纳兰性德就写道："德也狂生耳。偶然间、淄尘京国，乌衣门第。"意思是说：我天生痴狂，生长在豪门望族之家，又在京城里供职，这一切实属偶然，并非我刻意追求。在友人面前，纳兰性德并没有以贵族公子自居，而是自诩"狂生"来打消友人的顾虑，使其不至于因为身份、地位上的悬殊而不敢接近自己，而且纳兰性德还用"偶然间"三字来表明自己如今所取得的荣华富贵纯属"偶然"，言外之意是希望出身寒门的顾贞观能够理解他，以常人对待他。

接下来纳兰性德用李贺《浩歌》"买丝绣作平原君，有酒惟浇赵州土"中的成句，进一步表明自己仰慕平原君的人品，并有平原君那样礼贤下士、喜好交友的品格，但是纳兰性德感到并没有人能够理解自己的这一片苦心，因此发出"谁会成生此意"的感慨，其中所透露出的孤寂之情，也就不言而喻了。

而后，纳兰性德的笔锋突然一转，"不信道、遂成知己"，正当纳兰性德深感知音难觅时，想不到竟然遇到了顾贞观，"不信"与"竟"的连用，表现出纳兰性德意外得到知己后的狂喜之情。

随后，纳兰性德开始写两人相逢时的情景。"青眼高歌俱未老，向尊前、拭尽英雄泪"，相传阮籍能"青白眼"，碰到他尊敬的人，则两眼正视，露出虹膜，为"青眼"，碰到他厌恶的人，则两眼斜视，露出眼白，为"白眼"，这句中，纳兰性德化用了"青眼"的典故，是说自己与顾贞观彼此青眼相对，互相器重。

上阕尾句以景结尾，那一夜，月色如水，照彻晴空，这不仅象征着两人纯洁的友谊，也营造了一种高洁的氛围。

下阕首句中的"沉醉"，表明纳兰性德要和顾贞观一醉方休，甚至要醉得不省人事。之所以要这样做，一是因为"酒逢知己千杯少"，二是因为"且由他、蛾眉谣诼，古今同忌。"在这里，纳兰性德劝慰顾贞观不要把几年前小人的造谣中伤放在心上，因为这种卑鄙的事自古以来就屡见不鲜，不合理的现实既已无法改变，那为什么不与知己一醉方休，以求解脱？

接下来纳兰性德由好友想到了自己，"身世悠悠何足问，冷笑置之而已"，纳兰性德认为，在这个污浊的社会中，自己的显贵身份完全不值得一提，只需冷笑置之即可，这也就照应了上阕的"偶然间、淄尘京国，乌衣门第"。正是因为对荣华富贵的蔑视和对现实社会的不满，纳兰性德才会产生"寻思起、从头翻悔"的想法。

在激动之余，纳兰性德把笔锋拉回，与友人开始正面订交。"一日心期千劫在，后身缘、恐结他生里"，纳兰性德对顾贞观郑重地承诺：我们一日心期相许，成为知己，即使横遭千劫，情谊也会长存的，但愿来生我们还有交契的因缘。尾句"然诺重，君须记"，紧承前两句之意，纳兰性德表明自己一定会重信守诺，不会忘记今天的誓言。

顾贞观在奉和词《金缕曲·酬容若见赠次原韵》之中，赞扬了纳兰性德的人品和对友谊的珍重，并表述了自己对友情的态度。

且住为佳耳。任相猜、驰笺紫阁，曳裾朱第。不是世人皆欲杀，争显怜才真意。容易得、一人知己。惭愧王孙图报薄，只千金、当洒平生泪。曾不直，一杯水。

歌残击筑心逾醉。忆当年，侯生垂老，始逢无忌。亲在许身犹未得，侠烈今生已已。但结记、来生休悔。俄顷重投胶在漆，似旧曾、相识屠沽里。

名预籍，石函记。

　　词中，顾贞观用漂母给韩信饭吃，救了韩信，韩信后来作了淮阴侯，赠漂母千金以报恩的故事，和纳兰性德的友情来比较，"曾不直，一杯水"。顾贞观又用战国时荆轲与屠狗的高渐离饮于燕市，击筑而歌的故事赞扬纳兰性德珍视友情的品德，又用年逾古稀的侯生与信陵君无忌相逢来喻自己与纳兰性德的结识。他表示愿像聂政以身相许严仲子那样，回报纳兰性德的友谊。虽然行侠仗义的时代已经过去了，但他还是希望来生再在屠沽肆里相遇，再结友谊。

　　纳兰性德与顾贞观在西郊花园中月夜畅谈，并留有《桑榆墅同梁汾夜望》一诗：

朝市竞初日，幽栖闲夕阳。

登楼一纵日，远近青茫茫。

众鸟归已尽，烟中下牛羊。

不知何年寺，钟梵相低昂。

无月见村火，有时闻天香。

一花露中坠，始觉单衣裳。

置酒当前檐，酒若清露凉。

百忧兹暂豁，与子各尽觞。

丝竹在东山，怀哉讵能忘！

　　诗的大意是，纳兰性德与顾贞观一起离开尘市来至乡间，便觉得心胸开朗。在夕阳下登楼眺望，飞鸟归巢，暮霭中牛羊归来，令人心旷神怡。远远传来古寺悠扬的晚钟声。在这样的环境中，知己朋友对饮，什么忧愁也都忘掉了。在友情和自然中陶醉，这种幸福怎么能让人忘怀呢？

　　随着时间的推移，纳兰性德与顾贞观的往来越来越密切，由此，纳兰性德为顾贞观写了许多赠词，《金缕曲·再赠梁汾，用秋水轩旧韵》就是其一：

酒涴青衫卷，尽从前、风流京兆，闲情未遣。江左知名今廿载，枯树泪痕休泫。摇落尽，玉蛾金茧。多少殷勤红叶句，御沟深、不似天河浅。空省识，画图展。

高才自古难通显。枉教他、堵墙落笔，凌云书扁。入洛游梁重到处，骇看村庄吠犬。独憔悴、斯人不免。衮衮门前题凤客，竟居然、润色朝家典。凭触忌，舌难剪。

这首词，纳兰性德写得非常激愤，对现实政治生活中的小人当道、贤人不得仕进的状况进行了深刻揭露。上阕先赞扬顾贞观的才学。说他青衫袖子卷起，青衫上有酒污的痕迹。这正是不拘小节的才子的形象。顾贞观名满京城，至今人们仍津津乐道。顾贞观的词如此之盛，美好如"玉蛾金茧"，却都"摇落尽"，令"枯树""泪痕"。然后，纳兰性德连用两个典故来说明人才难以被皇帝发现。"殷切多少红叶句"，是"红叶题诗"的典故。红叶题诗，一般都写宫怨。"空省识，画图展"两句，用王昭君的典故。传说王昭君选人汉宫，由于不贿赂画工，被画为丑女，不得见元帝。及至汉元帝将她许给匈奴呼韩邪单于时，发现昭君美貌，后悔莫及。纳兰性德词句化用了这两个典故，原意是感叹深宫寂寞，青春虚度，君恩薄如纸的宫怨，又将此两典活用为小人当道，举贤之路被阻。这一点，道出了文人们共同的心声，同时也揭露了封建社会在人才问题上的弊端。

下阕，纳兰性德就此继续表达感慨之情。"高才自古难通显"一句，是说"难通显"不是哪个朝代特有的问题，而是整个封建社会的问题。纳兰性德以杜甫为例，杜甫"斯人"，当然是"高才"。他早期入东都洛阳，游梁园，漫游了半个中国，可谓读万卷书，行万里路。到朝廷也曾大显才学，所谓"集贤学士如堵墙，观我落笔书中堂"，凌云豪气，可想而知。可是"安史之乱"后，杜甫重回旧地，所见到的是"豺狼塞路人断绝，烽火照夜尸纵横"，于是老诗人自不免"平原独憔悴"，"呜咽泪沾巾"了，终于流徙西南，老死岳阳。纳兰性德与"高才"对比，又用《世说新语》中的典故：嵇康与吕安友好，每一相思，千里命驾。某日吕安来访，然康不在家，康弟喜出迎，安不入户，却在门上题一"凤"字，乃讽喜为凡鸟——庸才。后世遂以题凤客指自以为高贵的人。纳兰性德借用此典，讽刺那些自以为高贵的不学无术的庸才们，居然也去编写皇家的典籍。纳兰性德感叹正言直谏之人往往得不到重用，而巧言令色的小人倒靠诬陷正人而高升。

顾贞观年长纳兰性德二十岁，在纳兰性德这样的年纪时，他已经是江南才子了。做得了官的，未必有才；有才的，未必做得了官，顾贞观便是后者。纳兰性德觉得，顾贞观满腹才华抱负，却不圆滑、不谙官场之道，做官日子不长就被排挤，愤愤离职而去。庾信是文坛宗师类的人物，杜甫说他"庾信文章老更成，凌云健笔意纵横"。纳兰性德以庾信比梁汾，可见对其评价之高。

纳兰性德出身于满族贵族的官宦世家，耳濡目染，对官场上的尔虞我诈、互相倾轧早已看得通透。他推心置腹地告诉自己的朋友"衮衮门前题凤客，竟居然、润色朝家典"，你这样有真本事的人，去做官也不会给你施展抱负的机会，不过是让你给朝廷装点门面罢了。词中的"题凤客"指的是嵇康，三国曹魏时的一位著名的风流多才人物。一比顾贞观是庾信，二比顾贞观是嵇康，顾贞观在纳兰性德心中的地位可见一斑。

清朝时统治者对文化抓得很严，读书人随便发牢骚是要掉脑袋的，纳兰性德家门高贵，这样公开写诗宽慰朋友也是冒着风险的，他不是不明白，不过他"凭触忌，舌难剪"。纳兰性德这牢骚，为顾贞观而发，也是为自己而发。当时，"润色朝家典"的"题凤客"何其多，纳兰性德就是其中之一。

纳兰性德知道，一个人，若没有知己，那是一件非常孤独的事情。管仲没有理解他的鲍叔牙，不过是个人们眼中贪小利的小人；俞伯牙没有懂他的钟子期，一曲《高山流水》奏与谁听？恐怕也只能归之于高山流水。纳兰性德有了顾贞观，才觉得人生无憾，一句"知我者，梁汾耳"，就有说不尽的踏实与欣慰。人生得一知己足矣！

有些事情，是只有知己才能懂的。讲给不相干的人听，徒增烦扰。传说一个孔门弟子在扫地，来了一位客人问："一年有几个季节？"这位弟子想，我已经跟随老师学习了这么多年，这么简单的问题还回答不出来？他大声说："四个季节！春、夏、秋、冬。"客人说："明明三个季节，春、夏、秋！"弟子想，这不找事吗？客人也很生气，于是两人一起去找孔子评理。没想到孔子说："一年是三个季节，春、夏、秋。"客人开心地走了，学生蒙了。孔子说："你没看到这个客人一身翠绿？他是蝈蝈变的，春生秋死，没见过冬天。你跟他讲一年有四季，讲得清楚吗？"纳兰性德真的感觉他与顾贞观有着一种特殊的心灵默契。他在《金缕曲·简梁汾，时方为吴汉槎作归计》写道：

洒尽无端泪，莫因他、琼楼寂寞，误来人世。信道痴儿多厚福，谁遣偏生明慧。莫更著、浮名相累。仕宦何妨如断梗，只那将、声影供群吠。天欲问，且休矣。

情深我自拼憔悴。转丁宁、香怜易爇，玉怜轻碎。羡杀软红尘里客，一味醉生梦死。歌与哭、任猜何意。绝塞生还吴季子，算眼前、此外皆闲事。知我者，梁汾耳。

纳兰性德虽为富家子，却多义气，多抱负，内心多烦忧，一般人是理解不了他的。与旁人讲他的烦心事，无异于给"三季人"讲冬天事，说的人烦心，听的人郁闷。还好他有顾贞观，所思所想、所烦所忧都可以说给顾贞观听。这首词就是写给顾贞观，抒发自己的担忧和对现实不满的。

仕宦不利，命多乖舛，未得朝廷重用，错来人世一遭。终于相信了"痴儿多厚福"的说法，可老天为何还要生出那么聪明的人来呢？不要再为世上的浮名所累。仕途为官如同断梗，漂泊无定，本算不得什么，只有那些诬陷和中伤如同群犬吠声，又无法辩诬之事，才是令人悲哀的。还是不要问那么多了！我这里对你深情思念，以致形容憔悴，但也心甘情愿。且听我说，香草易于点燃，美玉易于破碎，忠良之士易受侵害。多么羡慕那些醉生梦死的凡夫俗子，他们哪有那么多的烦恼。眼前最重要的事是吴汉槎、即吴兆骞自边塞宁古塔归来，其他的都是等闲小事，我自倾尽全力！能明白我的人，也只有你顾贞观了。

纳兰性德为人至情至性，对朋友更是肝胆相照，即使是对从来没有见过面的吴兆骞也是全力帮助，不求回报。在吴兆骞回京之后，又感到其久经风霜，担心他衣食有忧，于是在他回京后便聘其为馆师，教授其弟学业。1684年10月，吴兆骞病故，纳兰性德回京后，亲自为他操办丧事，并出资送灵柩回吴江。他对朋友可谓是仁至义尽，有始有终，而"生馆死殡"的侠义行为也被后世传颂为友谊的楷模。

02 携手同心，汇编词作

随着纳兰性德与顾贞观的感情越来越深厚，两个人便携手做了两件震动词坛的大事：一是编辑纳兰性德的词作，题为《侧帽词》，刻版印刷；二是按照一定的标准，筛选当代词坛佳作，汇编成《今初词集》。这两件事，可谓是轰动当时词坛的大事。

《侧帽词》之名，既取"独孤信侧帽"之典，又取纳兰性德以之成名的《侧帽投壶图》题词。纳兰性德的词《金缕曲·赠梁汾》，是为顾贞观的自画像《侧帽投壶图》题写的，并一举成名。

纳兰性德因为感激顾贞观为他编辑词集，特意为顾贞观而赋一首《虞美人（凭君料理花间课）》：

凭君料理花间课，莫负当初我。眼看鸡犬上天梯，黄九自招秦七共泥犁。
瘦狂那似痴肥好，判任痴肥笑。笑他多病与长贫，不及诸公衮衮向风尘。

词的意思是：我仰仗你帮我编定词集，不辜负我当初把你引为知己的情谊。眼看着别人鸡犬升天，你与我却耽于辞章，不求显达。贫寒狷狂之人，自然没有仕途得意者的踌躇满志，听任那些得意的人去笑吧，笑你我长期多病与贫苦，比不上诸位公卿仕途显赫，宦途通达。

纳兰性德所表达的意思，与清初文坛、词坛的风气有关。因受传统观念的影响，清初的词家仍视词为"艳体"，黄庭坚当年受法秀和尚的批评，也成为清代词人的思想障碍，使得清初的词一度向艰深晦涩的儒家之词发展。所以纳兰性德说，眼看鸡犬上天梯。对于那些不屑于他们所填之词的"主流"人士，纳兰性德更是语含讥诮，更加不屑。鸡犬升天，说的是淮南王刘安修道，一人得道，鸡犬升天的典故，带有明显的贬义。他们依性情填词，如果真的会下地狱的话，那么，他是心甘情愿地与顾贞观一起牵手下地狱。

词中，纳兰性德还是狂放地言志。"瘦狂那似痴肥好，判任痴肥笑。"这是反话，更有"道不同，不相为谋"之意。瘦狂与痴肥，是南朝沈昭略的典故。《南史·沈庆之传·附沈昭略》中记载："尝醉，晚日负杖携家宾子弟至娄湖苑，逢王景文子约，张目视之曰：'汝是王约邪？何乃肥而痴？'约曰：'汝沈昭略邪？何乃瘦而狂？'昭略抚掌大笑曰：'瘦已胜肥，狂又胜痴。奈何王约，奈如痴何？'"其中说的是沈昭略为人旷达不羁，好饮酒。有一天，他于酒醺之时遇宋相王景文之子王约，沈昭略睁开醉眼看着王约说："你就是王约吗？怎么又肥又痴？"王约则回击说，"你是沈昭略吗，怎么又瘦又狂？"沈昭略拍手大笑说，"瘦已胜肥，狂又胜痴"。纳兰性德用此典，以瘦狂自喻，以痴肥喻那些"鸡犬上天梯"的人。其中寓意，自是不言而喻。

纳兰性德交友众多，大多是困郁不得志的布衣汉人，顾贞观自是其中之一。纳兰性德可谓是多病之人，而顾贞观是长贫之人。接下来一句，笑他多病与长贫，不及诸公衮衮向风尘，还是反讽。他说，是啊，我与顾贞观一病一贫，自然是比不上你们那些得道升天的诸公啊！风尘，指宦途、官场，出自于晋葛洪的《抱朴子·交际》："驰骋风尘者，不撇建德业，务本求己"。

词作之中，纳兰性德的六句形成三组对比，语气强烈，展现出其"狂生"的一面，是一个响遏行云的高音。这也是纳兰性德的填词宣言。然而，终究是天妒英才，虽然他说"才华尚浅"，却还是"缘何福薄"。纳兰性德这一朵清绝的遗世之花，在本该怒放之时黯然凋零。"凭君料理花间课，莫负当初我"，竟成不祥之语。

这里，纳兰性德以后蜀赵崇祚编的《花间集》比喻自己的词作，指代《侧帽词》。后来词集更名为《饮水词》，"饮水"取自《五灯会元》中道明禅师答卢行者"如鱼饮水，冷暖自知"的语意。这时的纳兰性德已不是"为赋新词强说愁"的纳兰性德了。更名为《饮水词》的时候，卢氏的不幸早亡，官场的无聊生活，纳兰性德不得不谈禅以求解脱了。他再三叮嘱顾贞观在编订词集时，不要辜负自己的素志。然后他又用《神仙传·刘安》的典故来嘲讽小人得志。淮南王刘安在临近仙去之时曾说："余药器置在中庭，鸡犬舐啄之，尽得升天。故鸡鸣天上，犬吠云中也。"后来人们遂以"一人得道，鸡犬升天"来嘲讽小人得意，其亲朋好友都爬上去做官，而好人却只有下地狱。"黄九"是黄庭坚。"秦七"是秦观。二人皆为宋代诗人，苏轼的好友。小人得志，他们只好到泥犁地狱中去了。显然，通过词作可以看出，纳兰性德对才人贤士的不得任用极度不满。

纳兰性德的第一部词集名为《侧帽词》，后于康熙十七年（1678 年），由顾贞观对《侧帽词》进行了适当的增补，并改为《饮水集》，此二本词集均刻印于纳兰性德生前。但是，现在都已见到两本词集的传本，只是根据有些记载，判断《饮水词》的收词不多，仅百余首，由此推断，《侧帽词》所收入的词，也不会太多。再后来，有人将两部词集增遗补缺，共收集了 342 首，编辑一处，名为《纳兰词》。也就是说《饮水词》严格上只能算纳兰词的一部分。传世的《纳兰词》在当时社会上享有盛誉，为文人、学士等高度评价，成为那个时代词坛的杰出代表。

《纳兰词》刻印本出现后，迅速产生了"家家争唱"的轰动效应。当时盛传，"家家争唱饮水词，纳兰心事几人知"。后来，纳兰性德被誉为"满清第一词人"、"第一学人"。他的令词成就斐然，是五代李煜、北宋晏几道以来的一位名词家。郑振铎评价其词作"缠绵清婉，为当代冠"，思想深沉，风格清新，抒情状物不落窠臼、别开生面。顾贞观说："容若词一种凄婉处令人不忍卒读。"王国维论及纳兰性德时说："纳兰容若以自然之眼观物，以自然之舌言情。此初入中原未染汉人风气，故能真切如此。北宋以来，一人而已。"朱祖谋云："八百年来无此作者。"

因为纳兰性德的生活面比较窄的缘故，《饮水词》在内容上也主要是悼亡、恨别、男女情思、与友人赠答酬唱等几个方面，词作基本上不涉及社会政治生活。其悼亡之作主要表达的是追念之情，写得真切感人。纳兰性德还曾出使边陲，亲尝过远离家乡的离情别绪，因此恨别也成为《饮水词》的一个重要内容。《饮水词》中大都是真情之作，纳兰性德本人是主张"诗乃真声，性情之事也"。而他的词作也正是他这种主张的具体实践。《饮水词》在语言特色上追求的是"天然去雕饰"，不过分追求辞藻，主张自由抒写性情，反对雕琢矫饰。纳兰性德反对雕饰，并不是不重视锤炼，而是主张不露斧凿之痕，艺术上锤炼到归于自然的程度。

《侧帽词》刻印完毕后，纳兰性德与顾贞观随即着手汇编《今初词集》。编选词集，往往意味着一个词派的诞生，因为这是审美取向的一种宣言。他们所选录的词作中，包括两个人自己的词作：顾贞观二十四首，纳兰性德十七首；也包括其他人的词作：陈子龙二十九首，龚鼎孳二十七首，朱彝尊二十二首。选择即态度，在其他人的序列里，严格来说，陈子龙要算明朝人才对，所以在纳兰性德和顾贞观的眼里，真正"今初"词家的魁首只有两位，一个是刚刚去世的龚鼎孳，一个就是落拓半生、至今仍然困居幕府的朱彝尊。

《今初词集》的一序一跋都是研究清代文学的必读文字。序是诗人鲁超写的：

《诗》三百篇，音节参差，不名一格，至汉魏诗有定则，而长短句乃专归之乐府，此《花间》《草堂》诸词所托始欤？词与乐府有同其名者，如《长相思》《乌夜啼》是也，有同其名亦同其调者，如《望江南》是也。

溯其权舆，实在唐人近体以前，而后人顾目之为诗余，义何居乎？吾友梁汾常云：诗之体至唐而始备，然不得以五七言律绝为古诗之余也；乐府之变得宋词而始尽，然不得以长短句之小令、中调、长调为古乐府之余也。词且不附庸于乐府，而谓肯寄闰于诗耶？

容若旷世逸才，与梁汾持论极合，采集近时名流篇什，为兰畹金荃树帜，期与诗家坛坫并峙古今。余得受而读之。余惟诗以苏、李为宗，自曹、刘迄鲍、谢，盛极而衰，至隋时风格一变，此有唐之正始所自开也。词以温、韦为则，自欧、秦迄姜、史，亦盛极而衰，至明末才情复畅，此昭代之大雅所由振也。

词在今日，犹诗之自初唐。唐人之诗不让于古，而谓今日之词与诗，必视体制为异同，较时代为优劣耶？兹集俱在，即攀屈宋宜方驾，肯与齐梁作后尘。若猥云缘情绮靡，岂惟不可与言诗，抑亦未可与言词也已。书以质之两君子。

康熙丁巳嘉平月会稽同学弟鲁超拜撰。

这篇序言点明了词集编撰的动机："容若旷世逸才，与梁汾持论极合。"所以两人合力，以自己的眼光采集当代词作，要为词坛的风气树立一面旗帜，为的是使词这一"艳科小道"的地位提升起来，与诗家并峙。

正如顾贞观常说的，词向来被称为诗余，但仔细考察一下就会发现，诗的体裁直到唐代方才完备，但人们并不把五言、七言的律诗和绝句当作古诗之余，乐府的演变到了词就算终结，但也没有人把词当作乐府之余。那么，把词称为诗余又有什么道理呢？所以词就是词，是一种独立的文体，并不是诗的附庸。词，完全可以与诗并驾齐驱。

序中援引杜诗"即攀屈宋宜方驾，肯与齐梁作后尘"，填词也要填出大手笔，要与屈原、宋玉同行，填出自家的独创之风，何必亦步亦趋、甘为人后呢！词在今天，犹如诗在初唐。唐人之诗不让古人，今人之词为何不能独步呢？

推波助澜的是词集的跋文，这是清代"三毛"之一的毛际可撰写的：

少陵云：读书破万卷，下笔如有神。千古奉为诗圣。至于词，非天赋以别才，虽读万卷书，总无当于作者。使少陵为《忆秦娥》《菩萨蛮》诸调，必不能与青莲争胜，则下此可知矣。

近世词学之盛，颉颃古人，然其卑者掇拾《花间》《草堂》数卷之书，便以骚坛自命，每叹江河日下。今梁汾、容若两君权衡是选，主于铲削浮艳，舒写性灵，采四方名作积成卷轴，遂为本朝三十年填词之准的。

丁巳春，梁汾过余浚仪，剪烛深宵，所谈皆不及尘俗事。酒酣，出斯集见示，砒赏累日，漫附数语归之。余赋性椎朴，不能作绮语，于词学有村夫之诮，无足为斯集重。顾平生读书不及少陵之半，而谬托以解嘲，益令有识者揶揄。两君其为余藏拙可也。

遂安毛际可识。

毛际可先引了杜甫的话说："读书破万卷，下笔如有神。"紧接着笔锋一转：但词与诗不同，如果没有天赋别才，就算读了万卷书，也填不好词。如果让杜甫去写《忆秦娥》《菩萨蛮》，必然没法和李白争胜，等而下之的其他作者也就可想而知了。

近世词学大兴，足以颉颃古人，但格调卑下的作者不过掇拾了《花间集》

和《草堂诗余》的调子就自以为水平很高了。如今顾贞观和纳兰性德编选了这部《今初词集》，铲除词坛的陈词滥调、浮华艳语，主张填词要舒写性灵，于是广采佳作，编选成书，成为本朝三十年来填词的标杆。

从这一序一跋，可以看出纳兰性德与顾贞观的野心之大，他们是要以一己之力为天下词坛设定一个标杆，使词的写作不再是所谓的艳科小道，而是将其提升到一个不亚于任何文体的高度。并且发出了自己的呼声：填词需要别才，既不要附庸于诗，也不要逞博炫学，更不要低俗浮华，唯一的追求就是"舒写性灵"，不是为了交际，不是为了游戏，而是为了以真挚的笔写出真挚的心。

两位志同道合的奇男子，以毫无功利的童心合作着他们心目中的伟大事业，全然不管旁人是怎么看的。这实在是很奢侈的镜头，奢侈得令人极度羡慕。

于是，这样两颗超然物外的童心一起协作，要为天下词坛树立起一根很高的标杆，多年不曾坠落。今天我们了解清代文学，无论如何都避不开这部《今初词集》，尤其是鲁超与毛际可的一序一跋，把那两个大孩子的天真面目都写尽了——他们是如何做起这些事情来，投入了多少的热诚、理想和幻想。他们可以这样不管功名利禄，只一味地沉迷在自己的兴趣中了，没日没夜地搭建着自己的空中楼阁。

清代的词坛不大为现代读者所知，这实在有几分委屈。《纳兰词典评》里曾有过一段说明：清词号称中兴，盛况远超两宋，创作理念与艺术手法也较两宋有了长足的发展，只是宋词的马太效应太大，现代人除了专业的研究者之外，便往往只知宋词而不知清词，即便读一些清词，也只知道纳兰性德一人而已，殊不知清词大家各有锋芒、各擅胜场，济济为一大观。

诗词，从唐宋以后，一直是在发展着的。单以用典手法论，唐诗之中，李商隐算是用典的大家，但比之宋词里的辛弃疾，李商隐的诗句基本就算是白话了；辛弃疾是宋词中的用典大家，但比之明代吴伟业的歌行，辛弃疾的词也该算是白话了。个中缘由，除了艺术的自然发展之外，诗词作者从艺术家变成了学者，这也是一个非常主要的原因。大略来说，宋诗之于唐诗，就是学者诗之于诗人诗；清词之于宋词，就是学者词之于文人词。学养被带进了艺境，向下便流于说教，向上便丰富了技法、拓宽了境界。但遗憾的是，这等佳作，因其曲高，便注定和寡，总不如"床前明月光"和"人生若只如初见"这类句子那样易于流传。

　　纳兰性德与顾贞观主张填词要"舒写性灵"，认为词有别才，与之并不矛盾，因为这是针对他们那个时代的读者而言的，而他们的很多"常识"对于我们早已经变成了专业的"学问"。好比纳兰性德词看似明白如话，其实含着大量的用典与化用，涉及大量的经史子集，这在顾贞观、严绳孙、姜宸英、朱彝尊他们看来，一目了然，都是常识，对于现代读者，却需要借助大量的注释才能看懂了。

03 救助之约，一诺千金

纳兰性德不仅博览群书，结交文人贤士，而且是一个侠义豪迈之人。他的侠义豪迈性格，在救助汉族文人吴兆骞这件事上表现得淋漓尽致。可以说，没有顾贞观对纳兰性德的感化，没有纳兰性德在皇帝面前的积极争取，流放宁古塔长达二十余年的汉族文人吴兆骞就不可能重回北京。

吴兆骞，字汉槎，江苏吴江人。明崇祯四年（1631 年），出生于一个世代"门第清华、资产素饶"的地主官僚家庭，曾祖吴承熙赠左军都督府，祖父吴士龙曾任顺宁知府，其父吴晋锡历任长沙、永州推官。他是清初著名的诗人，也是清初乃至整个清代东北边塞诗最杰出、最典型的代表。

吴兆骞自幼便有神童之称，作有《竹赋》《春赋》《胆赋》《京东赋》，其中，九岁时所作的《胆赋》长达五千言。他和陈维崧、彭师度一起，被誉为"江左三凤凰"。顺治十四年（1657 年），他在丁酉科乡试中，一举中得举人，但被认为有舞弊之嫌，成为"科场案"的受害者，从而流放至东北宁古塔。

其实，顺治十四年出现的科场案，是清初的一大疑案。本来，采取科举考试的办法笼络和控制知识分子，是清兵进关之初，朝廷的既定政策。等到天下初定，清廷即开科取士。但当时受反清民族情绪的影响，应试者不是很多。

但随着时间的推移，持观望态度的人渐渐改变了主意，开始报名参加考试。

无疑，采取开科取士的办法，是清朝政府争取笼络汉族知识分子、巩固自己统治的重大决策。但到顺治中期以后，情况却发生了变化。由于朝廷内满族保守势力的迅速增长，清政府把江南一带形成抵抗清朝的力量，归罪于江南文人的不合作。于是，顺治十四年的乡试科场案，就成为清政府打击江南汉族文人的一个有利契机。

封建时代的科举考试，根本谈不上什么公正性。早在唐宋时期，权贵的赏识与推荐，就是文人仕进的决定性条件。而到了明清时期，科场的黑暗更是人尽皆知的事实。顺治十四年丁酉乡试之后，北京顺天闱首先发生"科场案"。考官李振邺、张我朴被告发收受贿赂，让不学无术者中举。接着，山东、山西、河南、江南等地都传出科场受贿丑闻，其中以江南为最盛。

而吴兆骞丁酉乡试中举，是意料之中的事。他并不是靠贿赂舞弊中举的，而是真的才华过人，但是，他仍和其他中举的考生一样，赴京参加复试。太和殿复试的那天，各位举子旁边都由两名戈什哈手执铜棍监押。众举子从没见过这种场面，许多人被吓得胆战心惊，双手颤抖，根本不能写字成篇。吴兆骞因情绪紧张，交白卷了事。于是，吴兆骞被视同作弊者，革去举人，逮至刑部问罪。一个博览群书的举人，本应该好好地以一种平常之心参加太和殿面试，交上一份验证自身实力的答卷，可偏偏禀性难移，交一份白卷了之，受到重罚也是罪有应得。

在丁酉科场案中，北闱两考官李振邺、张我朴被杀，南闱主考官方犹、钱开宗以及同考官叶楚槐等全体考官被杀，举人周霖等十六人被杀，有的甚至株连家人，家产籍没，父母兄弟妻子流放宁古塔。北闱是指北京的顺天乡试，南闱是指南京的应天乡试。当时，吴兆骞虽未查出有作弊之实，但仍以"科场蜚语"的罪名被流放宁古塔，与披甲人为奴。吴兆骞于顺治十六年（1659 年）七月抵达戍所。第二年冬天，他的妻子自愿随夫服罪戍边。设想，如果吴兆骞太和殿面试不交白卷，他也许就不会受到流放宁古塔的处罚。一介书生，太缺乏政治敏锐性。

当顾贞观与纳兰性德结识后，很快将吴兆骞的不幸遭遇告诉了纳兰性德，并恳请纳兰性德援手相救。期间，纳兰性德看到顾贞观写给吴兆骞的两首《金缕曲》，被词中所表达的友谊之情深深地感动了。这两首词，后来收在顾贞观的《弹指词》下卷中，并有题注："寄吴汉槎宁古塔，以词代书，丙辰冬，寓京师千佛寺冰雪中。"

《金缕曲（季子平安否）》：

季子平安否？便归来，平生万事，那堪回首。行路悠悠谁慰藉，母老家贫子幼。记不起、从前杯酒。魑魅搏人应见惯，总输他，覆雨翻云手。冰与雪，周旋久。

泪痕莫滴牛衣透。数天涯，依然骨肉，几家能够？比似红颜多命薄，更不如今还有，只绝塞苦寒难受。廿载包胥承一诺，盼乌头马角终相救。置此札，君怀袖。

《金缕曲（我亦飘零久）》：

我亦飘零久！十年来，深恩负尽，死生师友。宿昔齐名非忝窃，只看杜陵消瘦，曾不减，夜郎僝愁，薄命长辞知己别，问人生到此凄凉否？千万恨，为君剖。

兄生辛未吾丁丑，共些时，冰霜摧折，早衰蒲柳。诗赋从今须少作，留取心魄相守。但愿得、河清人寿！归日急翻行戍稿，把空名料理传身后。言不尽，观顿首。

读了这两首词，纳兰性德惊叹不已。他把顾贞观的这两首词，与李陵别苏武的诗和向秀哀悼嵇康、吕安的赋相提并论，称"河梁生别之诗，山阳死友之情，得此而三"。他深知援救吴兆骞一事的困难和政治上的风险，但他被顾贞观不惜屈膝相求的精神所感动，毫不犹豫对顾贞观说："此事三千六百日中，弟当以身任之，不俟兄再嘱也"，"人寿几何，请以五载为期"。于是，两个人约定，以五年为期，救吴兆骞脱离宁古塔。纳兰性德是个不过问政事的人，为了搭救吴兆骞，他还专门向自己的父亲纳兰明珠求情。后来，纳兰性德在为吴兆骞写的《祭文》中写道："自我昔年，邂逅梁溪。子有死友，非此而谁。金缕一章，声与泣随。我誓返子，实由此词。"

在顾贞观未向纳兰性德发出援救请求之前，吴兆骞的才能曾经得到过康熙皇帝的赏识，康熙皇帝也有意将他从宁古塔召回，但却因为"有尼之者"，结果是"不果召还"。"尼之者"，就是像仲尼一样的人。这个人是谁？连贵为天子的康熙皇帝都不得不罢手，可见其影响力之大。康熙皇帝办不了的事情，却让纳兰性德来办，其中的危险程度与困难程度可想而知。但纳兰性德没有搪塞，也没有知难而退。他在自己的书斋墙壁上，挂着一幅自己书写的"顾梁汾为吴汉槎屈膝处"，以时时提醒自己。

纳兰性德在现实生活中受到了深刻的教育，为什么是人才不得重用，反而要受到谩骂、诋毁？为什么素餐尸位却依然高升，受到人们的羡慕？他认识到社会的不公平，不合理。他为他的朋友们得不到施展才干的机会，得不到公正的待遇而愤怒。但是，他对社会无能为力，只能尽自己的能力给朋友以帮助和慰藉。

后来，终于有了机会。康熙二十年（1681年），康熙皇帝为笼络汉族地主阶级、扩大自己的统治基础、巩固和加强自己的统治地位，下诏"举隐逸，旌节孝，恤孤独，罪非常赦不原者悉赦除之"。这一政策，给吴兆骞的生还提供了有利的契机。

按理说，吴兆骞一案纯属于冤假错案，应该得到彻底的平反。但这一案子是顺治皇帝钦定的，无疑是铁案一桩。虽然顺治皇帝已驾崩多年，但康熙皇帝无论如何也不会替老皇上认错的。纳兰性德与父亲纳兰明珠同时在康熙皇帝面前大力争取，康熙皇帝答应以"纳锾"赎罪的方式放归吴兆骞。于是，纳兰性德与司农徐乾学、司寇徐元文等人联合起来，凑集了足够的资金，立即将吴兆骞赎回。吴兆骞回到京城后，纳兰性德随即请他和他的弟弟吴兆宜做家庭教师，与顾贞观一起，管教自己的弟弟和子女。两年后，吴兆骞在京病故。

对纳兰性德来说，吴兆骞能从塞外生还，是好友顾贞观尽了责任。为此，他写下了《喜吴汉槎归自关外，次座主徐先生韵》这首诗：

才人今喜入榆关，回首秋笳冰雪间。
玄菟漫闻多白雁，黄尘空自老朱颜。
星沉渤海无人见，枫落吴江有梦还。
不信归来真半百，虎头每语泪潺湲。

诗中充满欣喜之情，毫无居功之意。一个出身权贵之家的公子，毫无纨绔习气，追求人性中美好的东西，达到了融合民族、破除满汉之防，不计贵贱之差、贫富之别的赤子之心的境界，当然赢得了人们的尊重和友谊。陆肯堂赞他"有誉皆邀赏，无才不受怜！"梁药亭说他"黄金如土，惟义是赴。见才必怜，见贤必慕。生平至性，固结于君亲，举以待人，无事不真"。他的生死之交顾贞观评论说："总之吾哥胸中，浩浩落落，其以世味也甚淡，直视勋名如糟粕，势利如尘埃。其以道义也甚真，特以风雅为性命，朋友为肺腑。"

顾贞观与纳兰性德结交之后，两人"聚而散，散而复聚，无一日不相忆，无一事不相体，无一念不相注"。汤大奎所著的《炙砚琐谈》中，记载了这样一个故事，说纳兰性德故去之后，顾贞观便南下回乡，不愿再留在京城了。一天夜里，他梦到纳兰性德来访，说"文章知己，念不去怀。泡影石光，愿寻息壤"。就在这一夜，顾贞观的儿媳产下一子，顾贞观急忙去看，见那孩子面目一如纳兰性德，想起方才的梦境，知道这一定就是纳兰性德的后身无疑，不觉窃喜。数月之后，顾贞观又梦到纳兰性德与自己道别，醒来之后急忙询问，才知道自己的孙子刚刚死去了。

纳兰性德与顾贞观以五年之约为期，救出吴兆骞，而最终的结果是，吴兆骞当真回到了京城。君子之约，竟如期实现。

04 结缘道士，心向仙家

康熙十五年（1676年），京城里来了一位神秘的南方道士，据说他的做法颇为灵验，有呼风唤雨、消灾祛病之术。一时间，他的名声在京城之内迅速得以传播，求见者络绎不绝。

施道渊，字亮生，号铁竹道人。人称施大法师或施炼师，苏州横塘人，出身贫寒，十三岁上苏州吴县的穹窿山为道人。他潜心读书，立志干一番事业。当李自成举起大顺帝国的旗帜时，他觉得时机已经成熟，便毅然下山闯荡江湖。他顺利地加入了李自成部，旋为大顺政权枢密院工作。后来，由于李自成部发生内讧，各派势力自相残杀，最终导致起义失败。于是，施道渊深感世态炎凉，看破红尘，又回到穹窿山，深居简出，修道养身。

当时，施道渊所在的穹窿山道观已处于衰败境地。他倾尽全力，筹集善款，大兴土木，修缮穹窿山真观。不久，穹窿山真观规模大盛。顺治皇帝对兴修穹窿山真观一事非常满意，于顺治十五年（1658年），赐额"上真观"，并赐施道渊法名"道渊"，赐法号"养元抱一宣教演化法师"。由此，上真观与施道渊一起名扬天下。

传说，顺治年间，施道渊三度设坛念经做法事，每一次，都有鸾鹤翔空，蔚为壮观。民间，已把施道渊的做法之术传得神乎其神。

康熙十五年（1676 年），施道渊被康熙皇帝召见，专程赶到京城，为大清天下设醮祈雨。当时，京城周边出现了多年少见的干旱，搞得人心惶惶。康熙皇帝召见施道渊来设醮祈雨，主要目的就是稳定人心。他也不知这位施道渊是不是真的有神奇的法力，请他来设醮，也是听天由命。可奇迹偏偏就发生了，施道渊祈雨之后，一场大雨还真的下了。雨一下，满朝的文武以及所有的京城人都惊呆了，都把施道渊当成了心中的神仙。施道渊大显灵异，一时之间成了京城街谈巷议的焦点话题。

施道渊还算是个知趣的人，他做完法事，就打算尽快离开京城，回到江苏吴县穹窿山的上真观。而就在他离京之前向康熙皇帝辞行时，纳兰性德与他认识了。有缘千里来相会，纳兰性德与施道渊的结识，完全是缘分所致。

两个人经过一番长谈之后，纳兰性德知道了许多从未听说过的事情，也接触到了一个以前从未了解的世界。未听说过的事情，就是关于宗教的一些事情；以前从未了解的世界，就是一个宗教的世界。纳兰性德当场向施道渊表示："愿此受丹经，冥心炼金液。"从此，心地善良、朴实厚道的纳兰性德，开始对道教仙家产生了浓厚的兴趣。

纳兰性德专注于道教仙家，并不是为了修仙成道，他只是带着一颗特有的好奇心，去了解那个神奇的、玄妙的道教世界，来满足自己的求知欲望。

三年前，纳兰性德曾在《渌水亭杂识》中记载了这样一段话：

> 史籍极斥五斗米道，而今世真人实其裔孙，以符策治妖有实效，自云其祖道陵与葛玄、许旌阳、萨守坚为上帝四相。其言无稽而符策之效不可没也。故庄子曰：六合之内，圣人论而不议；六合之外，圣人存而不论。

意思是说，史书对五斗米道严加斥责，但是现在的真人却正是当初五斗米道创始人的子孙，用符箓收妖很有功效。真人说自己的祖先与葛玄、许旌阳、萨守坚四个人是上帝的四种相貌，这话有些无稽之谈，但是他符箓有用却是实实在在的。所以庄子曾经说过，六合之内，圣人论而不议；六合之外，圣人存而不论。

从这段记载中可以看出，纳兰性德对于道教，对于所谓的"修仙"，对于那些神奇玄妙的事情，都是抱着一种好奇的心态，不否认，也不承认，只是远远地观看着，感受着其中的有趣之处，然后客观真实地记录下来。

也许，三年前的纳兰性德，还不知道自己会在三年以后，开始对道教产生了浓厚的兴趣，还为自己取了一个"楞伽山人"的号。

二十二岁的纳兰性德与施道渊一番相识后，让他对仙家多了许多好奇、许多向往。在依依道别之时，纳兰性德兴奋地写下了两首颇有太白古风的诗篇。他赠给施道渊的第一首诗《送施尊师归穹窿》如下：

> 突兀穹窿山，丸丸多松柏。
> 造化钟灵秀，真人爱此宅。
> 真人号铁竹，鹤发长生客。
> 天风吹羽纶，长安驻云舄。
> 偶然怀故山，独鹤去无迹。
> 地偏宜古服，世远忘朝夕。
> 空坛松子落，小洞野花积。
> 苍崖采紫芝，丹灶煮白石。
> 檐前一片云，卷舒何自适。
> 他日再相见，我鬓应垂白。
> 愿此受丹经，冥心炼金液。

以上是《通志堂集》所收录的版本，为 22 句 110 字，而《穹窿山志》所收录的版本，却为 36 句 180 字。一些专家和学者认为，《穹窿山志》所收录的版本，应该是纳兰性德的原赠之作，而《通志堂集》所收录的版本，则是后改之作。《穹窿山志》所收录的《送施尊师归穹窿》内容如下：

> 突兀穹窿山，丸丸多松柏。
> 造化钟灵秀，真人爱此宅。
> 真人号铁竹，鹤发长生客。
> 天风吹羽轮，长安驻云舄。
> 化导济群迷，功成真赫奕。
> 人世多升降，南北岂定迹。
> 秋风吹原草，别离增索莫。

从此清净界，永与尘世隔。

地僻宜古服，山深忘朝夕。

空坛松子落，小洞野花积。

云中采紫芝，丹灶煮白石。

阶前有白云，去来何自适。

旷然天地外，本无今与昔。

朝出见白日，暮入见新月。

不知此何时，鸟鸣山逾僻。

怅望武陵原，令人心劳结。

他日再相见，鬓发应垂白，

惟愿乞玄言，早泽我枯骨。

纳兰性德赠给施道渊的第二首诗《再送施尊师归穹窿》如下：

紫府追随结愿深，日归行色乍骎骎。

秋风落叶吹飞舄，夜月横江照鼓琴。

历劫飞沉宁有意，孤云去住亦何心。

贞元朝士谁相待，桃观重来试一寻。

这两首诗，很多人或许都不熟悉，但其中的两句，正是《菜根谭》里"宠辱不惊，闲看庭前花开花落；去留无意，漫随天外云卷云舒。"这副名联的出处：一句是"檐前一片云，卷舒何自适"，另一句是"历劫飞沉宁有意，孤云去住亦何心"。这副名联，表达了人生的一种境界。它源于中国的传统道家思想，为人做事能视宠辱如花开花落般平常，才能不惊；视职位去留如云卷云舒般变幻，才能淡然处之。一副对联，寥寥数语，却深刻道出了人生对事对物、对名对利应有的态度：得之不喜、失之不忧，宠辱不惊、去留无意。这样才可能心境平和、淡泊自然。一个看庭前三字，大有躲进小楼成一统，管他春夏秋冬之意，而望天上三字则又显示了放大眼光，不与他人一般见识的博大情怀；一句云卷云舒更有大丈夫能屈能伸的崇高境界。

从此之后，纳兰性德便开始留意仙家了。"愿此受丹经，冥心炼金液"，这样的话在旁人恐怕只是随口说说，而对纳兰性德而言，说出的话从来都是认真的。

在《渌水亭杂识》这本日记一样的小书里，纳兰性德记载下了这样的一段内容：

> 释典多言六道，唯《楞严》合神仙而言七趣。神仙在天下之人之上，虽是长年实有死时，故又言寿终。仙再活为色阴魔也。道士每言历劫不死，夫众生以四大为身，神仙又以四大之精华为身，故得长年，至劫坏则四大亦坏，身于何有而可言历劫。旅次一食可以疗饥，一宿可以适体，谓之到家可乎。以一药遍治众病之谓道，以众药合治一病之谓医。医术始于轩辕、岐伯，二公皆神仙也，故医术为道之余绪。

这段是说，佛教典籍都说有六道轮回，只有《楞严经》加上神仙一道合为七道。神仙在凡人之上，虽然有长生之术，但毕竟还是要死的。道士常说修炼成功之后就可以历劫不死，但是按佛家的说法，众生的身体都是由"四大"构成的，神仙的身体则是"四大"精华的聚合，所以可以长生，但到劫坏之际"四大"亦坏，所以身体是不可能历劫不死的。以一种药物医治一切病症，这就叫道；以许多药物合起来治疗一种疾病，这就叫医。医术是由轩辕和岐伯发明的，这两位都是神仙，所以说医术是道的余绪。

《渌水亭杂识》中还有一段说：

> 《楞严》所言十种仙，唯坚固变化是西域外道，余九种东土皆有之，而魏张人元，旌阳地元，丘长春天元为最盛。取药于人之精血者为人元，取药于地之金石者为地元，取药于天之日精月华者谓之天元。而餐松食柏如木客毛女辈者名为草仙，非所贵也。地元、人元有治病接命之术，天元无之。明惠安伯张庆臻患瘫疾，伏床七年，涿州冯相国请道师梁西台治之。吸真气二三口，再阅日，庆臻设宴请道师，能自行宾主之礼。京师人所共知者。崂山、青城、太白、武当，诸深山人迹不至之地，有宋元以来不死之人，皮著于骨，见者返走，皆草仙也。既入此途，则与三元永绝。故平叔云：未炼还丹莫入山，山中内外尽非铅也。唯绝于人元而地元、天元则可作。

这段的大意是，根据《楞严经》的记载，仙分十种，其中只有一种是西域外道，另外九种都是中土早已有之的，最盛者就是天、地、人三元。从人的精血里取药的是人元，从大地的金石里取药的是地元，从日精月华里取药的是天元。山林里那些餐松食柏的灵异生物叫作草仙，级别就很低了。地元和人元都有治病和续命之术，天元却没有。明代的惠安伯张庆臻患有瘫疾，卧床七年，涿州冯相国请来一位叫作梁西台的道长来医治他。梁道长只吸了两三口真气，张庆臻在另一日设宴感谢道长，竟然就可以起身行宾主之礼了。这件事在京城里人所共知。崂山、青城、太白、武当，名山之中人迹罕至的地方，住着一些宋元时候的不死之人，皮包骨的模样，这些人都是草仙，既然走上了这条路，就永远不能修炼到三元之境了。三元之中，只有绝于人元，地元和天元才可以炼成。

《渌水亭杂识》中记述：唐人的小说里，常有对剑仙的描写，似乎只是寓言，但世上还真有其人其事。明朝末年，有人来拜访钱谦益，钱见对方身穿青袍，身份不高，便未以上宾相待。几天之后，这个人前去拜访钱的朋友冯班，对他说："古代有高明的剑术，我就是通晓剑术之人，因久仰钱先生之名，特去拜访他，没想到，他也只是一个凡俗之人罢了。"冯班询问剑术的修炼，此人答道："既要服药，也要祭炼，剑术练成之后可以御风而行。"一番交谈之后，冯班将他送至门外，互相作揖道别。冯班一揖方起，却已经看不到这个人了。

纳兰性德所记的这个剑仙故事，原本或许只是一则讽刺。钱谦益喜欢谈兵说剑，纵论时事，为人又好交际，乱世之际，常有"忆昔年桥桥上饮，座中多是豪英"的场面，诗笔也作"埋没英雄芳草地，耗磨岁序夕阳天。洞房清夜秋灯里，共简庄周说剑篇"。但说剑谈兵，终于做了降臣，满人修《明史》，也把他编在《贰臣传》里。剑仙这则轶事，岂不是对他的绝佳讽刺么？

《渌水亭杂识》还记述：谚语虽然说"剑法不传"，但有一位老人说，剑法其实是传下来的，只不过不是人们通常想象的那个样子罢了。高明的剑术是以人的身体作为剑柄的，徽州有猿人，身法轻如猿鸟，这就是自古相传的剑术。仙、剑、药，互相瓜葛。张紫阳的炼丹之法是阴、阳、清、净兼用，如果有所偏废，丹药的效果就不会好。不过，如果只用来治病，具有这样效果的丹药也够用了，起死回生却办不到。涿州冯相国的长子名叫冯源淮，他懂得追取银魂之法，这是天主教传来的法术。教士远行中国，携带大量的银钱会很不方便，所以只摄取银子的"魂魄"带在身上，所以行囊很轻便，这叫"老子藏金法"。

纳兰性德对炼药成仙的事情也作了记载：凡人服用了丹药，要把丹房器皿都丢掉才能成仙，如果不丢掉就只能续命长生而已。人类以外的生物也有服了丹药的，只是有的出去作孽，结果被雷神击死；有的突然发现自己变为人形，很稀奇，也很着迷，总以人的模样去招摇，终于不小心送了性命。这些悲剧，要怪只能怪他们自己，不关丹药的事。《楞严经》说，日月精气流注，一旦附在什么上面就会使它成妖成灵，这正是天元的道理。古人有未经修炼就成仙的，应该就是偶然撞上了这种精气吧。

而若干年后，纳兰性德的好奇心消退了，一切似乎又归于从前。

05 卢氏待产，细心陪伴

康熙十五年（1676 年），除了以二甲七名的优异成绩高中进士之外，还有一件令纳兰性德以及纳兰明珠府都非常高兴的事情，那就是刻印了三年的鸿篇巨著《通志堂经解》终于完工。这部阐释儒家经义的大型丛书一经问世，就引起了京城上上下下的广泛关注。一些经师、通儒都以拥有这一部大型丛书为荣幸，引发了一股史无前例的书籍销售热潮。一时间，洛阳纸贵打进京城。

《通志堂经解》丛书共计 1792 卷，前后整整刊刻了三年。在刊刻的过程中，除了老师、朋友们的鼎力相助外，纳兰性德还得到了妻子卢氏的全力帮助。事实足以证明，卢氏是纳兰性德学术事业上的"贤内助"。

《通志堂经解》丛书的刻印，历时长达三年时间，其中，有两年时间是在纳兰性德婚后完成的。如果没有妻子在背后默默支持与帮助，纳兰性德是很难在这么短时间内完成多达 1792 卷本丛书的刻印工程。丈夫常常一头扎在浩如烟海的典籍里，免不了经常忽略新婚燕尔的妻子。面对忽略与冷落，聪慧温婉的卢氏从来不像一般的妻子那样心生抱怨和满腹牢骚，相反，却总是温柔地陪在丈夫身边，并在丈夫挑灯夜战的时候，能及时送上一杯热茶；在天气转凉时，及时地为丈夫披上一件御寒的外衣。

卢氏不仅用自己的善解人意细心地照料丈夫的饮食起居，还经常帮助丈夫查阅或者誊写一些资料，她甚至还以自己出众的才华和敏锐的视角，来帮助丈夫打开创作的思路，从而推动了丛书编撰工作的顺利进行，直到这项工程圆满地完成。

《通志堂经解》刻印完工后，终于让纳兰性德长出了一口气。他觉得，结束了这项浩大的工程后，就可以好好地陪伴自己的妻子了。可是，细心的纳兰性德发现，妻子最近一段时间经常厌食、乏力，显得无精打采，他急忙找来郎中为妻子诊脉。郎中告诉纳兰性德，卢氏是喜脉，已经一个多月了。得知妻子已经怀孕，纳兰性德乐得合不拢嘴。

纳兰性德知道，卢氏素来喜欢孩子。每次她抱起颜氏的儿子富格时，眼里总是充满欢喜。她亲昵温柔地抚摸着富格，轻柔软语地哄逗着富格，表现得都是那么自然。孩子哭起来的时候，她更是焦急万分，一副非常心疼的样子。富格也似乎特别喜欢卢氏，每次见到她，富格都会不由自主地伸出可爱的小手，要卢氏抱一抱。

可是，卢氏却始终没有自己的孩子。有好几次，纳兰性德都看到妻子一个人躲在闺房里，偷偷地抚着自己平平的小腹黯然神伤，而当看到丈夫进来时，她又转身佯装笑意。有一次，她终于忍不住了，附在丈夫耳边羞答答地说："相公，我日夜都在盼望着生一个跟你一样的孩子，让我看到你小时候是什么样子。"说完，一片红霞霎时飞上了她的脸颊。

纳兰性德微笑着安慰妻子说："急什么，我们还这样年轻，到时候，我们要生很多个孩子，儿子女儿都有，我也好看看你小时候的样子。"说完，纳兰性德的笑变得有些调皮而又诡异，惹得卢氏脸颊更红了，有些羞涩地说道："就你贪！"看到妻子娇羞可爱的样子，纳兰性德忍不住把妻子揽在怀里，两人相视而笑，笑得那么甜蜜，笑得那么幸福。

卢氏怀孕两个月的时候，她的妊娠反应非常严重。不要说进食，就是喝水都会引起剧烈的呕吐。这种状况，让纳兰性德大为担忧。于是，他寻找京城几乎所有的名医，来给妻子诊治。很快，卢氏的妊娠反应得以好转。看到妻子终于能吃下一点东西了，纳兰性德悬着的一颗心才放下来。

快到五个月的时候，卢氏的身体状况已经转入正常，不再有孕吐的现象发生。闲暇时，卢氏开始为未出生的孩子准备小衣服和小鞋子。看着自己亲手缝制的小东西，卢氏总是快乐地想象着孩子穿上时的样子。想着想着，卢氏常常幸福得自己笑出声来。不曾想，她的笑声被丈夫听到了。纳兰性德用折扇轻轻叩着妻子的发髻问道："娘子，笑什么呢？快告诉我，让我也乐一乐。"

卢氏抬起头，皓齿蛾眉尽显无疑。她本来就生得俊俏，现在的脸上又多了一抹幸福的笑意，显得更加光彩照人。她一手抚摸自己已经隆起的小腹，一面浅笑着回答："我在想，这孩子会像谁呢？"

"娘子生得这般妩媚动人，还是像你最好！"纳兰性德轻轻地叩着手中的折扇，毫不犹豫地回答妻子。

卢氏的脸上再次烧起红云，说道："如果是个男孩儿，像我岂不是太女人气了？"

纳兰性德笑着说："怎么会呢？要是个男孩儿，我就教他骑射拳脚、赋诗填词；要是个女孩儿，你来教她琴棋书画、礼仪女红，如何？"

卢氏把脸深深地埋进了纳兰性德的胸膛，轻声说道："你想得倒是好，要是那样，我倒是希望一样一个，免得偏心。"

纳兰性德大笑起来，他双手捧起卢氏娇羞的脸颊，凑到她耳边说："还说我贪，你更贪！"笑声之中，纳兰性德再一次把卢氏紧紧地抱在怀里。

很快，纳兰性德就迎来了自己二十二岁的生日。生日这一天，他为自己写了一首祝寿词，并且把这首词送给了他的好朋友。在这首《瑞鹤仙·丙辰生日自寿》中，纳兰性德以自嘲的口吻，来描绘自己过二十二岁生日的心情：

马齿加长矣。枉碌碌乾坤，问汝何事。浮名总如水。拼尊前杯酒，一生长醉。残阳影里，问归鸿、归来也未。且随缘、去住无心，冷眼华亭鹤唳。

无寐。宿醒犹在，小玉来言，日高花睡。明月阑杆，曾说与、应须记。是蛾眉便自、供人嫉妒，风雨飘残花蕊。叹光阴、老我无能，长歌而已。

"马齿加长矣"，这是纳兰性德借助的一个常识：辨别马的年龄，主要看马的牙齿长短及磨损情况，牙齿长了就说明年龄增长了。纳兰性德借助这个常识用以感叹光阴流逝得太快，年龄一年年在增加，可是自己却还是碌碌无为，一事无成啊！

高中进士又能怎么样呢？"浮名总如水"。深受儒家思想教育的纳兰性德，一直笃信"君用而行之"：自己的才华要靠君王的信任和重用才能得到真正的施展。而君王的沉默，让纳兰性德感到深深的失落。所以，他常常会借酒浇愁，慨叹光阴易逝，抱负不得施展。

这首词里包含了两个典故：一个是"华亭鹤唳"，一个是"蛾眉供人嫉妒"。"华亭鹤唳"的故事出自《世说新语》，华亭即为今天的上海松江。故事是这样的：西晋时期，陆机文采出众，为一代名士，他做官之前，曾经跟弟弟游过华亭。后来，他被成都王司马颖赏识重用，讨伐长沙王司马乂时，任用陆机为主帅，统领兵士二十余万，陆机请辞，成都王司马颖不允，部将们见这位主帅书生气十足，都不服调配，再加上陆机没有作战经验，结果损兵折将，大败而归。有人乘机诬陷陆机与长沙王有私，成都王于是派人抓捕陆机。陆机闻讯，苦笑着脱去战袍，叹道："欲闻华亭鹤唳，可复得夫？"于是从容地接受了极刑。

"蛾眉"的典故出自屈原，蛾眉本是指女性的妆容。屈原因为遭小人猜忌排挤，他满怀悲愤地把自己比作遭人妒忌的美女："众女嫉余之蛾眉兮，瑶诼谓余以善淫。"那些女人自己道德败坏，反而嫉妒我的美貌，七嘴八舌地放出谣言，说我是个淫荡的人，其实只有我才是真正品行高洁的人啊！

屈原所说的嫉妒别人美貌的女性，其实是指嫉妒别人才华，背后谗言陷害别人的奸臣。"蛾眉"也由指代女人的美貌变成了形容才德兼备的贤臣。

这两个典故都是指遭人妒忌陷害的悲剧性故事。

纳兰性德一向心高气傲，本来就迟到了三年的进士功名，早已经让他迫不及待了，现在终于如愿以偿了。他自认为在殿试上发挥出色、无可挑剔，可到翰林院深造的愿望却没有实现，偏偏被当朝天子安排做他身边的侍卫。他不喜欢在皇帝身边跑来跑去的，认为这是浪费时间，浪费青春。他喜欢在一个清静的环境里读书求学，著书立卷。一想到侍卫这个职位，纳兰性德的心里就有些郁闷。

但是，纳兰性德一看到怀孕的妻子，幸福的感觉也就冲淡了心中的失落与惆怅。他轻轻地抚摸着妻子高高隆起的腹部，看着妻子洋溢着幸福的面容，样子变得越发娇羞可人，就心生灵感，用自己的丹青妙笔为妻子写了一首《浣溪沙（旋拂轻容写洛神）》：

旋拂轻容写洛神，须知浅笑是深颦。十分天与可怜春。
掩抑薄寒施软障，抱持纤影藉芳茵。未能无意下香尘。

"旋拂轻容写洛神，须知浅笑是深颦"。纳兰性德随意拂拭着绢纸，为这位洛神般的美女画像。"旋拂"为随意拂拭之意，"轻容"为薄纱名，一种无花纹的薄纱。"须知浅笑是深颦"一句，是说连她不开心生气皱眉的样子都让人感觉是浅浅一笑，真是深颦浅笑总相宜，惹人怜爱。"深颦"含愁皱眉之意。"十分天与可怜春"真是上天将你生得如此可爱、让你一笑如春温啊。"天与可怜春"是天生丽质的意思。

"掩抑薄寒施软障，抱持纤影藉芳茵"因怕她不胜薄寒，于是将以布幔来为她挡住寒意。又将她纤美的身影置放在精美褥垫上。"掩抑"为遮挡之意。"软障"为布幔、画障。"未能无意下香尘。"指正因为画家这样的怜爱与呵护，使画中的美女不能无动于衷。于是她如同仙女一样来到了向往的人间。

纳兰性德的这首《浣溪沙》，是纳兰词里罕见的一抹亮色。在纳兰性德的眼里，面前的妻子简直就是曹子健笔下的洛水女神，美到了极致。

此时此刻的纳兰性德，一面尽心尽力照顾待产的妻子，一面期待着孩子的降生，眼里心里全是幸福，平日的那抹忧郁，早已不知不觉地被盈盈笑意取代了。

06 痛失爱妻，伤彻心扉

对于家大业大的纳兰明珠府来说，卢氏怀有身孕，无疑是一件令人高兴的事情。虽然纳兰性德的庶妻颜氏为他生了一个长子，名叫富格，但卢氏毕竟是纳兰性德明媒正娶的第一夫人，又出身于大户人家，它能生个一男半女的，意义非同一般。转眼之间，时间就来到了康熙十六年（1677 年）的春天，这一年，纳兰性德已经二十三岁了。虽然他已经做了父亲，但是，和卢氏一起体验迎接新生命的到来还是头一次。

卢氏怀孕以来，平时总带一些忧郁气质的纳兰性德，已开始把难得的笑意挂在脸上。他每天都不停地忙这忙那，细心地照料着妻子的饮食起居。他原本不是一个善于操持家务的人，但是现在他打心眼里喜欢做。有时候，他累得满头大汗，亲手为妻子煲一锅热汤。他觉得，这样的劳动，是他享受幸福的一种形式。

到了傍晚，纳兰性德会扔下手中的书籍，陪着妻子在花园里散步。他一边走，一边给妻子讲述在书籍中看到的各种有趣的典故，一个接着一个，总也讲不完，妻子总会被他逗得忍不住笑起来。到了晚上，他会像一个孩子一样伏在妻子隆起的肚子上，像模像样地跟未出世的孩子说着悄悄话，陪妻子一起享受胎动的每一个幸福瞬间。

有时，美好的时光就像璀璨的烟火，稍纵即逝，让人有些猝不及防。纳兰性德怎么也不会想到，就在他与卢氏享受着孕期幸福的时候，命运的恶魔却向他张开了血盆大口。

妻子即将临盆之时，纳兰性德激动万分，他打发家丁请来京城内非常有名气的接生婆，纳兰明珠府上下笼罩在一片喜庆又紧张的气氛中。纳兰性德听着妻子一声高过一声的呻吟惨叫，心早已揪成一团，急得在门外不停地徘徊，甚至几次要破门而入，都被卢氏的小丫鬟给拦住了，丫鬟对他说："公子，万万不可以进来啊，见血光不吉利啊！"纳兰性德只好无奈地在门外继续徘徊，继续难熬地等待着。

时间仿佛凝滞了一般，纳兰性德的耳朵里，充满了妻子呻吟惨叫的声音。不知道过了多久，一声响亮的啼哭响彻整个纳兰明珠府。不多久，奶娘笑吟吟地抱着孩子从屋里走出来，对纳兰性德说："恭喜公子，是个大胖小子。"

还来不及看一眼儿子，纳兰性德就急忙闯进屋里，扑到妻子床前。妻子面色苍白如纸，被汗水打湿的头发贴在额头，疲倦衰弱得已经无力睁开眼睛。纳兰性德握着卢氏的手，一句话也说不出来。

几天过去了，妻子身体依然虚弱，纳兰性德心急如焚，赶忙派出家人，四处求医问药。但是，无论怎么努力，卢氏的身体状况仍然毫无起色。看着病床上虚弱得连说话的力气都没有的妻子，他竟然第一次感到作为丈夫的无能为力，一首《唐多令（金液镇心惊）》在纳兰性德的百般绝望中落笔而成：

金液镇心惊，烟丝似不胜。沁鲛绡、湘竹无声。不为香桃怜瘦骨，怕容易，减红情。

将息报飞琼，蛮笺署小名。鉴凄凉、片月三星。待寄芙蓉心上露，且道是，解朝酲。

"金液"，是道家炼制的"仙药"，这里指为卢氏熬制的汤药。"烟丝"就是柳树的枝条，此处是形容病中的妻子，身体已经虚弱得像柳丝那样弱不禁风。"鲛绡"，相传是鲛人所织的绢，代指手帕。"湘竹"，本是指斑竹，传说是湘妃的泪水浸染而成，这里代指泪水。

尽管身体已经无比虚弱，但卢氏还是不想让丈夫太过担心，她只是背着丈夫偷偷地伤心垂泪，无声的泪水浸透了她的手帕，细心的纳兰性德怎会察觉不到卢氏的忧虑呢？他又怎么可能不担心、不伤心呢？

"香桃"指仙境中的桃树。语出李商隐《海上谣》，比喻女子坚贞的风骨。"红情"，则是指像鲜花一般娇艳的红颜。此时此刻的纳兰性德，看着原本娇艳丰润的妻子，渐渐变得苍白消瘦，心里真如刀割一般难受！

绝望之中，纳兰性德甚至想到了求助于神仙。"将息报飞琼，蛮笺署小名。"他将妻子的小名写在信笺上，希望能够把他殷切盼望妻子病愈的心情，传递给神话传说中的神仙许飞琼，请她指引一条道路，让妻子能够继续留在自己身边。

纳兰性德多么希望神仙能可怜可怜他此刻的焦虑和凄凉啊，若是真有所谓的"还魂丹"，让奄奄一息的妻子康复起来该多好啊！他多希望，妻子只是像往常一样和他一起对酒赋诗，然后不知不觉喝醉，只是宿醉未醒啊！

"待寄芙蓉心上露，且道是，解朝醒。""朝醒"，即是宿醉的意思。纳兰性德不想惊动昏睡的妻子，只是像往常一样，给她准备了一杯芙蓉花露，等她醒过来好让她喝下去，醒醒酒。

他多么希望，眼前的一切都不是真的，都是和往常一样啊！

可是，这一次，无论他怎么努力，再也唤不醒昏睡的妻子了，她已经永远地"醉"过去了。据说，卢氏是因为得了一种怪异的产后风而英年早逝的。

纳兰性德永远忘不了，这一天是康熙十六年（1677年）的五月三十日。

真是造化弄人。三年前，上天给了纳兰性德一个最完美的妻子，一段人人艳羡的幸福婚姻，而在三年后，上天又无情地把这一切全部收回了，让他从幸福的巅峰一下子坠落到绝望的谷底。

卢氏的病逝给纳兰性德带来的是摧肝裂胆的痛楚。回想以往种种，而今丽影双双变作形单影只，目睹相知相爱的人生命骤然消逝，满怀愁苦无以自遣，便发之于《青衫湿遍·悼亡》一首词中：

青衫湿遍，凭伊慰我，忍便相忘。半月前头扶病，剪刀声，犹在银釭。忆生来，小胆怯空房。到而今、独伴梨花影，冷冥冥、尽意凄凉。愿指魂兮识路，教寻梦也回廊。

咫尺玉钩斜路，一般消受，蔓草残阳。判把长眠滴醒，和清泪、搅入椒浆。怕幽泉、还为我神伤。道书生、薄命宜将息，再休耽，怨粉愁香。料得重圆密誓，难禁寸裂柔肠。

纳兰性德的这首词，是他所有悼亡词中的第一首。他由眼前情景遥想昔日往事，两相对比，悲从中来。这首词的上阕，开篇便言及妻子，"凭伊慰我，忍便相忘"，凭你对我的一片真情和安慰，我又怎能忍心把你忘记呢？亡妻形象跃然纸上，如在目前。这样就为后文强烈的悼念之情的抒发做好了铺垫。

接着，纳兰性德从妻子的形象之后慢慢走出，如此安排，与其说是匠心独具，不如说是相思之情的自然宣泄了。"半月前头扶病，剪刀声，犹在银釭。"半月前，妻子带病灯下穿针引线，余声犹在，那么熟悉，而今，却阴阳两隔，空留我一人在独自怀想。

"忆生来，小胆怯空房。到而今、独伴梨花影，冷冥冥、尽意凄凉。"回忆起你从前生性胆小，连一个人在房间都害怕，如今你却在那冰冷幽暗的灵柩里，独自伴着梨花影，受尽凄凉。后面又说，我真愿意为你的魂魄指路，让你在我的梦里与我在回廊相聚。

对纳兰性德而言，卢氏不单是妻子，更是知情解意的伴侣。在他看来，半月时间，情感上，妻子似乎从未曾离开，如此凄凉之景说与的人，自然只有妻子。但寻之不见，于是便有了后来的幻境与痴语："愿指魂分识路，教寻梦也回廊。"他以强烈的感情，借助相思梦打通了尘世和幽冥之境，希望在魂梦中找到往日和妻子相聚的点点滴滴，于是，纳兰性德寻梦回廊处。

回廊，是在中国古典诗文中常常出现的语汇。苏轼在《佛日山荣长老方丈五绝》中写道："日射回廊午枕明，水沉销尽碧烟横。""回廊"在这里显然只是日光萦回中建筑的一角而已。明朝思想家王阳明的《姑苏吴氏海天楼次邝尹韵》中，有"青山暗逐回廊转，碧海真成捷径通"的诗句，此处的"回廊"已经有了一定的象征意义。南唐宰相冯延巳的《菩萨蛮》中，有"回廊远砌生秋草，梦魂千里青门道"的诗句，此处明显已将现实的回廊和梦魂联系起来了。

纳兰性德在这里写给亡妻的"回廊"，定然也有着自己的故事和缠绵之情，有和妻子相关的故事和影子。纳兰性德深爱自己的妻子，两人情志笃厚，三年美满短暂的夫妻生活，却成为其悲情抒发的源泉。如今想起妻子，追着梦境也要将那美情、苦情说与回廊处的爱妻。纵然爱妻不在，"回廊"处也藏有他们的感情，说与爱妻不得，诗人便说与"回廊"。

词的下阕中，纳兰性德将满腹深情交给目前之景。"咫尺玉钩斜路，一般消受，蔓草残阳。"两心相依却阴阳相隔，可以说是近在咫尺却远在天边。蔓草荒芜，残阳如血，他们同样消受着这凄情冷景。将心比心，作者想象中，他的亡妻现在的心情，也是与他一样吧，同等凄凉悲痛，忍受着相思的煎熬。"判把长眠滴醒，和清泪、搅入椒浆。"纳兰性德对妻子已逝的事实难以接受，把满腔的悲痛，寄托于梦幻之中，意思是说，如果可以拿我为你留下的清泪，和着祭祀的酒浆，把长眠的你滴醒过来，我愿意放弃一切。

笔锋一转，又站在妻子的立场，替"我"考虑。"怕幽泉、还为我神伤。"想必此刻她长眠地府，恐怕还在为我纳兰性德伤神吧。妻子伤的是什么呢？"道书生、薄命宜将息，再休耽、怨粉愁香。"你是个书生，命比纸薄，应该好好地保重，别再耽于儿女情长，别再为我这个"怨粉愁香"而误了自己。纳兰性德是了解妻子的，在他心里，妻子永远是那么温柔体贴，善解人意，然而越是如此，越让人悲伤。越想到亡妻对自己的好，就越能显示出纳兰性德对亡妻的思念和爱之深刻，也就更体现出他此时心情的沉痛。"薄命"这词，也在纳兰性德的词里多次出现，作为对自己命运的概括。

"料得重圆密誓，难禁寸裂柔肠。"这里，又回到了现实之中。还记得往昔的你侬我侬，还记得曾经的海誓山盟，如今纳兰性德与妻子却再也不能团圆。"重圆密誓"只不过是纳兰性德一厢情愿的幻想，是一种不可能实现的现实，此时此刻，怎能不叫人悲痛难禁、柔肠寸断？以如此沉重的词句结尾，整篇的悲痛情绪，顷刻间爆发出来。一字一句，都渗透着纳兰性德的凄楚，敲击着读者的心灵。

这首词，句句都渗透了纳兰性德对亡妻刻骨铭心的思念。也看出了纳兰性德那凄楚的心境。纳兰性德用"青衫"、"银釭"、"梨花影"、"回廊"、"玉钩斜路"、"蔓草残阳"、"清泪"、"椒浆"这些凄淡悲凉的语汇，勾勒出一幅完整的艺术画面，其中的哀伤与悲凉，让人荡气回肠，

自此，纳兰性德把对妻子所有的怀念与往事的回忆，都融入自己的词作，一首《山花子（林下荒苔道韫家）》也是哀情深深：

林下荒苔道韫家，生怜玉骨委尘沙。愁向风前无处说，数归鸦。

半世浮萍随逝水，一宵冷雨葬名花。魂是柳绵吹欲碎，绕天涯。

"林下荒苔道韫家"一句中的"林下"一词，包含了一个典故：东晋女诗人谢道韫生活的时代，名门闺秀辈出。当时还有一位名媛顾夫人，是张氏家族的女儿，也是以气质高雅著称。谢道韫有个弟弟叫谢遏，特别佩服自己的姐姐；而顾夫人有个哥哥叫张玄，也特别推崇自己的妹妹。谢遏和张玄每次见面都要争论同一个话题：谢遏的姐姐和张玄的妹妹谁更出色。当时有个尼姑，跟这两个女子都打过交道，他们就去请这个尼姑做评判。这个尼姑非常聪明，双方都不想得罪，于是她想了想说："王夫人神情散朗，故有林下风气；顾夫人清心玉映，自是闺房之秀。"这个王夫人即是谢道韫，因她嫁给了王羲之的次子王凝之，故而被称为"王夫人"。"林下风气"是说具有竹林七贤那样的风采。从此，谢道韫就有了"林下风气"的美誉。

这里表面上是写谢道韫，实际上纳兰性德是借此来描绘像谢道韫一样具有林下风致的亡妻卢氏。"生怜玉骨委尘沙"，作者是在哀叹自己冰肌玉骨的妻子，即将委身于冰冷的黄沙下面。本来伤心落寞的愁绪，在乌鸦的叫声里更觉无限凄凉。

"半世浮萍随逝水，一宵冷雨葬名花。"这是被多人熟知的名句。据说《红楼梦》里面的"黛玉葬花"就是从这里演变过来的。这两句词意境清冷，读来让人倍感心碎。半生的命运，就如随水飘零的浮萍一样，无情的冷雨，一夜之间就把名花都摧残了，那一缕芳魂是否化为柳絮，终日在天涯飘荡。

临江仙

寒柳

飞絮飞花何处是

层冰积雪摧残

疏疏一树五更寒

爱他明月好

憔悴也相关

最是繁丝摇落后

转教人忆春山

湔裙梦断续应难

西风多少恨

吹不散眉弯

［清］纳兰性德

浣溪沙

残雪凝辉冷画屏

落梅横笛已三更

更无人处月胧明

我是人间惆怅客

知君何事泪纵横

断肠声里忆平生

第六章

历劫飞沉宁有意，
孤云去住亦何心

01 悼念亡妻，追忆往昔

卢氏的不幸离世，仿佛把纳兰性德的魂魄全部给抽走了。对府里所有的事情，他几乎都是不闻不问，把自己关在书房里，闭门不出，不允许任何一个人来打扰他。他把所有的哀伤和悲痛，都融入了对往事的回忆之中。他觉得，只有在回忆之中，才能回到妻子温暖的怀抱，远离现实世界的冰冷。

在这期间，他写下了大量的悼亡词，其中，一首《浣溪沙（谁念西风独自凉）》凝结着无尽的悲凉：

谁念西风独自凉，萧萧黄叶闭疏窗。沉思往事立残阳。

被酒莫惊春睡重，赌书消得泼茶香。当时只道是寻常。

这首词，一开篇，纳兰性德就营造了浓郁的悲伤气氛："谁念西风独自凉，萧萧黄叶闭疏窗。沉思往事立残阳。"这几句，明显是描写纳兰性德当时所处的环境和心情。他独自伫立在萧瑟的西风中，天气寒凉，落叶萧萧。门窗虽然紧闭，但仍感觉到秋天的萧瑟寒冷，那是因为，他面对的是如血的残阳，在回首往事之中，他已经站了很久很久了。

他记得：在一个春天的晚上，他和妻子吟诗唱和，并以酒助兴，尽享把酒言欢之快。可卢氏酒量小，哪里是丈夫的对手呢？他们谈古论今，夫唱妇随，不知不觉喝到了微醺的境界。早上起来，纳兰性德看到妻子因头一天晚上喝多了酒，陷入一场宿醉，到现在还昏昏沉沉的没有醒来，体贴的纳兰性德不忍心惊动妻子，就干脆让她好好睡个懒觉。这就是"被酒莫惊春睡重"的温馨和幸福。

有时候，他们也会效仿李清照和赵明诚两夫妇，一边喝茶一边做"赌书"的游戏，两个人往往乐得前仰后合，茶水四溅。这样的生活场景，对于当时的纳兰性德和卢氏来说，再平常不过了。而如今，那些温暖而快乐的场景，永远地离去了，再也不会出现了，那个曾经无比温馨的房间，也变得和秋天一样清冷。回不去了，再也回不去了。想到这些，纳兰性德禁不住泪流满面。

一天晚上，在临睡之前，纳兰性德随手翻开了一本以前常看的书，又看到了妻子卢氏熟悉的笔迹。这让他想起了他们新婚不久后的一天，妻子正坐在书桌前发呆，手里还握着一支笔，好像在写什么却又迟迟没有落笔。她神情专注，连丈夫进来都没有注意到。纳兰性德突然童心大发，蹑手蹑脚地走过去，绕到妻子身后，想看看妻子到底在写什么。卢氏没有想到丈夫会突然进来，吓了一跳，手忙脚乱地想要藏起桌子上正摊开着的书笺。纳兰性德哪里会饶过她，嘻嘻哈哈笑着抢过妻子手里的书笺，展开一看，原来妻子写的是"鸳鸯小字"。

在中国人的传统里，"鸳鸯"就是爱情的象征，妻子的"鸳鸯小字"，就是写给他的情话。虽然这些话是断断续续写的，还没有写完，但是妻子对自己浓浓的爱意和款款深情，已经表露无遗了。而卢氏看到自己的"秘密"被丈夫拆穿，顿时羞得脸颊绯红。

想起这些往事，纳兰性德感慨万千，提起笔又写了一首《临江仙（点滴芭蕉心欲碎）》：

点滴芭蕉心欲碎，声声催忆当初。欲眠还展旧时书。鸳鸯小字，犹记手生疏。

倦眼乍低缃帙乱，重看一半模糊。幽窗冷雨一灯孤。料应情尽，还道有情无？

想起爱妻生前的点点滴滴，纳兰性德不禁心潮翻滚，思绪万千。

那种生离死别的痛楚，驱动着昏灯下纷乱的心绪，纳兰性德将无法言喻的缕缕孤寒，撒在了灵魂的一角。昔时美好的一切，仅归于梦的境界，而那洇满血泪的相思，最终成为冥冥之中的情缘。

漫漫长夜，篝纹灯影里，纳兰性德独守着冰冷如铁的四壁，菱花铜镜里，无论如何也望不到爱妻梨花带雨的模样。凝眸处，仿佛仅有几只早雁初莺依旧翩飞于那被泪雨淋湿的半笺残词上。

一首《青衫湿·悼亡》同样抒发了对亡妻的怀念之情：

近来无限伤心事，谁与话长更。从教吩咐，绿窗红泪，早雁初莺。

当时领略，而今断送，总负多情。忽疑君到，漆灯风飐，痴数春星。

这首词的意思是：近来我有很多的心事，你不在了，我要向谁诉说？一切都听凭安排，绿窗之下的离别之泪，春天里的莺歌燕语，这一切都曾经领略过，如今却一去不返，空负这一片痴情。恍惚之间仿佛感受到你来到我的身边，在风中的烛光下默默地数着春夜里的繁星。

"近来无限伤心事"，纳兰性德的一开篇便写出了自己内心的伤感，最近的无数伤心事，都只得埋藏在自己心里，因为无处可以诉说，你早已离去，我的知己只有你一人，你走了，我的心里话还能对谁说呢？

卢氏不但是纳兰性德的妻子，更是纳兰性德的红颜知己，纳兰性德为卢氏所题写的悼亡词数不胜数，每一首，他都能够写出情词中的哀婉，他是真的无法割舍对卢氏的一片情深。不像封建社会里的其他男性，纳兰性德对女性的爱是发自肺腑的，他一旦爱上一个女子，那便是一生一世的。

自然，卢氏是幸运的，她能够与纳兰性德真心相爱一场，死后，又能够被纳兰性德如此思念，那个时代里只怕少有女性能够像她这样幸运。但是活下来的纳兰性德，却是不幸的，他的伤痛，无人诉说，他只能够黯然地与卢氏讲"谁与话长更"。

人死如灯灭，卢氏的离别，就注定了纳兰性德在这个世上的孤寂，"从教分付，绿窗红泪；早雁初莺"。纳兰性德自然知道，生活还要继续下去。但是，他一想到从前，便忍不住泪如雨下，悲痛欲绝。

"当时领略，而今断送，总负多情。"当时的恩情，今日看来，真是无奈，早知如此，当日便不用多情一片，也会免却今日的难舍难分吧。话虽如此，但纳兰性德又怎能放下那一片深情。过多的思念，让纳兰性德心生幻觉。"忽疑君到，漆灯风飐，痴数春星。"好像感觉到卢氏又回到了他的身边，仔细一看，却只是孤灯冷风，窗外寥星，清冷的夜空，哪里有卢氏的影踪呢？纳兰性德凝视着从前自己为妻子画的肖像，默默呼唤着妻子的名字，他多么希望妻子像传说中的真真一样从画里面走出来啊！

一首《虞美人（春情只到梨花薄）》，写尽了梨花的零落：

春情只到梨花薄，片片催零落。夕阳何事近黄昏，不道人间犹有未招魂。
银笺别梦当时句。密绾同心苣。为伊判作梦中人，长向画图清夜唤真真。

梨花片片零落，春天的景致也就到了尽头，夕阳啊，你为什么那么快就接近黄昏了呢，我还没来得及为亡妻招魂，你就要马上消失在黑暗中了。与妻子虽然只短暂地相处了三年，但是纳兰性德却度过了人生中最美丽的时光。如今天人永隔、人鬼殊途，这种相思的痛苦是刻骨铭心的。

"同心苣"是织有相连的火炬形图案的同心结，和记载了誓言的素笺一样是爱情的信物。这些现实的东西无时无刻不对纳兰性德证明着当初的恩爱欢娱。他希望这是一场梦，并且自己甘愿长梦不醒。他甚至还想，如果妻子能像真真一样从画像里走出来，他愿意呼唤一千次一万次，直到妻子从画像里走出来为止。

"真真"，是传说中南岳山上的仙子。真真出自于唐杜荀鹤的《松窗杂记》之中：传说在唐朝的时候，有一位画匠，手艺非常高明。他画了一幅帛画，画中是一个年轻俊秀的女子。她的皮肤白里透红，眼睛像一汪池水一样清澈。她的衣着佩带，飘然欲动，就像下凡的仙女一样。谁见了这幅画，都说比真人还美。

有一天，一位叫赵颜的进士看见了这幅画，深深地被画中的女子打动了。他看了又看，看了半天也不愿离去，还自言自语地叹息说："她长得真美啊！可惜世界上没有这样的美人。如果这幅画里的女子能够变成活人，我一定娶她做妻子！"赵颜的这些话，正巧让画匠听见了。那位画匠就对他说："我这幅画是神画，画中的女子名叫真真。每天昼夜如果你呼唤她的名字，连续一百天，她就会答应你。到那时，你再用百家彩灰酒请她喝，她一定能变为活人。"赵颜听信了画匠的话，每日每夜呼唤真真的名字。到了第一百天，赵颜对着画叫了一声："真真！"那画中的人果然答应了一声："哎！"赵颜慌忙斟上一杯百家彩灰酒，请真真喝了。顷刻之间，真真便轻轻地从画中走出来，从此，就与赵颜结为夫妻，一年后还生了一个孩子，夫妻生活非常美满。后来，赵颜听信了巫婆的话，怀疑妻子是妖，欲请巫婆加害于她。妻子知道后，伤心欲绝，她吐出了百家彩灰酒，领着孩子回到了画中。从此，那幅画中又增加了一个孩子。

帘外已绿树成荫，装饰华美的井栏和辘轳上一片绿意，纳兰性德记得，他与妻子曾经互相依偎在绿荫下，一边听着杜鹃的啼鸣，一边静静地给妻子讲述着从古书上看来的故事：唐王李炎曾在梦中侍奉吴王夫差，忽闻宫中鸣箫击鼓，说是西施辞世，正在送葬。吴王夫差悲痛不已，特命李炎做挽歌以悼念，于是就有了"满地红心草，三层碧玉阶，春风无处所，凄恨不胜怀"的诗句流传下来。

如今，似红泪一般的红心草，居然也开遍了园子内外的各个角落，可是，纳兰性德却再也不敢听那杜鹃的啼血哀鸣，因为那种声音会勾起他心中无望的相思。梧桐年年绿，红心草年年开，可是你不在了，满腹的相思年年说与谁听？只等寒风停住，斜月照芭蕉的夜里谱成新词唱与你听，你能听见吗？

另一首《虞美人（绿阴帘外梧桐影）》则表达了年年今日两相思的意境：

绿阴帘外梧桐影，玉虎牵金井。怕听啼鴂出帘迟，挨到年年今日两相思。凄凉满地红心草，此恨谁知道。待将幽忆寄新词，分付芭蕉风定月斜时。

帘外树已成荫，不似那只得遥看的朦胧草色。若是糊上松绿色的软烟罗作为窗纱，更应是春意盎然。说到这号称"百树之王"的梧桐，民间盛传其知时知令，"梧桐一叶落，天下皆知秋"便是知秋的写照。

玉虎金井，极尽巴洛克式的奢华，可再精美的雕饰也不过是深井和缠于深井之上用以汲水的辘轳。"玉虎牵金井"的描摹下，看到的是"雕栏玉砌应犹在"的背影，只为等待那宿命般的"朱颜改"。纳兰性德日思夜想的人，今已栖于梧桐枝上，她的命运犹如那看似繁华的辘轳，被紧紧牵于皇家金井之上。今生能让纳兰性德作此隐晦叹息的，唯有他的妻子。梧桐雨，长恨歌，纳兰性德短暂的生命中曾几度春秋，"春风桃李花开日，秋雨梧桐叶落时"，他的人生，就此与妻子永远离别，难言再见。思之而不得，连那窗外杜鹃，也似在用自然的语言诉说着，预言着，让人不忍听闻。

杜鹃，亦花亦鸟，传说是望帝杜宇所化。相传岷江恶龙为害人间，当地的少女龙妹为了解救百姓迎战恶龙，却被恶龙囚禁于五虎山铁笼中。又一个英雄美人故事的开端，结果也是顺理成章。少年杜宇得仙翁相助救出龙妹，大败恶龙，受拥戴为蜀地王。然而传说到了这里却峰回路转。杜宇被篡位贼臣囚禁，龙妹因不愿为贼人妻也被锁入牢笼。传说杜宇惨死山中，化作一只小鸟，飞到龙妹身边，啼叫"归汶阳！归汶阳！"龙妹知丈夫已去，芳魂化作杜鹃鸟，从此同丈夫比翼于天地间。

鸟鸣无心，听者有意。听不得杜鹃的啼血声声，它最勾人伤怀。"山无棱，天地合，江水为竭，冬雷阵阵，夏雨雪，乃敢与君绝"，纵然没有鸟鸣，年年今日，两人异地相对同相思。此恨谁知？天知，空中划过啼血杜鹃；地知，便开出了似红泪般的红心草。那红心草开于飘过淡淡柳絮的湖畔，开于光影错落的月下荷塘，开于花径绿篱畔。它吐露着新叶，新叶也泛着红晕；它羞涩地绽开小花，小花也羞赧地顶着深红的小帽。低头，不语，晴空过处，只那么寂静地，亭亭而立。

"自在飞花轻似梦"，携红心草梦回春秋，便有一曲《西施挽歌》。相传南宋时湖州太守夜梦侍吴王，闻言西施已香消玉殒，应诏作此诗。"满地红心草，三层碧玉阶。"从此，红心草如那逝去的美人，在"春风无处所"的季节，娉娉婷婷地摇曳于浮云飘过的微风中，微叹"凄恨不胜怀"。

即使是这样凉薄的一叹也难容于尘世。李清照对芭蕉，叹"阴满中庭，叶叶心心舒卷有舍情"。这无端的情愫抑郁于胸中，剪不断，亦载不动；不能大声哭，也不能放声笑。"何处合成愁？离人心上秋。"梦窗以芭蕉说文解字，"不雨也飕飕。"红樱桃，绿芭蕉，云破月来的良宵，漏断人静的春夜，这纠缠于胸的幽幽往事只得寄存于诗行中。风飘飘，雨潇潇，月子弯弯千年同照九州；离人魂，昨夜梦，年年今日，但见流光无情把人抛。

彩云飞逝，一如一去不返的美好光阴，已经不知道飞往天空何处，就像天人相隔的爱人，让人徒增惆怅。在一首《生查子（惆怅彩云飞）》之中，纳兰性德与爱妻的甜蜜，终于变成一个人的悼念：

惆怅彩云飞，碧落知何许。不见合欢花，空倚相思树。

总是别时情，那得分明语。判得最长宵，数尽厌厌雨。

彩云随风飘散，恍然若梦，天空这么大，会飞到哪里去呢？可无论飞到哪里，我从此以后都再也见不到这朵云彩了。此处运用了托比的手法，意味着词人跟爱妻永别，再会无期。

合欢花，又叫绒花树，开一树浅红色的花，白天对开，晚上闭合，衬着翠绿的枝叶看过去，如梦似幻，清香袭人。关于合欢，还有一个凄美的传说。据说，它原本的名字恰恰相反，叫做苦情树，也不开花。有一个秀才寒窗苦读十余年，一朝赴京赶考，妻子粉扇指着苦情树说，夫君一去，必能高中，只是京城乱花渐欲迷人眼，切莫忘了归家路。秀才应诺而去，却从此杳无音讯。女子等了一生，青丝变白发，也没等来丈夫身影。弥留之际，她拖着病体来到苦情树下，用生命发誓：如果他变心，从此以往，让苦情树开花。夫为叶，我为花；花不落，叶不老；一生不通信，世世夜合欢。第二年，苦情树果然开出了粉色的扇形绒花，而叶子，也随着绒花的开谢来晨展暮合。

相思树的背后，也有一个凄美的故事。传说，战国时候宋康王的舍人韩凭，有一位貌美的妻子何氏，奈何康王觊觎美色夺之，还把韩凭囚禁了起来。这对被拆散的夫妻，相继自戕而死，留下遗言，希望能够葬在一起。可是盛怒的康王自然不肯成全，特意命人将两人各自下葬，两坟相望。不久之后，二冢之端各生一株树木，屈体相就，根交于下，枝错于上。宋人哀叹，于是取名为相思树。

无论是合欢花还是相思树，纳兰性德不过是在这些美丽的故事里寻找心灵的慰藉，在他心里，合欢花就是甜蜜爱情的美好回忆。

02 青灯伴佛，诵经守灵

卢氏去世以后，灵柩并没有及时下葬，而是停放在双林禅院长达一年有余。古时候的富贵人家，去世的人一般都不会马上下葬，其灵柩要在家里停放一段时间，以表达生者对逝者的哀悼和怀念之情。但是，停灵的时间是有讲究的，停灵时间的长短一般视逝者的身份而定。逝者的身份越尊贵，停灵的时间就越长。对于皇室贵族，古礼是这样规定的：天子驾崩要停灵三年，亲王等其他皇室族人去世则按照地位的不同，分别停灵一年或者几个月不等。在民间，停灵的时间是根据各家庭的经济状况而定的，最少停灵三天，最高停灵七七四十九天。

除了在家里停灵外，有身份有地位的家庭，还会借助一些寺庙里的地方来停灵，纳兰性德妻子的灵柩，就是停放在寺院里的。纳兰性德违反礼制，让妻子停灵时间甚至超过了朝廷的亲王贝勒的规制，其根本原因，就是他舍不得妻子早早地葬于地下。

看到妻子的灵柩，纳兰性德就会感觉妻子没有离开，往事一幕幕浮现在他的眼前。他在《忆江南·宿双林禅院有感》一词中写道：

挑灯坐，坐久忆年时，薄雾笼花娇欲泣，夜深微月下杨枝。催道太眠迟。
憔悴去，此恨有谁知。天上人间俱怅望，经声佛火两凄迷。未梦已先疑。

"挑灯坐，坐久忆年时。"冷清寂静的寺庙里，纳兰性德挑灯独坐，在微弱跳动的灯花里，他又一次回忆起了从前和妻子在一起的快乐时光。

"薄雾笼花娇欲泣，夜深微月下杨枝。"在去年的某一个日子里，也是这样宁静的夜晚，纳兰性德挑灯夜读，时而奋笔疾书，时而凝眉沉思，不知不觉间已是深夜，一弯新月挂在树梢上从窗口斜射进来。卢氏安安静静地陪在丈夫身边，或者做着女红，或者也捧着一本书闲闲地读着。偶尔她会起身为丈夫添一些热茶，或者给丈夫披一件外衣；偶尔她又望望窗外浓浓的夜色，然后温言软语地催促丈夫："夜已经深了，早点睡吧。"纳兰性德总是歉意地望着妻子说："你先睡吧，别等我了，我还有最后一段没有完成呢。"妻子总是笑笑："没关系，你写吧，我等你！"然后又坐在丈夫身边忙起自己的事情来。这些本来是夫妻生活中最平淡细微的情节，可是对现在的纳兰性德看来，却已是极其奢侈的事情，永远可望而不可即了。

"憔悴去，此恨有谁知"。妻子被病痛折磨得憔悴而去，纳兰性德内心的伤痛和遗憾又有谁知晓和理解呢？

"天上人间俱怅望，经声佛火两凄迷"。在这个寂静的夜晚，纳兰性德一个人坐在寺庙冷冷清清的房间里，妻子的灵柩就在身边，他恍然觉得，妻子似乎就在身边，和以往一样为他挑亮灯芯，为他轻轻披上外套……他在幸福中沉醉着。不知过了多久，他突然惊醒，妻子早已无影无踪，眼前只有昏黄的灯火，耳边传来僧人们诵经的声音。他才明白，原来自己已经呆坐了一宿，现在已经是寺庙里做早课的时间了。

"未梦已先疑"，难道说刚才自己是在做梦吗？还是妻子真的一直在自己身边没有离去？莫非是妻子也是在放心不下自己，牵挂着自己，一直在天上和自己遥相对望吗？

自从妻子的灵柩停放在双林禅院后，纳兰性德几乎天天滞留在寺庙里，白天诵经抄经，晚上为妻子守灵。在梵音缭绕、佛灯明灭间，一部《楞伽经》不知道已经被他诵读了多少遍，抄写了多少遍。此时，他甚至还为自己取了一个别号：楞伽山人。

《楞伽经》是《楞伽阿跋罗宝经》的简称，是一部非常有名的佛经，也

是中土禅宗的早期经典。纳兰性德潜心修行佛法，一方面，是想借助佛道来
遣散心中无尽的烦恼；另一方面，他更想祈求佛祖大发慈悲，能让他的妻子
奇迹般得以复活，重回自己身边。一首《浣溪沙（抛却无端恨转长）》就清
晰地表达了纳兰性德的心声：

> 抛却无端恨转长。慈云稽首返生香。妙莲花说试推详。
> 但是有情皆满愿，更从何处著思量。篆烟残烛并回肠。

　　"抛却无端恨转长，慈云稽首返生香"这两句词是说，想丢下无端的烦
恼，却转而幽恨更长了。大慈大悲的佛祖啊，请接受一个伤心人的稽首礼拜，
可否把返生香赐给人间呢？

　　"慈云"一词，比喻佛之慈心广大，犹如大云覆盖世界众生。在这里，
慈云是指佛祖。"返生香"一词出自汉朝东方朔撰的《海内十洲记》一书："聚
窟洲在西海中。洲上有大树，与枫木相似，而叶香，闻数百里。名此为返魂树。
扣其树，树亦能自声，声如牛吼，闻之者皆心振神骇。伐其根心，于玉釜中
煮取汁，更火煎之，如黑饴，可令丸。名曰惊精香，或名之为振灵丸，或名
之为返生香，或名之为人鸟精香，或名之为却死香。一种五名，斯灵物也，
香气闻数百里，死尸在地，闻气乃活。"这段话是说，聚窟洲有一座神鸟山，
山上有返魂树，如果砍下这种树的树根和树心，在玉釜里煮成汁、煎成丸，
就是所谓的惊精香，也叫返生香、鸟精香、却死香或者振灵丸。埋在地下的
死者一闻到它的香气就会起死回生，而且再也不会死去了。

　　"妙莲花说试推详"一句中，"妙莲花说"指的是《妙法莲华经》，简
称《法华经》，也是有名的佛经。都说佛祖慈心广大，犹如大云荫庇世界众生。
纳兰性德读过的《妙法莲华经》里也说佛法无边，只要心存善意执念，所求
之事便会灵验。可是，他在佛前焚香念佛，诚心诚意地求了这么久，却为什
么感动不了佛心呢？所以他说"妙莲花说试推详"。他是如此的迷茫和无助，
仿佛心中最后一线希望都破灭了，看来，他真要与妻子天人永隔了。佛堂之内，
香火化成的轻烟袅袅娜娜，清清幽幽，萦绕于一盘一盘的残烛之上，犹如萦
绕在纳兰性德心中的愁念迂回不散，令他感觉更加凄凉和无望。

　　纳兰性德又在《望江南·宿双林禅院有感》一词中写道：

心灰尽，有发未全僧。风雨消磨生死别，似曾相识只孤檠。情在不能醒。
摇落后，清吹那堪听。淅沥暗飘金井叶，乍闻风定又钟声。薄福荐倾城。

明知妻子复活无望，风雨飘摇，生离死别，世间最大的苦痛也莫过于此
了。纳兰性德此刻对红尘已了无牵挂，心如死灰，虽然蓄着发，但是每天诵
经礼佛已经跟真正的僧人没什么差别了。这里很容易让人联想起贾宝玉，自
林黛玉死后，贾宝玉万念俱灰，终于出家做了和尚。纳兰性德也想过出家，
可是作为家里的长子，他的肩上担负着太多的责任，他还做不到完全"放下"
的境界。

每天晚上，纳兰性德独坐孤灯旁，回忆往昔的一幕一幕，那孤独的烛台，
却似曾相识。多想一辈子就沉浸在这美好的回忆里，永远不要醒来。

可是梦总有做完的时候，醒来时，现实的冰冷与残酷那样真切，在淅淅
沥沥的雨声里更显苍凉和寂寞。此刻风声渐止，寺庙里的钟声再次响起。他
抚摸着妻子的灵柩，想起从前笑靥如花的妻子如今却变成了一具冰冷的尸体，
纳兰性德只有叹息自己福薄，无缘消受上天赐给自己的美好礼物。

纳兰性德在康熙皇帝身边担任近臣侍卫，就要尽心竭力地为皇上服务。
这样，他便无法长期滞留在寺庙里陪伴妻子。但是，即使工作再繁忙，他也
会抽出时间，到寺院去看妻子，还会经常陪妻子在寺庙里住上一夜。

有一天夜里，纳兰性德梦见妻子像往常一样，迈着轻盈的脚步，款款来
到他的身边，与他亲密地依偎在窗前，和他一起吟诗唱和，还像生前一样，
跟丈夫撒着娇说道："哼，这么久不来，是不是因为太寂寞了，才想起来看
我啊？"纳兰性德一边哄着生气的妻子，一边向她解释说："现在我不是近
臣侍卫吗？每天都在皇上身边，哪敢有一丝懈怠啊！我这不是忙里偷闲，抽
空来陪你了吗？"纳兰性德知道妻子不是真的埋怨自己，但是他喜欢看妻子
假装生气的样子。纳兰性德多想在这样的梦境里，一直甜甜地沉睡下去，永
远也不要醒来。可是，当寺庙里雄浑悠长的钟声划破黎明的寂静时，他只能
无奈地睁开惺忪的睡眼，看到烛台上的灯花闪烁，依偎在怀里的妻子早已无
影无踪。凝视着跳跃的烛光，那梦中的情景却历历在目。他在《寻芳草·萧
寺记梦》一词中写道：

客夜怎生过。梦相伴、倚窗吟和。薄嗔佯笑道：若不是恁凄凉，肯来么？

来去苦匆匆，准拟待、晓钟敲破。乍偎人，一闪灯花堕，却对著琉璃火。

一个月朗星稀的夜晚，纳兰性德在妻子的灵柩旁伴着青灯诵读经书，忽然抬头，看见一弯朗月从窗口斜射进来。今晚的月亮虽然很亮，但却是弯的。月亮是不是也有着和人类一样的感情呢？要是没有感情，那为什么每个月只有一个晚上是圆的，其他晚上都是不圆满的呢？想到这些，纳兰性德有了更多的感触，一首《蝶恋花（辛苦最怜天上月）》跃然纸上：

辛苦最怜天上月，一昔如环，昔昔都成玦。若似月轮终皎洁，不辞冰雪为卿热。

无那尘缘容易绝。燕子依然，软踏帘钩说。唱罢秋坟愁未歇，春丛认取双栖蝶。

自古以来，许多文人墨客都把月亮的阴晴圆缺，赋予了浓厚的感情，写出了许许多多咏月的诗词，其中，最为著名的是苏轼的《水调歌头》，留下了千古绝句："人有悲欢离合，月有阴晴圆缺，此事古难全。但愿人长久，千里共婵娟。"这位著名的大文豪，把月亮的阴晴圆缺跟人间的悲欢离合联系起来，既表达了一种凄凉无奈的心情，又把最美好的愿望寄托于月亮。

在《蝶恋花（辛苦最怜天上月）》这首词里，纳兰性德把月亮赋予了深沉的感情。"辛苦最怜天上月，一昔如环，昔昔都成玦。"月亮也是够辛苦的了，一个月只圆满一个晚上，而其他二十九天都是在不圆满中等待。在纳兰性德看来，月亮的这种辛苦，跟人的辛苦比起来，又是微不足道的。毕竟，月亮不管怎么辛苦，每个月还能等来一次圆满，可是人呢？"若似月轮终皎洁，不辞冰雪为卿热"，如果人也能像月亮一样，只要等待，就能有团聚的一天。如果能够团聚，无论付出什么样的代价，纳兰性德都愿意去尝试、去努力。

词中的"不辞冰雪为卿热"一句，纳兰性德化用了一个典故：三国时期魏国有一位名士叫荀粲，字奉倩。他娶了一位绝色美女为妻，婚后，夫妻感情非常深厚。然而不幸的是，几年后，他的妻子得了重病，高烧不退，吃什么药都不管用。当时正是寒冬腊月，冰天雪地，荀粲急得没办法就脱光衣服跑到院子里，让风雪将自己的身体冻冷，然后回到屋子里用自己冰冷的身体给妻子物理降温。但是，这样的深情和努力，最终还是没能挽回妻子的生命，不久，妻子就去世了。妻子去世后，荀粲悲痛不已，每天都守着妻子的灵柩寄托哀思。看到他哀伤的样子，有好友来劝慰他：天涯何处无芳草，你又何如此悲伤呢？荀粲只回答："佳人难再得！"不久，荀粲也因为悲伤过度而去世，年仅二十九岁。当时，人们对荀粲很不理解，认为他过于沉溺女色，在《世说新语》里，甚至把这个故事放在了《惑溺》篇里，告诉人们要以此为戒。

可纳兰性德却不是这么想。他最能体会荀粲当时的心情，一句"佳人难再得"，恰恰也说出了纳兰性德的心声，为此，纳兰性德在自己的词里不止一次提到荀粲。其中，就有"欲知奉倩神伤极，凭诉与秋檠"这两句，意思是说，纳兰性德内心的悲哀，就像当年的荀粲一样，不哭而神伤。可是，这世间，又有谁能懂得他内心的悲苦呢？恐怕只有夜夜陪伴着他的秋灯吧！

纳兰性德用"不辞冰雪为卿热"这一句，分明是在告诉大家，如果能让妻子起死回生，他愿意付出一切的代价，甚至付出生命也在所不惜，不会在乎别人的嘲讽和不解。

可是，生老病死是自然规律，谁都无法对抗。"无那尘缘容易绝"一句中的"无那"，是无奈的意思。上天夺走了妻子的生命，也夺走了纳兰性德一生的最爱，这是他的宿命。明知他和妻子的尘缘已断，他只有把希望寄托于来世。因为只有在佛教里人们才会相信来世，相信轮回之说。这也是纳兰性德笃信佛教的一个原因。

"燕子依然，软踏帘钩说"是说，春天来了，燕子又成双成对地踏上帘钩，轻柔地鸣叫着，像是在彼此倾诉着甜蜜的悄悄话。那恩爱的样子正像往年的这个时节，纳兰性德和妻子双双依偎在窗前欣赏着春天的美景，倾听燕子的呢喃。可是燕子依旧在，人却已是形单影只。

最后，纳兰性德用"唱罢秋坟愁未歇，春丛认取双栖蝶"这两句，把希望寄托于来世，就像传说中的梁山伯与祝英台一样，与妻子一起羽化成蝶，双双飞出，永世不分离。这样的词作，何其哀伤，何其绝望！

03 悼亡之吟，知己之恨

纳兰性德是一个词人，更是一个有情有义有血性的好男人，他的身上，有着一种超强的凝合力。父母喜欢他，家人尊重他，朋友欣赏他，纳兰性德的名字，似乎在任何一个场合都叫人入耳入心。他的率真秉性和睿智才气，更是赢得了妻子卢氏的爱慕，两个人夫妻恩爱，举案齐眉，吟诗作画，共享时光。但是，卢氏的早亡，让纳兰性德陷入了无日不伤悲的痛苦之中，特别是到了他与卢氏的结婚纪念日、卢氏去世的忌日、各种传统佳节，他更是痛苦难耐，哀思悠悠。他在一首《采桑子（海天谁放冰轮满）》中写道：

> 海天谁放冰轮满，惆怅离情。莫说离情，但值良宵总泪零。
> 只应碧落重相见，那是今生。可奈今生，刚坐愁时又忆卿。

"海天"是天空、夜空；"冰轮"，指皎洁明月；"碧落"是道家对天界的称呼。这首词所表达的是：又是良宵月圆夜，可惜月圆人不圆，佳人已远离人间，剩我孤身一人，这良宵美景我又哪有心情欣赏？只因为太思念你，每逢良宵佳节总是忍不住泪雨涟涟。如今我们一个天上一个地下，要想重新见面恐怕只有到天界了吧？可是天界对于凡人来说又如何上得去呢？今生恐怕是难以实现了，真是无奈！越想越感觉愁苦，越思念回忆越不断，魂里梦里都是你的影子了。

转眼到七夕。妻子生前时，曾在七夕这一天焚香穿针，祈祷自己的手越来越巧，更曾调皮地拉着丈夫，到葡萄架下去偷听牛郎织女的悄悄话。而如今，这些场景已经变成一种回忆。为此，纳兰性德写了一首《鹊桥仙·乞巧》：

乞巧楼空，影蛾池冷，佳节只供愁叹。丁宁休曝旧罗衣，忆素手为予缝绽。

莲粉飘红，菱丝罱碧，仰见明星空烂。亲持钿盒梦中来，信天上人间非幻。

这首词的大意是：用于乞巧的彩楼已经搭好了，和往年的一样华丽，可是物是人非，佳人已去，我还有什么心情看别人乞巧，此情此景，就算是汉宫秋月下夜夜笙歌的影蛾池也已变得冷冷清清了吧，在这样的佳节里，空留一池叹息。叮嘱身边的侍女千万不要把我的旧罗衣丢到外面曝晒，那可是妻子亲手为我缝制的啊！池塘里莲花开得正盛，浓密的莲叶覆盖在池塘上，遮掩了碧波荡漾的池水。抬头看见星空灿烂，你亲手拿着金饰盒向我走来，这不会是梦幻的情景吧？难道天上的你怕我孤独特意前来陪我的吗？

农历七月十五日为中元节，又称"鬼节"或"盂兰盆节"，是祭奠先人的重大节日。这一天，纳兰性德早早就到双林禅院来陪伴妻子。他在妻子灵柩前一遍一遍地诵经，来虔诚地超度妻子的亡魂，更是祈求来世能与亡妻再续前缘。一首《眼儿媚·中元夜有感》表达了纳兰性德此刻的心情：

手写香台金字经，惟愿结来生。莲花漏转，杨枝露滴，想鉴微诚。

欲知奉倩神伤极，凭诉与秋擎。西风不管，一池萍水，几点荷灯。

这首词抒发了纳兰性德的悲恸之情。"手写香台金字经"，香台，就是佛殿里烧香的台子，代指佛殿。金字经，是用金泥来抄写佛经。按说佛祖不会稀罕金银珠宝，但人心如此，金泥写经和金泥漆佛像这类事情长久以来便形成了传统。

接下来的"莲花漏转，杨枝露滴"，也都是佛教的典故。莲花漏，是一种雅致的时钟，具体的说法就很不一致了。一说惠远和尚因为山中不知更漏，所以用铜片做成莲花形的容器，底下有孔，放在水盆里，水从底孔里慢慢渗入，渗到一半的时候容器就会沉下去。一昼夜会沉十二次，是为十二个时辰。杨枝，就是杨柳枝，佛教当中的杨柳枝应该是观音菩萨手持的净瓶之中插着的那一枝杨柳枝。观音菩萨有时会把杨柳枝从净瓶里取出来，滴上几滴瓶中的甘露，马上就可以起死回生。唐房玄龄所著的《晋书》中说，石勒的爱子石斌暴病而死，石勒请来高僧佛图澄，佛图澄用杨柳枝蘸了些水，洒在石斌身上，又念了一段咒语，然后便一拉石斌的手，说："起来吧。"死去的石斌果然就起来了。

纳兰性德用这两则佛门典故，语带双关，既点明自己此刻身在佛殿，一心向佛，也是在向佛祖袒露自己的心意。"莲花漏转，杨枝露滴，想鉴微诚"，想想这个画面，确是感人的一幕。

"欲知奉倩神伤极，凭诉与秋擎。"下阕开始，纳兰性德的语意有了转折。词中的"奉倩"即荀奉倩，这是化用了"不辞冰雪为卿热"的典故。荀奉倩和妻子的感情极笃，有一次妻子患病，身体发热，体温总是降不下来，当时正是十冬腊月，荀奉倩情急之下，脱掉衣服，赤身跑到庭院里，让风雪冻冷自己的身体，再回来贴到妻子的身上给她降温。如是者不知多少次，但深情并没有感动上天，妻子还是死了。

荀奉倩的妻子死后，大家前去吊唁，只见荀奉倩"不哭而神伤"。葬礼上的哭，既是心里的悲伤流露，也是一种礼的仪式。忘记了仪式，超出了悲伤，这种情绪便已经到了极致，是会成为杀手的。笑的人很快就死了，神伤的人很快也死了。他们的哀恸也许难以被人们理解，但他们就是那样地哀恸着。

"凭诉与秋擎"，擎通"檠"，是灯柱，代指灯烛。秋擎，即秋灯，宋词有"又怕便、绿减西风，泣秋檠烛外"。"欲知奉倩神伤极，凭诉与秋擎"，这也是悲哀以至于无情的言语。

结语更是无情："西风不管，一池萍水，几点荷灯"。荷灯，是荷花形的小灯，浮在水面，中元之夜民俗以荷灯祀鬼，这般景象现在已经罕见了。纳兰性德以萍水、荷灯作结语，并以"西风不管"引带出来，冷语悲情，物引神伤，用西风之无情来反衬自己悼念亡妻的深情，使所抒发的情感愈见悲恸。

在重阳节之前，纳兰性德又梦到了自己日夜思念的妻子。妻子淡妆素服，握着纳兰性德的手，哽咽难语，像是在叮咛着什么。但是醒来后，纳兰性德别的都记不清了，只清晰记得妻子临别时说的两句诗："衔恨愿为天上月，年年犹得向郎圆。"纳兰性德觉得奇怪：卢氏虽然爱读诗，但向来不见她作诗，现在妻子已经与自己天人永隔了，怎么忽然会梦见妻子会作诗了呢？想到这里，纳兰性德立即铺纸研磨，把内心的感受及时记录下来，这首词就是著名的《沁园春（瞬息浮生）》，这首词之前，纳兰性德还附上了一个小序：

（丁巳重阳前三日，梦亡妇淡妆素服，执手哽咽，语多不复能记。但临别有云："衔恨愿为天上月，年年犹得向郎圆。"妇素未工诗，不知何以得此也，觉后感赋。）

瞬息浮生，薄命如斯，低徊怎忘。记绣稿闲时，并吹红雨。雕阑曲处，同依斜阳。梦好难留，诗残莫续，赢得更深哭一场。遗容在，只灵飙一转，未许端详。

重寻碧落茫茫。料短发朝来定有霜。便人间天上，尘缘未断，春花秋叶，触绪还伤。欲结绸缪，翻惊摇落，减尽荀衣昨日香。真无奈，倩声声邻笛，谱出回肠。

这首词，缠绵凄苦，忧思抑郁，感情真挚，字字动人。百字之间，情绪转换不断。从纳兰性德叹息妻子早亡，到回忆往日夫妻间的恩爱情形，再到叙述妻子离世后的悲伤痛苦。想起妻子梦中的遗容，还没来得及仔细端详，就倏忽不见了。他多希望到天上去寻找，但又考虑到"料短发朝来定有霜"，担心妻子为自己的苍老憔悴而伤心。纳兰性德一路写来，跌宕起伏，如飞鸟掠过天空一般自在，转换自然流畅，没有一丝雕琢造作的痕迹。最后的一句："真无奈，倩声声邻笛，谱出回肠。"更显伤凄。不知从哪家窗口传来的悠扬笛声，如泣如诉，更加衬托出纳兰性德的痛苦，即使人间天上，两情也如一，但眼前情形，怎不令人愁断心肠？

纳兰性德孤寂地在秋夕中信步，月色下小路上的青苔深浅错落，露水打湿了小路两旁的石头，在月色的清辉下宛若美玉。纳兰性德独立在空无一人的石阶上，心中倍觉凄凉。想往昔，也是在这样月色朗朗的夜晚，他与妻子闲庭信步，谈笑风生，俪影双双。如今却只剩自己一个人形影相吊。自己半生时光为情所苦，为情所累，伤心凄苦柔肠欲碎。一旦想起从前与妻子一起灯下读书写字的情形，总是鲜活如初，这浓浓的夫妻情分，让纳兰性德永远不能忘却。他在《虞美人·秋夕信步》中写道：

愁痕满地无人省，露湿琅玕影。闲阶小立倍荒凉。还剩旧时月色在潇湘。
薄情转是多情累，曲曲柔肠碎。红笺向壁字模糊，忆共灯前呵手为伊书。

秋末冬初的十月初五，是亡妻的生辰纪念日。卢氏活着的时候，这一天的纳兰明珠府都是热热闹闹的，府上几乎所有的仆人都在为庆贺卢氏的生日忙碌着。这一天，卢氏是府上最开心、最快乐的人。可如今，这些开心和快乐却永远地随她远去了。

十月初五的前一天夜里，纳兰性德躲在书房里，手里虽捧着诗书，却抑制不住心潮翻滚，无论如何也静不下心来。他索性走出书房，向卢氏生前住过的房间走去。外面北风夹着细雨打在纳兰性德身上，这凄风苦雨让人倍觉寒凉，他忍不住打了一个寒战。

自从妻子离世，她所住的房间纳兰性德已经很久没有来过了，他怕睹物思人，情不能已。可是，就算不睹物，他又有几时忘记过呢？房间已被尘封，许久没有人来打扫了，人去楼空，物是人非，看着眼前的景象，纳兰性德心中更觉无限凄凉。他用一首《于中好（十月初四夜风雨，其明日是亡妇生辰）》来表达自己的心情：

尘满疏帘素带飘，真诚暗度可怜宵。几回偷拭青衫泪，忽傍犀奁见翠翘。
唯有恨，转无聊。五更依旧落花朝。衰杨叶尽丝难尽，冷雨凄风打画桥。

看着房间里已被尘封的旧画像，纳兰性德又想起曾经为妻子画像的情形。当时春花初绽，娇蕊欲滴。而今日人去楼空，花落人亡。纳兰性德使劲地回忆妻子以前的一颦一笑，仿照妻子以前的样子又画了一幅画像，并在画上题写了《南乡子·为亡妇题照》：

泪咽却无声，只向从前悔薄情。凭仗丹青重省识，盈盈。一片伤心画不成。
别语忒分明，午夜鹣鹣梦早醒。卿自早醒侬自梦，更更。泣尽风檐夜雨铃。

这首悼亡词，恰如杜鹃啼血，哀婉凄切。"泪咽却无声，只向从前悔薄情。"

在纳兰性德的笔下，他与妻子卢氏志趣相投，生活美满和谐。他们是幸运的。然而命运却似乎有意作弄，好端端的妻子突然逝去，这飞来横祸使纳兰性德难以承受。他欲哭无泪，悲咽无声。他不知道该怨恨谁，是无情的命运还是残酷的现实？满腔的悲痛却找不到倾诉的对象，只得后悔自己当初没有好好珍惜跟妻子在一起的美好时光。

"凭仗丹青重省识，盈盈。"纳兰性德通过为妻子画像，来重温与妻子共同拥有的美好时光。可是，"一片伤心画不成"。一切努力都落空了，他所做的一切都只能使自己更加伤心和悲痛。

"别语忒分明，午夜鹣鹣梦早醒。"妻子离别时的话语还清晰地回响在耳边，每当午夜更深，这对如鹣鹣鸟般恩爱的夫妻从各自的梦中早早醒来，相聚在一起，那相对垂泪的痛泣声伴和着整夜的风雨声、檐铃声，无休无止。

在这里，纳兰性德不再寻求解脱，也不再反省、压抑自己，而是任由感情自由倾泻。他似乎忘却了自我，将整个生命投入到了对妻子的怀念中。

在纳兰性德的心里，妻子卢氏的离世，他不仅是失去了一位生活伴侣，更是失去了一位难得的人生知己。妻子去世后，纳兰性德在一首《荷花杯（知己一人谁是）》中发出这样的感叹：

> 知己一人谁是？已矣。赢得误他生。有情终古似无情，别语悔分明。
> 莫道芳时易度，朝暮。珍重好花天。为伊指点再来缘，疏雨洗遗钿。

卢氏去世后，纳兰性德的好友叶舒崇即着手为卢氏起草墓志铭。叶舒崇，字元礼，号宗山。康熙十五年（1676 年）丙辰进士，授官中书舍人。在卢氏的灵柩被移出双林禅院葬入纳兰家祖茔的时候，叶舒崇所撰写的《皇清纳腊室卢氏墓志铭》才正式公之于众：

> 夫人卢氏，奉天人，其先永平人也。毓瑞医间，形胜桃花之岛，溯源营室，家声孤竹之城。父兴祖，总督两广、兵部右侍郎、都察院右副都御史。树节五羊、申威百粤，珠江波静，冠赐高蝉，铜柱勋崇，门施行马。传唯礼义，城南韦杜之家；训有诗书，江左潘杨之族。夫人生而婉娈，性本端庄，贞气天情，恭容礼典。明珰珮月，即如淑女之章；晓镜临春，自有夫人之法。幼承母训，

娴彼七襄；长读父书，佐其四德。高门妙拣，首闻敬仲之占；快婿难求，独坦右军之腹。

年十八，归余同年生成德，姓纳兰氏，字容若。乌衣门巷，百两迎归；龙藻文章，三星并咏。夫人职首供甘，义均主爸，二南苹藻，无愧公宫；三日羹汤，便谙姑性。人称克孝，郑衮之壶攸彰；敬必如宾，冀缺之型不坠。宜尔家室，箴盥惟仪，浣我衣裳，纮綖是务。洵无訾于中馈，自不忝于大家。无何玉号麒麟，生由天上；因之调分凰凤，响绝人间。霜露忽侵，年龄不永。非无仙酒，谁传延寿之杯；欲觅神香，竟乏返魂之术。

呜呼哀哉！康熙十六年五月三十日卒，春秋二十有一。生一子海亮。容若身居华阀，达类前修，青眼难期，红尘置合；夫人境非挽鹿，自契同心，遇辟游鱼，岂殊比目。抗情尘表，则视有浮云；抚操闺中，则志存流水。于其没也，悼亡之吟不少，知己之恨尤深。今以十七年七月二十八日葬于玉河皂荚屯之祖茔。木有相思，似类杜原之兆；石曾作镜，何年华表之归。睹云气而徘徊，怅神光之离合。呜呼哀哉！铭曰：

江名鸭绿，塞号卢龙。桃花春涨，榆叶秋丛。
灵钟胜地，祥毓女宗。高门冠冕，无族鼎钟。
羊城建节，麟阁敉功。诞生令淑，秀外慧中。
华标彩葬，茂映頳桐。曰嫔君子，夭矫犹龙。
纶扉闻礼，学海耽躬。同心黾勉，有婉其容。
柔性仰事，怡声外恭。移卤奉御，执匦敬共。
苹蘩精白，刀尺女红。鸳机支石，蚕月提笼。
孝思不匮，俭德可风。闺房知己，琴瑟嘉通。
产同瑜珥，兆类罴熊。乃膺沉痼，弥月告凶。
翠屏昼冷，画翟晨空。凤萧声杳，鸾镜尘封。
哀旐路转，挽曲涂穷。荒原漠漠，雨峡蒙蒙。
千秋黄壤，百世青松。

也的确如叶舒崇所写的那样，纳兰性德直到生命结束的那一天，才真正结束他的"悼亡之吟，知己之恨"。

04 御前侍卫，犹陷樊笼

能在皇帝身边做一个重臣，是许多人梦寐以求的事情，上可以光宗耀祖，下可以造福子孙。虽有"伴君如伴虎"之说，但一旦拥有伴君的机会，谁也不会轻言放弃，甚至不惜一切代价，也要在竞争之中胜出。

而对于纳兰性德来说，情况却恰恰相反。在担任御前侍卫之前，他一直期望康熙皇帝能把他安排进翰林院进行深造，这样，他可以远离党争，静下心来博览群书。他觉得，以他的成绩和才学，应该具备了进翰林院的资格。退一步讲，即便进不了翰林院，也总该谋得一个文官的职位。纳兰性德的想法不无道理，他在文学方面早已经颇有建树，而且声名远扬，是进翰林院任职的合适人选。

可是，由于康熙皇帝的喜欢，纳兰性德的美好愿望化为泡影。他被康熙皇帝授予一个武官的职位，而且还是御前侍卫，这与他想进翰林院的愿望完全是南辕北辙，他很是失望。

在满族的传统文化里，侍卫被称为"虾"或者"辖"。按照清朝皇室的传统，侍卫都是由家丁或者奴仆来担任，要随时听从皇帝的驱使，基本没有人身自由。他们的职责除了随时保护皇帝的人身安全外，还要负责传达皇帝的圣旨。皇帝出巡或者参加其他活动的时候，侍卫必须充当身边的保镖；皇帝临时有特别任务时，都会指派他信得过的侍卫去执行；一旦皇帝想附庸风雅，召一批文人学士来歌功颂德，侍卫还得作为御用文人参与吟诗作赋。所以，说好听点，侍卫就相当于皇帝的御用随身秘书；说得不好听点，就是皇帝的贴身奴才。

但是，在满族人的传统里，从来没有人认为做皇帝的奴才如何卑微，反而是一种荣耀。而纳兰性德饱受汉文化浸染，在汉族的传统文化里，清高的儒家知识分子与皇帝的关系可以为师、为友、为臣，就是不能为奴。纳兰性德由此非常苦闷，总觉得侍卫这个职位，不仅让他失去了行动自由，更玷污了他高贵的灵魂，他实在不愿让高傲的自己，与那些卑躬屈膝的奴才混为一谈。

而在父亲纳兰明珠以及其他大臣们的眼里，这个职位却是一个炙手可热的职位，是康熙皇帝对纳兰家族无上的荣宠。康熙年间，侍卫分为御前侍卫、乾清门侍卫和大门侍卫三种。御前侍卫和乾清门侍卫要经过极其严格的审核，最后由皇帝亲自选定，各方面条件都非常优秀的人才可以入选。在这两个职位上的人，都是离皇帝最近的人，必须安全可靠，而且俸禄优厚。即使是三等侍卫的官阶，也是正五品，比那些状元、榜眼所授的翰林院职位还要高。所以，对于大多数人来说，这绝对是一个可望而不可即的职位。

纳兰性德上任以来，纳兰明珠府一度门庭若市，上门祝贺的人络绎不绝。这其中有纳兰性德的朋友，但更多的是纳兰明珠的同僚和下属。接受各方的道贺，让纳兰明珠高兴得合不拢嘴。銮仪卫云麾使出身的纳兰明珠，深知御前侍卫是一个潜力巨大的职位，凭儿子的才学和睿智，跟随在天子身边，将来必有升迁的机会，以后前途不可限量。

纳兰性德的确是一个沉稳可靠的人。尽管他的内心有诸多不情愿，但他一旦接受了御前侍卫这一职位，就会尽心竭力地投入到差事之中。不管是值宿于内还是扈从在外，他都会留心每一个细节，不允许自己有一丝纰漏。同时，他还会在适当的时机，把满腹的词才展示给康熙皇帝，从而博得康熙皇帝的嘉赏。一首《入直西苑》，就是纳兰性德在御前侍卫这个职位上创作的：

望里蓬瀛近，行来阆苑齐。

晴霞开碧沼，落月隐金堤。

叶密莺先觉，花繁径不迷。

笙歌回辇处，长在凤城西。

这首诗，纳兰性德描写的是刚刚进入皇家苑囿值班的时候所看到的场面，进而有感而发，并没有歌功颂德之意。但是，这首诗一出，就被康熙皇帝听到了，进而得到了康熙皇帝的喝彩。

身为御前侍卫的纳兰性德，不仅身负保护皇帝安全的职责，还要担当为皇帝饲养马匹的责任。无论做什么事，纳兰性德都非常用心，力求做得完美。他担当御马的责任，很受康熙皇帝的赏识。后来，纳兰性德病故时，他的好友姜宸英在给他撰写墓表的时候，还专门提到了纳兰性德这方面的业绩，说他"尝司天闲牧政，马大蕃息"，意思是说，纳兰性德把马养得很好。

康熙十七年（1678年），也就是纳兰性德走马上任后的第二年，几乎全年的时间，康熙皇帝都在京畿附近巡视。他先后到过霸州南苑、碧云寺和石景山，又到滦河检阅三屯营兵，而每到一处，纳兰性德都必须随侍左右，鞍前马后，紧张忙碌，没有一点自由时间。他开始厌倦这种生活。

自从妻子卢氏离世后，纳兰性德创作了很多悼亡词。这些词，需要重新集结成册，而且应该给新词集取一个新名字。关于新词集的名字，深喜佛教的纳兰性德，对"如鱼饮水、冷暖自知"一句，深以为然。于是，纳兰性德就把新的词集取名《饮水词》。

词集的名字有了，可是，编撰新的词集，还要做许多繁琐的工作，而纳兰性德无暇顾及。这时，他想到了好友顾贞观，他把编辑新词集的事全权托付给了顾贞观。于是，顾贞观带着纳兰性德所有的词稿只身南下，欲寻找一位名士为纳兰性德的新词集作序。

在江苏扬州，有一位素有"红豆词人"之称的江南文人，名叫吴绮，字园次，又字丰南，别号绮园，又号听翁。吴绮是顺治十一年的贡生，荐授弘文院中书舍人，升兵部主事、武选司员外郎，又任湖州知府。在词作方面，以多风力，尚风节，饶风雅被称为"三风太守"。吴绮的词和小令，多写风月艳情，笔调秀媚，题材狭窄。而他的骈文，大有李商隐的风格，以秀逸见胜，盛名一时。

顾贞观带着纳兰性德的词稿跋山涉水，远赴江南，就是慕名吴绮的骈文而来，想请这位"红豆词人"出面，为纳兰性德的新词集作序。当顾贞观寻踪索骥追到吴绮下榻的客栈时，这位老先生却是一副拒人于千里之外的态度。

顾贞观也并不急于求成，他把住宿的房间订在了吴绮的隔壁，每天见面时也不多说什么，寒暄两句便告辞。一天傍晚时分，顾贞观翻检纳兰性德的词作，一首首高声朗读。没过多久，顾贞观的房间就迎来了敲门声。

不用说，一切都是水到渠成。数日之后，吴绮把一篇华美绮丽的骈文序言交到顾贞观手中。序言全文如下：

一编《侧帽》，旗亭竞拜双鬟；千里交襟，乐部唯推只手。吟哦送日，已教刻遍琅玕；把玩忘年，行且装之珉瑄矣。

迩因梁汾顾子，高怀远询《停云》；再得容若成君，新制仍名《饮水》。披函书读，吐异气于龙宾；和墨晨书，缀灵葩于虎仆。香非兰茝，经三日而难名；色似蒲桃，杂五纹而奚辨。汉宫金粉，不增飞燕之妍；洛水烟波，难写惊鸿之丽。

盖进而益密，冷暖祗在自知；而闻者咸歔，哀乐浑忘所主。谁能为是，辄唤奈何。

则以成子姿本神仙，虽无妨于富贵；而身游廊庙，恒自托于江湖。故语必超超，言皆奕奕。

水非可尽，得字成澜；花本无言，闻声若笑。时时夜月，镜照眼而益以照心；处处斜阳，帘隔形而不能隔影。才由骨俊，疑前身或是青莲；思自胎深，想竟体俱成红豆也。

嗟乎！非慧男子不能善愁，唯古诗人乃可云怨。

公言性吾独言情，多读书必先读曲。江南肠断之句，解唱者唯贺方回；堂东弹泪之诗，能言者必李商隐耳。

园次吴绮序于林惠堂。

通篇序言，华美至极，无疑为以悲为调的《饮水词》增加了一抹亮色。尤其是"非慧男子不能善愁，唯古诗人乃可云怨"这一句，让顾贞观无比倾倒。他反复把玩这句话，久久回味着，不愿罢休。欲罢不能后，顾贞观以自己对"非慧男子不能善愁，唯古诗人乃可云怨"这句话的理解，为《饮水词》再作了一篇序言，全文是：

非文人不能多情，非才子不能善怨。《骚》《雅》之作，怨而能善，惟其情之所钟为独多也。容若天资超逸，倏然尘外。所为乐府小令，婉丽凄清，使读者哀乐不知所主，如听中宵梵呗，先凄婉而后喜悦。定其前身，此岂寻常文人所得到者。

　　昔汾水秋雁之篇，三郎击节，谓巨山为才子。红豆相思，岂必生南国哉。苏友谓余，盍取其词尽付剞劂。因与吴君园次共为订定，俾流传于世云。同学顾贞观识。时康熙戊年又三月上巳，书于吴趋客舍。

　　顾贞观认为，与其说"非慧男子不能善愁，唯古诗人乃可云怨"，不如说"非文人不能多情，非才子不能善怨"，其原因在于"惟其情之所钟为独多也"。其实，两个人都是在赞扬纳兰性德的天资聪颖，词风凄婉清丽，能控制住读者的情绪。

　　哀婉凄清的《饮水词》在两篇华丽丽的序言的引领下，开始闪亮登场，在人们的视野中再次大放异彩。

　　无疑，御前侍卫一职是辛苦的，但纳兰性德始终不畏辛苦，恪尽职守，旦夕不懈。其实，让他感到痛苦的并不是工作的辛苦，而是来自于丧失活动自由的悲哀。他在侍卫生涯中，熟练的弓马，只能用于担任警卫和奉陪狩猎；杰出的诗才，也只能用于涂写那些言不由衷的应制篇章。他的年华和精力，都被耗费在无休无止的扈驾出巡中。入仕之前的一切憧憬和抱负，到头来都成为一场幻梦。他在许多诗作中，都倾吐了志不得申的悲愤和失去自由的哀伤。这首《拟古》就是其中的一首：

　　　　　朔风吹古柳，时序忽代续。
　　　　　庭草萎已尽，顾视白日速。
　　　　　吾本落拓人，无为自拘束。
　　　　　倜傥寄天地，樊笼非所欲。
　　　　　嗟哉华亭鹤，荣名反以辱。
　　　　　有客叹二毛，操觚序金谷。
　　　　　酒空人尽去，聚散何局促。
　　　　　揽衣起长歌，明月皎如玉。

　　琐碎平庸的侍卫生活与自己的理想相去甚远，而所处的环境又充满讥谗和危机。再加上羁旅天涯、亲人分离的凄苦，种种重压和折磨，长期在纳兰性德心头笼罩着愁云惨雾，渐渐冷却了他的仕宦之心。他在寄给顾贞观的几首《金缕曲》中，都表达了这种凄苦的心情，其中有："别来我亦伤孤寄。更那堪、冰霜摧折，壮怀都废。"还有："高才自古难通显，枉教他、堵墙落笔，凌云书扁，入洛游梁重到处，骇看村庄吠犬。"

其实，纳兰性德曾经有着饱满的政治热情和强烈的苍生己任感，想为社稷的富强腾图和长治久安施展一番抱负。但是，侍卫一职实在无法施展他的文才武略，因而产生了失落之痛。另一方面，作为皇帝的近臣，他比别人看到了更多官场的黑暗，才士难以获得施展才干的机会，而小人却不断以逢迎得志。这些，更令年轻的纳兰性德感到痛心和失望，他不得不慨叹"古来才命真相负"。他虽然事亲至孝，却不愿在这些方面效仿自己的父亲。现实与理想构成了纳兰性德人生中最大的矛盾。

05 天下名士，相约来聚

康熙十七年（1678 年），清政府平定三藩战役取得了决定性的胜利，靖南王耿精忠、平南王尚可喜先后归顺朝廷。平西王吴三桂虽然在衡州宣布称帝，立国号周，建元昭武，大封诸将，但是，他实际已到了穷途末路，当年就积郁而死，并将所谓的"帝位"传给孙子吴世璠。耿精忠、尚可喜归顺朝廷后，彻底平定三藩只是一个时间问题。于是，康熙皇帝开始考虑如何笼络那些前朝的遗老与文人，使这些人心悦诚服地为大清朝所用。就这样，康熙皇帝下诏，在正常的科举考试之外，临时增设"博学宏词科"，采用举荐与考试相结合的方式，给予被录取者官职。

康熙皇帝下诏开设此科的目的十分明显，就是想用怀柔手段来笼络明末遗老名士，进而归顺朝廷，为自己所用。在《清圣主实录》中，就有这样的记载，说康熙曾称："一代之兴，必有博学鸿儒振起文道，阐发经史，以备顾问。朕万几余暇，思得博通之士，用资典学。其有学行兼优、文辞卓越之士，勿论已仕未仕，令在京三品以上及科道官员，在外督、抚、布、按，各举所知，朕将亲试录用。"

有了皇帝的命令，各级官员开始奉旨举荐，于是，明末时期的不少文人雅士都被列入了举荐的名单之中。为了充分利用人才，发挥文人贤士的特长，康熙又下诏，要求编撰诸经解以及《古今图书集成》。康熙皇帝是一个有作为的开明皇帝，他下诏编撰诸经解以及《古今图书集成》，对传承和弘扬汉文化，起到了非常大的作用。

康熙十八年（1679 年），博学宏词科正式开考，当时，天下名士几乎都汇集到了京城，接受朝廷的"大考"。当时的试题是《璇玑玉衡赋》《省耕诗五言排律二十韵》，全国共推荐一百四十三人参加考试，将考取五十人。其中一等二十名、二等三十名，合约占应试人数的三分之一还多，考取人员授以侍读、侍讲、编修、检讨等职，并入"明史馆"纂修《明史》。

我国古代一直是易代修史，即新兴王朝为已灭亡的前朝纂修史书，所谓"兴朝而修胜国史"，是中国古代社会流传千古、绵延不绝的历史文化传统。追溯源流，易代修史是史学发展的产物，是史书体裁、体例不断完善以适应时代变化和封建王朝统治需求的反映。就确保信史流传的原则而言，易代修史在一定程度上发挥了时间与空间的冷却、沉淀、隔离作用，给史家提供了冷静分析和客观评判的平台，有益于把握历史的本质和真相。同时，易代修史代代相传，连绵不断，为中华民族传承文明、保存文化遗产、维护和发展民族团结统一做出了不朽的贡献。修前朝史之所以为历代统治者所重视，除了发挥历史的鉴戒功能、寻找治乱兴衰的枢机，以巩固王朝统治的政治需要之外，更重要的原因在于，易代修史也是借以说明新王朝继统合法性的必要手段。对于撰修《明史》，康熙皇帝非常重视，也非常支持。

对纳兰性德来说，最让他感到高兴的，就是借"博学宏词科"之机，天南地北的好友们汇集到了京城。于是，纳兰性德可以把好友们约到自己的渌水亭，作诗填词，读书交流，畅谈人生。很快，一群天南地北、平时只闻其名而未见其人的各地名士们，都相聚在了渌水亭内。许多的词作，都记录着他们相聚时的情景。其中的一首《浣溪沙·郊游联句》就是纳兰性德与陈维崧等六人在一起郊游时的游戏之作：

出郭寻春春已阑（陈维崧），东风吹面不成寒（秦松龄），青村几曲到西山（严绳孙）。

并马未须愁路远（姜宸英），看花且莫放杯闲（朱彝尊），人生别易会常难（纳兰性德）。

顾名思义，这是一首联词，就是一人一句，连缀成篇。联句，是古人作诗的方式之一，即由两人或多人共作一诗，联结成篇。这是文人的一种文字游戏，多于饮酒时助兴用。旧传最早的联句始于汉武帝时《柏梁台诗》。相传汉武帝于元鼎二年（公元前 115 年）春，起造了一座柏梁台。此台用香柏为梁，故名柏梁。元封三年（公元前 108 年），汉武帝在柏梁台上开宴，规定禄二千石以上的官，能作七言诗者，可以坐于上席。汉武帝首先作了一句七言诗，亲王、大将军、丞相等按官位高低每人接下去作一句，都用皇帝所作第一句的韵脚。全诗七言，26 句，从此文学史上出现了第一首连句体的《柏梁诗》。晋宋时，用"联句"形式作诗渐渐盛行，今存陶渊明、鲍照、谢朓等人诗作中均有此种形式。

《浣溪沙·郊游联句》是大家汇集到京城后，在渌水亭的一次郊游时所做。"出郭寻春春已阑。"这是陈维崧句，是说出城探春而春意已阑珊，语有淡淡的伤春。"沾衣欲湿杏花雨，吹面不寒杨柳风"，这是僧志南诗《绝句》中描述雨中春游之乐的名句，秦松龄化而用之，接"东风吹面不成寒"，亦是合时合宜。"青村几曲到西山。"严绳孙不愧是个画家，此句极为出跳，浪漫而简约，极富画风。此三句为上阕。

"并马未须愁路远。"即便是联句，也是上景下情。姜宸英这句，很有"海内存知己，天涯若比邻"的意思，语境旷达，豪气四溢。"看花且莫放杯闲。"朱彝尊将姜的豪放又推上了一层，极有"莫使金樽空对月"的神韵。"人生别易会常难。"纳兰性德这句是一个黯然收梢。全词词意顿从行云跌至流水。正如引吭高歌处戛然而止，余韵绵绵不绝。

此联句，既可以看出纳兰性德与朋友之间的亲密友情，亦可以看出纳兰性德独自所拥有的伤感之情。此时，纳兰性德刚刚经历了丧妻之痛，即使如今好友们再度重聚，也并没有冲淡他心中的忧伤与哀愁，他依旧在不知不觉中发出了"人生别易会常难"这样的悲叹。这也是他一生的真实写照。"折尽风前柳"，英年的早逝，所有的亲情、友情和爱情，对他来说都只是擦肩而过。

文人贤士来京城参加博学宏词科的大考，表面看热热闹闹的，都是自愿的，其实则不然，有些人是迫于压力而不得已为之，严绳孙就是不得已而为之的一个。

严绳孙本来是抱着"君看沧海横流日，几个轻舟在五湖"的心态参加大考的，并借口眼睛有毛病，在殿试的时候写完一首《省耕诗》就交卷跑掉了。可哪知康熙皇帝久闻严绳孙的名声，钦点"史局中不可无此人"，结果，严绳孙还是没能像自己理想中的那样，五湖泛舟，反倒是进了翰林院，不得不说是造化弄人。但是，对于能在渌水亭中与纳兰性德和其他好友们再度重逢，严绳孙还是十分高兴的。

同时，对于纳兰性德来说，与至交好友们相聚在渌水亭内，议论着自己最心爱的诗词，不用去理会外界的风风雨雨，内心也得到了极大的宽慰。据袁枚的《随园诗话》记载，在他们雅聚的时候，连侍立一旁的侍女也能脱口吟诗："一杯一杯又一杯，主人醉倒玉山颓。主人大醉卷帘起，招入青山把客陪。"这位侍女的诗，不仅写出了诗友聚会热烈而融洽的气氛，还写出了纳兰性德热情待人的性格。渌水亭内的雅聚之人，志趣相投，肝胆相照，取长补短，切磋技艺。他们谈诗评词，讲古论今，许多人都是当时重要文学流派的开创者或领袖人物。他们的创作，代表了当时的文学，特别是词作的最高成就。由此，纳兰性德真的期盼这样的相聚能够长久下去。

文人以诗文做游戏的方式很多，像《浣溪沙·郊游联句》就是一种。除此之外，文人贤士聚在一起，或者限定韵脚各写诗句，或者在限定的时间内完成命题诗，或者是就姓名作诗，或者是就场景作诗。而纳兰性德与文人雅士聚在渌水亭内，所做的游戏，也和这些形式差不多。

后来，纳兰性德在记录这次欢聚的《渌水亭宴集诗序》中这样写道："当为刻烛，请各赋诗。宁拘五字七言，不论长篇短制。"就是说，他们把蜡烛刻上刻度，限定时间后，然后各自赋诗，形式非常活泼文雅。

纳兰性德为这次聚会所写的《渌水亭宴集诗序》，与他以前的作品不同，并不是一首词或者一首诗，而是一篇骈文。骈文全篇以双句为主，常用四字、六字句，讲究对仗的工整，还有声律的铿锵。纳兰性德的这篇骈文，是继东晋王羲之的《兰亭集序》、唐李白的《春夜宴桃李园序》之后，能达到"从此与二美并称三"水准的骈文，堪称清代以来最美的骈文。纳兰性德所写的《渌水亭宴集诗序》全文如下：

清川华薄，恒寄兴于名流；彩笔瑶笺，每留情于胜赏。是以庄周旷达，多濠濮之寓言；宋玉风流，游江湘而托讽。文选楼中揽秀，无非鲍谢珠玑；孝王园内搴芳，悉属邹枚黼黻。

予家象近魁三，天临尺五。墙依绣堞，云影周遭；门俯银塘，烟波混漾。蛟潭雾尽，晴分太液池光；鹤渚秋清，翠写景山峰色。云兴霞蔚，芙蓉映碧叶田田；雁宿凫栖，秔稻动香风冉冉。

设有乘槎使至，还同河汉之皋；傥闻鼓枻歌来，便是沧浪之澳。若使坐对庭前渌水，俱生泛宅之思；闲观槛外清涟，自动浮家之想。何况仆本恨人，我心匪石者乎。

间尝纵览芸编，每叹石家庭树，不见珊瑚；赵氏楼台，难寻玫瑁。又疑此地田栽白璧，何以人称击筑之乡；台起黄金，奚为尽说悲歌之地。

偶听玉泉呜咽，非无旧日之声；时看妆阁凄凉，不似当年之色。此浮生若梦，昔贤于以兴怀；胜地不常，曩哲因而增感。

王将军兰亭修禊，悲陈迹于俯仰，今古同情；李供奉琼宴坐花，慨过客之光阴，后先一辙。但逢有酒开尊，何须北海；偶遇良辰雅集，即是西园矣。

且今日芝兰满座，客尽凌云；竹叶飞觞，才皆梦雨。当为刻烛，请各赋诗。宁拘五字七言，不论长篇短制；无取铺张学海，所期抒写性情云尔。

纳兰性德在创作上一贯主张"性灵"，也就是说在填词写诗的时候，要遵从自己的心声，描写心意，抒发出自己最真挚的情感，只有这样，诗词才能感动他人。在这篇诗序中，他再一次专门提起"无取铺张学海，所期抒写性情云尔"，强调"性灵"才是诗词创作的关键与宗旨。所以，在渌水亭的聚会之时，纳兰性德才会写下"无取铺张学海，所期抒写性情云尔"的句子。

因为纳兰性德自身的经历和性格的原因，在繁花似锦的时候，他总是会看到一些表象之外的东西。"又疑此地田栽白璧，何以人称击筑之乡；台起黄金，奚为尽说悲歌之地！偶听玉泉呜咽，非无旧日之声；时看妆阁凄凉，不似当年之色。此浮生若梦，昔贤于此兴怀；胜地不常，曩哲因而增感。"当众人都为金碧辉煌的宫殿而感慨的时候，他却想到了时代的兴替。他觉得，再华丽的宫殿，也抵不过时间的洪流。那些过去辉煌一时的楼台，如今再看，已是废墟凄凉，完全没有当年辉煌的影子。

后来，纳兰性德写了一首《金人捧露盘·净业寺观莲，有怀荪友》，以此来纪念文人贤士在净业寺观莲的情景：

藕风轻，莲露冷，断虹收。正红窗初上帘钩。田田翠盖，趁斜阳鱼浪香浮。

此时画阁垂杨岸，睡起梳头。

旧游踪，招提路，重到处，满离忧。想芙蓉湖上悠悠。红衣狼藉。卧看桃叶送兰舟。午风吹断江南梦，梦里菱讴。

金人捧露盘，词牌名，金词注"越调"，又名铜人捧露盘引、上西平、西平曲、上平南。双调七十九字，前段八句五平韵，后段九句四平韵。

在纳兰性德的好友之中，有一个经常出现的名字，那便是严绳孙。严绳孙，字荪友，又字冬荪，号秋水，江苏无锡人，非常擅长画花鸟和人物，同时也擅长诗词，著有《秋水集》。当时，严绳孙与朱彝尊、姜宸英并称为"江南三布衣"，在清初文坛享有盛誉。

严绳孙是明朝的遗少。他的祖父是明末时候的刑部侍郎严一鹏，也算是一位名门之后。明朝灭亡、满清入关之后，严绳孙便断绝了入仕做官的念头，一心投入到诗词与书画世界。一首《自题小画》，便是严绳孙写给自己的一首七绝：

> 占得红泉与绿芜，不将名字挂通都。
> 君看沧海横流日，几个轻舟在五湖。

"君看沧海横流日，几个轻舟在五湖"这两句，颇有些自嘲与讥讽的味道。他本来无心进入官场，为清帝效力，连殿试都是敷衍了事，却哪知偏偏逃脱不了步入仕途的命运。

严绳孙后来还是不可避免地当了官，被授翰林院检讨，不久又升任右春坊右中允，兼翰林院编修。康熙皇帝的知遇之恩让他深受感动，为此，他在编修《明史》、谋划平定三藩方略等方面尽心竭力，日夜不辍。他还奉皇帝之命典试山西，为朝廷选拔人才。

纳兰性德的《金人捧露盘·净业寺观莲，有怀荪友》，是他重游净业寺时的追忆之作，充分表达了纳兰性德十分怀念文人好友在净业寺一起观莲时共吟诗词的热闹场面。往昔，严绳孙还在，朱彝尊还在，秦松龄也还在，哪里想得到他们如今的四下离散，不相往来呢？纳兰性德再来净业寺时，正赶上莲花再度盛开。故地重游，纳兰性德见到这依稀不变的场景，又何尝不感慨万千呢？

在渌水亭，纳兰性德与严绳孙等人一起饮酒赋诗，那场面是何等的热闹？何等的欢乐？饮酒赋诗之后，他们又一同前往净业寺观看莲花，吟诗填词。可如今，"重到处，满离忧"，纳兰性德的心境，与当年已大不相同。物是人非，好友们都散尽了，什么时候再度相聚，已不得而知。人与人的聚散离合，竟是这般无奈，又是这般地让人疲倦。

后来，纳兰性德随着康熙皇帝南巡，当君臣一行来到无锡时，所见的山水景点，处处都能见到严绳孙的留笔题字，这让纳兰性德感到无比兴奋。以这样的方式与久违的好友再度相见，让纳兰性德有一种与老友重叙旧情的欣喜。

06 地震来临，奋勇当先

卢氏去世后，心力交瘁的纳兰性德仍旧以侍卫的身份随侍在康熙皇帝身边。随着时间的推移，纳兰性德的伤口渐渐愈合，不再那么面容憔悴。站在人群中，他又恢复了往日的出类拔萃、英俊潇洒。每日当班，他和同僚们和睦相处，但他内心觉得那只是逢场作戏。而只有回到家里，置身于书卷中，才深觉几分清凉与喜悦。他可以在渌水亭接见好友，与好友谈诗填词，来弥补心中的寂寥。聊到伤心处，以往只喜欢小酌的他，便难以控制地喝得酩酊大醉。酒醒之后，自嘲感油然而生。

自古以来，许多的文人墨客聚在一起，都喜欢以手执一壶酒、腹藏千句诗的方式来交流，而事实上，酒不能浇愁，酒也不能醒梦，酒只是给愉悦的人以愉悦，给忧愁的人以忧愁。醒酒之后，将更加清醒地感觉愁闷与悲哀，就连以往的那些隐藏着的残缺与遗憾，都会在醒酒之后显露无疑。其实一个人的心境，需靠理智来掌控，而不是靠酒来掌控。心境是影响人感知的重要因素，你以淡定的心境自持，所看到的风景亦是从容的；你以悲伤的心境自持，所看到的风景必定是凄凉的。人生就是一面镜子，你对它微笑，它还你微笑；你对它哭泣，它还你哭泣。

纳兰性德似乎有所改变了。当康熙皇帝要他扈驾出行时，他忽然有了愉悦的感觉。他甚至对扈驾出行产生了一种渴望。在京城，侍卫在皇帝身边，总是发生他看不惯的争斗，总会出现许多逢迎嘴脸。在纳兰明珠府自己的家里，又有许多的悲痛和无奈纠缠着他。心爱的人永远地离开了，而面对的，是无可逃避的责任。一想到这些，纳兰性德的心里总是充满了郁闷。于是，他渴望离开皇宫，离开纳兰府，走得远远的，从而忘记在京师里的孤寂，忘记生命里的爱怨。不管到哪里出巡扈驾，都可以让自己以端然的姿态走向异域，去看异域的自然景观，去感受异域的风土人情。

其实，纳兰性德堪称文武双全，深受康熙皇帝的喜爱，无论到哪里巡视，都会让他扈从出行。纳兰性德的表现，总能让康熙皇帝赏心悦目。文之上，他能陪康熙皇帝谈诗论词；武之上，他能保康熙皇帝人身安全。在关键时刻，纳兰性德的出色表现，也总是给自己加分。

在纳兰性德死后，他的好友姜宸英撰写的《纳腊君墓表》中，记载了纳兰性德这样一件事："侍上西苑，上仓促有所指挥，君奋身为僚友先。上叹曰：'此富贵家儿，乃能尔耶！'"从中可以看出，康熙皇帝在皇家园林西苑游玩的时候，发生了一件意外，让康熙皇帝在仓促之下指挥处置，而纳兰性德恰恰在这个时候挺身而出，一马当先，为皇帝排忧解难。

据考证，清康熙十八年七月二十八日（1679年9月2日）中午，京师地区发生了一场强烈地震。这次地震的震级高达8级，震中在平谷、三河一带，地震波及范围除京城外，还包括周围的河北、山西、陕西、辽宁、山东、河南六省，共计两百余州县。地震给京城带来了巨大的破坏。据释大汕《离六堂集》记载："己未七月二十八日，塞北天摇地震从来无。据闻燕客说，眼见井泉枯，凭空崩倒玉瑱朱璧之银安殿，几处倾翻琉璃玓瓅之金浮图。才说通州忽然陷，又说漏干九曲运粮河。起止不定水与陆，经过何处不啼哭！最是宛平县惨伤，皇天后土竟反复。一响摧塌五城门，城中裂碎万间屋。前街后巷断炊烟，帝子官民露地宿。露地宿，不足齿。万七千人屋下死，骨肉泥糊知是谁？收葬不尽暴无已。亲不顾，友不留，晨夕秋秋冤鬼愁……"这次北京大地震"自被灾以来九阅月矣，或一月数震，或间日一震，或微有摇机，或势摧崩，迄今尚未镇静"。而且余震的强度与危害有时并不逊于初震。据史料记载，七月二十八日初震后，二十九日、三十日复大震，通州、良乡等城俱陷，裂地成渠，流出黄黑水及黑气蔽天。八月初一、十三日、二十五日又大震动；九月初八、十二、十三复大震如初。有人记载余震持续了一个月之久，还有记载说余震持续了三个月之久。据《广阳杂记》记载："康熙十八年七月二十八日巳时地震，京城倒房一万二千七百九十三间，坏房一万八千二十八间。死人民四百八十五名。"同时，邻县通州有三万多人被压死。

当时景象是"京城十万家，转瞬无完垒"。康熙在意识到发生了地震的第一时间，立即调遣人马，指挥抗震救灾。当时，康熙皇帝才二十六岁，在科技不发达的情况下，能够在地震来临之后，立即开始指挥抗震救灾，实属难得。在指挥的过程中，康熙皇帝想到了住在慈宁宫的太皇太后，就命令侍卫纳兰性德到慈宁宫救驾。面对突如其来的地震，纳兰性德显得很是镇定，奋力保护皇帝的安全。随即，他又遵照皇帝的指令，在其他人惊魂未定之时，冒着余震的危险，以最快的速度赶往慈宁宫营救太皇太后，表现得非常英勇沉着。在康熙指挥抗震救灾的过程中，纳兰性德一直守卫在皇帝身边，上传下达，起到了非常重要的作用，经受住了地震的考验，成为抗震救灾的英雄。纳兰性德自担任御前侍卫后，虽然不情愿担任这个职务，但他出入随侍，谨遵命令，忠于职守，堪称劳动模范，受到康熙皇帝的赞赏。用徐乾学《纳兰君墓志铭》中的话来说，就是"类非绮襦纨袴者所能堪也"。

这场地震，带来的并非仅仅是生命财产的损失，更带来了人们的恐慌。地震过后，左都御史魏象枢就想借此机会，来弹劾大学士索额图和纳兰明珠各植党羽。魏象枢认为，正是由于索额图和纳兰明珠这二人的怙权贪纵，才招致天怒，造成灾难，故请求皇帝对二人严加处分。

而康熙皇帝对魏象枢的请求并未予以采纳，相反，他还把主要责任归结到自己身上："顷者地震示警，实因一切政事不协天心，故招此灾变，在朕固宜受谴，尔诸臣亦无所辞责。然朕不敢诿过于臣下，惟有力图修省，以冀消弭。"随后，康熙皇帝颁布了《罪己诏》。命纳兰明珠传谕满汉官员曰："今朕躬力图修省，务挽回天意。尔各官亦宜洗涤肺肠，公忠自矢，痛改前非，存心爱民为国。"

虽然康熙皇帝表彰了纳兰性德的勇为，宽宥了纳兰明珠的过错，不过，这并非意味危险已经解除。纳兰性德素来细心，对政治事件也往往有他独到的见解，甚至"料事屡中"。他看清了康熙皇帝命父亲纳兰明珠传谕的真实用意，于是更加为父亲的政治前途感到担忧。之后，纳兰性德曾经多次从侧面劝说父亲收敛行为，以"清白贻子孙"。而他本人也一改过去的豪爽性格，对周遭多加提防，不轻易与人交往，"客或诣者，辄避匿"。尤其随侍君侧的时候，"进止有常度，不失尺寸"，以致他的师友称之有"惴惴焉如履薄冰"之感。

政途上杀机重重，暗藏陷阱，纳兰性德亦早有避世的想法。不过碍于父亲的期望、康熙皇帝的器重，他还要继续做着不喜欢的工作，闲暇时候与三五好友相会在渌水亭畔，吟诗作对，倒也自得其乐。不过这些词作中，每每显露出他的疲惫，令人不禁哀叹。

纳兰性德有一位非常要好的朋友叫张见阳。张见阳是原籍丰登坞镇、后居北京西山的工部尚书张自德之子。在文采上，张见阳虽然不显突出，但在画工上非同一般。

张见阳字子敏，名纯修，号见阳，出生奉天辽阳。历任招民县知县、广东督粮道、广陵署江防同知、庐州府知府。他的父亲张自德文采出众，是顺治四年进士。隶属汉军正白旗，累官安徽庐州府知府，有《语石轩词》一卷。康熙三十年，张见阳在扬州刊刻《饮水诗词集》时，在序言中说："容若与余为异姓昆弟。"可见纳兰性德与张见阳二人之间关系密切。

张见阳才艺超群，书画诗文俱佳。关于他的画艺，清代绘画著述《国朝画识》称其"性温厚博雅，画得北苑南宫之沉郁，兼云林之飘淡，尤妙临摹，盖其收藏颇多，故能得前人笔意。书宗晋唐，更善图章"。

纳兰性德与他的结识，引荐人是曹寅，也就是《红楼梦》作者曹雪芹的祖父。纳兰性德与曹寅在少年时就有交谊，他们同出于座师徐乾学门下，同为康熙皇帝的御前侍卫，经常有诗文上的往来。曹寅的《楝亭图》就曾得到了纳兰性德题写的《楝亭词》和《曹司空手植楝树记》。而张见阳与纳兰性德的结识，缘于曹寅的引见。

张见阳在与纳兰性德的接触中，发现彼此意气相投，之后还结拜成了异姓兄弟。纳兰性德英年早逝后，张见阳和曹寅十分怀念和痛惜。

张见阳喜欢画兰花。纳兰性德故去后，他每画一幅兰花就在上面题写一首纳兰性德的词。曹寅看了，歆羡不已。于是，曹寅在为张见阳《墨兰图》题写的《墨兰歌》中，特意点出张见阳的深情："每画兰，必书容若词。"张见阳知道好友纳兰性德同样喜欢兰花，早些年，纳兰性德曾经写了一首《点绛唇·咏风兰》：

别样幽芬，更无浓艳催开处。凌波欲去，且为东风住。

忒煞萧疏，怎奈秋如许？还留取，冷香半缕，第一湘江雨。

以花喻人，风兰本非富贵之花，只是生长在深山野壑中的小草而已。但它在秋风中摇曳的姿态，好像是凌波仙子，轻柔飘逸。此时张见阳正令湖南江华，故结尾一句赞扬见阳所画之风兰堪称画中第一。

纳兰性德还曾为张见阳写了一首《菩萨蛮·过张见阳山居，赋赠》：

车尘马迹纷如织，羡君筑处真幽僻。柿叶一林红，萧萧四面风。

功名应看镜，明月秋河影。安得此山间，与君高卧闲。

张见阳在京城曾隐居西山一带，居处幽僻，柿子树上结出的果实如灯笼一般，西风拂面，格外清爽。功名如水月镜花，转瞬即逝。若能归隐林下，过着悠闲自适的生活，该是多么惬意啊。纳兰性德路过张见阳的山居时，有感于居处的幽僻，遂赋此词抒怀写志。这首词，既表达了对张见阳山居的羡慕之情，也表达了视功名为虚幻的镜花水月之情，还表达了渴望归隐林下的闲适之情。

纳兰性德还为张见阳写了一首《菊花新·用韵送张见阳令江华》的送别词：

愁绝行人天易暮，行向鹧鸪声里住。渺渺洞庭波，木叶下，楚天何处。

折残杨柳应无数，趁离亭笛声吹度。有几个征鸿，相伴也，送君南去。

相聚纵有千般好，亦是短暂。康熙十八年，张见阳赴任江华县县令，纳兰性德万分不舍，填词相送。见阳远赴西南，天地愁。晚风扶柳，天色迷离。袅袅兮秋风，洞庭波兮木叶下。纳兰性德在送别见阳之时依依难舍，代表着别后想念的杨柳，折了无数次，原本就应趁着长亭离宴上的笛声就此作别，却依稀不忍离去。但愿有鸿雁相伴，一路送君南行，也好聊慰愚兄心怀。

不久，纳兰性德又写了一首《踏莎行·寄见阳》：

倚柳题笺，当花侧帽，赏心应比驱驰好。错教双鬓受东风，看吹绿影成丝早。

金殿寒鸦，玉阶春草，就中冷暖和谁道。小楼明月镇长闲，人生何事缁尘老。

张见阳走后，纳兰性德依然过着随君南北的生活。他本来就对这样的生活感到厌倦，于是在思念故友的时候，填了这首词，并且表达了自己对官场生活的厌烦。在宫廷里生活、当差，其中苦乐如鱼饮水，冷暖自知，难与他人叙说。"倚柳题笺，当花侧帽"，这样安闲自适的生活，正是纳兰性德所渴望。侧帽之语出自《周书·独狐信传》，言说"在秦州，尝因猎，日暮，驰马入城，其帽微侧，诘旦，而吏人有戴帽者，咸慕信而侧帽焉。"

多年后，张见阳对纳兰性德的感思除发诸绘画诗文外，还含痛整理了纳兰性德的遗作，刊刻了《饮水诗词集》，并使之流传于世。

纳兰性德还有一位至交叫姜西溟，他的一首《金缕曲·姜西溟言别，赋此赠之》就是写给姜西溟的：

谁复留君住？叹人生、几番离合，便成迟暮。最忆西窗同剪烛，却话家山夜雨。不道只、暂时相聚。滚滚长江萧萧木，送遥天、白雁哀鸣去。黄叶下，秋如许。

日归因甚添愁绪。料强似、冷烟寒月，栖迟梵宇。一事伤心君落魄，两鬓飘萧未遇。有解忆、长安儿女。袂敝入门空太息，信古来、才命真相负。身世恨，共谁语。

姜西溟名宸英，字西溟，号湛园，又号苇间，浙江慈溪人。康熙二十六年（1697 年）探花，授编修，年已七十。初以布衣荐修明史，与朱彝尊、严绳孙并称为"江南三布衣"。康熙十七年来京城，被纳兰性德留居在纳兰明珠府。康熙十九年秋，姜西溟的母亲去世，纳兰性德资助姜西溟回家祭母，并赋诗词以赠，《金缕曲·姜西溟言别，赋此赠之》就是其中的一首。虽然姜西溟已母丧南归故里，但纳兰性德的词中却绝少言此，而是以惋惜、同情其不第、仕途不遂为主，由此亦可见纳兰性德为姜西溟"才命相负"的身世愤愤不平。《战国策·秦策一》：苏秦"说秦王书十上而说不行。黑貂之裘敝，黄金百斤尽，资用乏绝，去秦而归。"后以此典形容为功名奔走，其志未遂。纳兰性德用在这里，是说西溟不第而归，空自叹息。

这一别，"君问归期未有期，巴山夜雨涨秋池。何当共剪西窗烛，却话巴山夜雨时。"人生苦短，相聚无多。眷恋诤友之意，起落婉转，惜别之情字字写透。纳兰性德一边痛惜姜西溟之"落魄"，一面劝慰他家中"有解忆"之儿女，可享天伦，这总比冷烟寒月的空门要好得多了。

琵琶仙 中秋

碧海年年,试问取,冰轮为谁圆缺?
吹到一片秋香,清辉了如雪。
愁中看好天良夜,知道尽成悲咽。
只影而今,那堪重对,旧时明月。
花径里、戏捉迷藏,曾惹下萧萧井梧叶。
记否纨扇小扇,又几番凉热。
只落得、填膺百感,总茫茫、不关离别。
一任紫玉无情,夜寒吹裂。

——[清]纳兰性德

第七章

我是人间惆怅客，

知君何事泪纵横

01 父命难违，断弦再续

康熙十九年（1680 年），纳兰性德已经二十六岁了，此时，卢氏去世已经三年了。在纳兰性德强力坚持下，卢氏的灵柩在双林禅院停放了一年有余。灵柩下葬以后，纳兰明珠多次要给纳兰性德续弦，可是都被纳兰性德以为妻子守丧之名加以拒绝。可是，纳兰性德心里明白，作为家里的长子，他必须承担起传宗接代和光耀门楣的义务，续弦是早晚的事。

三年的时间已经过去了，守丧的理由显然已经搪塞不过去了。正像纳兰性德所预料的那样，这次父亲提起续弦的口气是不容置疑的，而且续弦之事已早有人选，那就是瓜尔佳家族一等公朴尔普之女。瓜尔佳家族后裔一般改为汉姓"关"或"官"，故后来都称呼这位女子为官氏。

如果说卢氏出自"名门"，那么这位官氏则是典型的出自"豪门"了。官氏的曾祖父直义公费英东，性格忠直，作战勇敢，是清朝的开国元勋，更是努尔哈赤最为倚重的五大臣之一。官氏的祖父图赖，是清初时期的名将，因得其家传，能征善战，曾经参加过锦州之围、大凌河之围，击败过李自成麾下的大将刘宗敏和刘芳亮等部，后攻陷太平府城擒获福王朱由崧，再后来远征福建，击败黄鸣俊等于仙霞关，杀伪唐王朱聿钊，可谓战功赫赫。图赖后卒于军中，追谥昭勋公，配享太庙。

官氏的父亲朴尔普，曾任内大臣和领侍卫内大臣，后升任光禄大夫、少保、一等公，曾经是身为侍卫的纳兰性德的顶头上司。这位一等公大臣早就看好了纳兰性德，怎奈当初女儿年幼，而女儿成年以后，纳兰性德又已成婚，以他的家世和地位，女儿做侧室又显得委屈，所以卢氏去世以后，他便及时把握机会，既为女儿寻到了好的归宿，又攀附结交上了皇上面前的大红人，这岂不两全其美！

于是，在纳兰明珠的强势安排下，在纳兰明珠府上上下下的操办下，纳兰性德又一次做了新郎。但是，这个新郎官，纳兰性德却觉得自己只是一副躯壳而已。这种心态，不仅源于对亡妻的无限怀念，更主要的，是他对这种有着浓厚政治色彩的婚姻充满了抵触情绪。

面对陌生的新婚妻子，纳兰性德感到无限的孤独，对卢氏的思念也越来越深切。尤其到了卢氏忌日这一天，他的满腹愁肠再一次倾泻而出，写下了一首《金缕曲·亡妇忌日有感》：

此恨何时已！滴空阶、寒更雨歇，葬花天气。三载悠悠魂梦杳，是梦久应醒矣。料也觉、人间无味。不及夜台尘土隔，冷清清、一片埋愁地。钿钗约，竟抛弃。

重泉若有双鱼寄。好知他、年来苦乐，与谁相倚。我自中宵成转侧，忍听湘弦重理。待结个、他生知己。还怕两人俱薄命，再缘悭、剩月零风里。清泪尽，纸灰起。

自从妻子卢氏逝去之后，纳兰性德就一直在自己编织的情网中痛苦地挣扎着，他沉溺于对美好往日的追忆中，因此也写下了几十首的悼亡之作，而这首则称得上他所有悼亡词中最感人的一首。

这首词的一开篇，纳兰性德就化用李之仪《卜算子》中"此水几时休，此恨何时已"的成句，看似突兀的一个反问句，却真实地道出了纳兰性德对卢氏之亡的哀伤痛悼之情，虽然卢氏已经去世三年，但是纳兰性德对她的思念却一直没有停止，他也曾想开始新的生活，却又始终放不下旧情，在亡妇忌日之时，他的这种郁结已久的矛盾心情终于得以释放，一个"恨"字，点明了全词的主旨。

接下来，词中交代了时间、地点，"滴空阶、寒更雨歇，葬花天气"，古时词人写景物，通常是借景抒情，温庭筠在《更漏子》中曾写道："梧桐树，三更雨。不道离情正苦。一叶叶，一声声，空阶滴到明。"与温庭筠所表达的离情别绪相比，纳兰性德所表达的生死之痛显得更加凄苦。

卢氏的忌日是农历五月三十，此时正是绿叶茂盛、花渐凋谢的暮春季节，因此说是"葬花天气"。屋外雨声连连，而纳兰性德的心情则沉重凄清，所以他虽然身在春季，却感受此时已是"寒更"。

对于卢氏的离世，纳兰性德始终不能接受这个事实，他总希望这是一个梦，等到梦醒之后，卢氏就会出现在他的面前。但幻想终究是幻想，又有哪个梦一做就是三年呢？对于卢氏之死的原因，纳兰性德猜想是因为她"料也觉、人间无味"。因为坟墓虽然冷清孤寂，但是却能够把所有的愁苦都埋葬于地下，这句话就给今人留下了一个疑问，既然卢氏死后她的丈夫留下如此之多的悼亡之作，那在她生前又会有怎样的愁苦让她觉得"人间无味"呢？

上阕结尾的"钗钿约，竟抛弃"呼应开篇的"此恨何时已"，似有怨恨之意，你和我本有钗钿之约，如今你却为何要违背誓言，让我独自一人痛苦地生活在人间？

到了下阕，纳兰性德开始倾诉自己的别后生涯。"重泉若有双鱼寄。好知他、年来苦乐，与谁相倚。"纳兰性德在这里设想阴间如果能通书信，自己也就能够知道卢氏这些年来的苦乐哀思与谁一起相伴度过。

从生前的恩爱，到关心亡妻死后的生活，在其逝去后经常夜不能寐、辗转反侧地思念她，可见纳兰性德对卢氏的爱已经深入骨髓。"湘弦"一词在这里明指纳兰性德害怕睹物思人，因此不忍再弹那哀怨凄婉的琴弦，也暗含了他不忍续弦再娶之意。

据记载，纳兰性德在卢氏死后，"悼亡之吟不少，知己之恨尤多"。在妻死不能复生、自己又不忍续弦的情况下，纳兰性德想要和卢氏"待结个、他生知己"，这虽然是一种不切实际的自我安慰，但是纳兰性德对此无比的执著，甚至还害怕他们两个人即使来生结缘，却也像今生这样命薄，美好的光景、美好的情缘不能长久。

全词照应"此恨何时已"，表达出了三层怨恨：今生无缘在一起，此为第一恨；幻想阴间能通书信，却是不可能，此为第二恨；希望来生能再做夫妻，却又怕两人命薄，仍然人鬼殊途，此为第三恨。

在词的结尾，纳兰性德终于从内心世界回到现实，在那空阶之上，亲手点燃了祭奠亡妻的纸钱，并且自己心中所有的情感都化成一句话，"清泪尽，纸灰起"。

全词读完，不禁让人潸然泪下，如果世间真能有这样真挚的情感，那么死亡也就变得不再恐怖。

当纳兰性德的好友顾贞观读到这首词时，深受感动，因为只有他最能读懂纳兰性德此刻的心情。于是顾贞观和词一首《金缕曲（好梦而今已）》：

好梦而今已。被东风、猛教吹断，药炉烟气。纵使倾城还再得，宿昔风流尽矣。须转忆、半生愁味。十二楼寒双鬓薄，遍人间、无此伤心地。钿钗约，悔轻弃。

茫茫碧落音难寄。更何年、香阶刬袜，夜阑同倚。珍重韦郎多病后，百感消除无计。那只为、个人知己。依约竹声新月下，旧江山、一片啼鹃里。鸡塞香，玉笙起。

此词与纳兰性德的词同调、同题、同韵。此词一出，颇受后人非议。近代人张任政说：这是人家闺阁之事，岂是你顾贞观一个外人随便谈及的？更有人针对"香阶刬袜，夜阑同倚"这两句，说顾贞观"非止轻俗，犹见唐突"，就连当代大学者钱钟书也这样评论这首词："借面吊丧，与之委蛇"，"替人垂泪，无病呻吟"。可见，顾贞观与纳兰性德的关系非同一般，他们之间，已经超越了一般文友的感情。顾贞观是个狂生，他不会介意这些议论。他觉得，既然能读懂好友的心事，便不妨直截了当说出来。其实，也只有顾贞观最能明白纳兰性德心中的痛，不仅是他永远失去了最珍爱的人，更因为他从此失去了对生活的信念。

面对新婚丈夫的不冷不热，官氏的内心也非常苦闷。但是，作为一个豪门闺秀，又是武将之后，在纳兰性德面前，官氏不会表现得像卢氏那般温婉，而是表现得比较强势。但她的强势，没能在纳兰性德身上起到任何作用，却使她的丈夫对她越加疏远。

苦闷的官氏无聊地在渌水亭边上散步，她忽然看到了池塘里那株含苞待放的并蒂莲，便觉心生暖意，不久又困惑起来：并蒂花开，多么好的风景啊！可是，我为什么就不能与我的相公并蒂花开呢？无意中，官氏看到了纳兰性德留在桌案上的《一丛花·咏并蒂莲》这首词：

> 阑珊玉佩罢霓裳，相对绾红妆。藕丝风送凌波去，又低头，软语商量。一种情深，十分心苦，脉脉背斜阳。
>
> 色香空尽转生香，明月小银塘。桃根桃叶终相守，伴殷勤、双宿鸳鸯。菰米漂残，沈云乍黑，同梦寄潇湘。

纳兰性德的这首词，借用神话故事、历史传说等，神形兼备，细致生动地刻画了并蒂莲的色泽形貌，用人拟物，表现并蒂莲相生相伴。纳兰性德不仅勾画出了并蒂莲之神韵，也使自己的性情深蕴其中，耐人寻味。此词虽未标明悼亡，但给人凄然欲绝的感觉。

读着丈夫所作的词，官氏心里禁不住地千回百转。官氏性情虽然稍显粗犷，但是她从小也接受过诗书礼仪方面的教育，纳兰性德的这首词，她还是能粗略读懂的。一种好奇心驱使她更加关注丈夫过去的境遇。于是，她又随意翻了翻桌案，只是三两下，一张诗稿就呈现眼前，官氏拿起一看，是纳兰性德一首《四时无题诗（之一）》：

> 水榭同携唤莫愁，一天凉雨晚来收。
> 戏将莲荪抛池里，种出花枝是并头。

显然，这首诗是纳兰性德的旧时之作。官氏从这首诗里，仿佛看到了傍晚的荷塘边，一对爱侣正在热闹地嬉戏、玩耍，他们笑着、闹着，把一把莲子抛向池塘，又嘻嘻哈哈地说，将来种出来的就一定是并蒂莲了。可能他们都没有想到，一个无意的玩笑之举，居然真的就种出了并蒂莲来。难怪丈夫今日有如此的感慨。官氏不止一次在心里揣测着，丈夫的那个前妻，究竟是一个怎样的女子？亡故三年多了，却依然能让自己的丈夫如此追思回忆、念念不忘。对这位女子，官氏在羡慕之外，更恨她生生地搅走了一个男人的心，从而害得自己虽然与他朝夕相对，却是同床异梦，形同陌路。想到这些，官氏不觉内心一股寒凉。她知道，并蒂花开是一件非常美好的事情，可是，那美好的情景，却与她没什么关系了。

02 挚友归乡，孤影秋凉

康熙二十年（1681 年），纳兰性德的莫逆之交顾贞观的母亲去世了，顾贞观要返回家乡，为母守孝。古代的守孝礼仪是很苛刻的，也是有些违反人道的。为此，并不能把古代守孝礼仪都用于现代社会。守孝三年期间，不能结婚，只是丧仪的一部分而已。其他的还有：三年之内不准做官。汉朝有个叫陈汤的伙计，父亲死了，不回家守孝，居然还想着去做官。结果被人告发了，不但他坐牢了，就连举荐他的人也被扣了工资。已经做官的，要辞职回家。三年之内不准参加科举考试。陆游第一次参加科举没中，后来正赶上父亲过世，结果一下子就过了十年才参加第二次科举。三年之内不但不准结婚，而且不准行房，不准生孩子。

顾贞观回老家奔丧，纳兰性德给以全部资助，并写《送梁汾》一诗送行：

西窗凉雨过，一灯乍明灭。

沉忧从中来，绵绵不可绝。

如何此际心，更当与君别。

南北三千里，同心不得说。

秋风吹蓼花，清泪忽成血！

　　这首诗，纳兰性德写得深沉而悲痛。他一方面对友人的离去表示依依不舍，另一方面也对顾贞观悼念母亲的心情十分理解。因为母亲的去世，顾贞观不得不离京南归，更衬托出顾贞观与纳兰性德二人之间的依依不舍。

　　同时，纳兰性德还写了一首《鹧鸪天·送梁汾南还，为题小影》，来送别老朋友：

　　握手西风泪不干，年来多在别离间。遥知独听灯前雨，转忆同看雪后山。
凭寄语，劝加餐。桂花时节约重还。分明小像沉香缕，一片伤心欲画难。

　　由于职业的原因，纳兰性德经常跟随康熙皇帝扈驾外出，因此，无法与友人见面交流，吟诗填词，对此，他深感遗憾。他想象顾贞观南归家乡后，一定会拥有"独听灯前雨"的孤独，就劝他孤独时多多回忆"同看雪后山"的情景，以此来缓解心中的寂寞。他要顾贞观保重身体。虽然还没有分别，但纳兰性德已经与顾贞观约定了重还的日子。因为离别的伤痛，让纳兰性德"一片伤心欲画难"。

　　纳兰性德还在《木兰花慢·立秋雨夜，送梁汾南行》一词中写道：

　　盼银河迢递，惊入夜，转清商。乍西园蝴蝶，轻翻麝粉，暗惹蜂黄。炎凉。等闲瞥眼，甚丝丝、点点搅柔肠。应是登临送客，别离滋味重尝。

　　疑将。水墨画疏窗。孤影淡潇湘。倩一叶高梧，半条残烛、做尽商量。荷裳。被风暗剪，问今宵、谁与盖鸳鸯。从此羁愁万叠，梦回分付啼螀。

　　送别本就是伤感的事，而这里所作的送别又偏偏是在"立秋夜雨"之时，这就更加愁上添愁了。词则是紧紧贴合着"立秋"和"夜雨"的题面展开铺叙的，伤离怨别的意味和悲凉凄切的情绪交织在一起，更为细密深透。

　　"盼银河迢递"显然是纳兰性德化用秦少游《鹊桥仙》的句子："纤云弄巧，飞星传恨，银汉迢迢暗度。"前三句是说盼望着高远的天河出现，入夜却偏偏下起了悲凄的秋雨。清商是古代五音之一，也叫商音，调子悲凉凄切。依照阴阳五行学说，商与秋皆属"金"，因此在诗词中商、秋可以通用，清商即清秋。在这里借指入夜后的秋雨之声凄清。

"乍西园蝴蝶，轻翻麝粉，暗惹蜂黄。"西园，在纳兰府的西部。麝粉本来是香粉的意思，在这里代指蝴蝶翅膀。这三句是说秋风乍起，园中蜂飞蝶舞，一片衰飒的景象。三句之后的"炎凉"是概括，表明前面所描绘的景象暗喻着仕途的炎凉变幻。

词句到了这里，纳兰性德本以为入秋夜雨是等闲之事，但今夜，那丝丝点点之声，却令人搅断寸寸柔肠。纳兰性德为这样凄冷的情景找了理由，"应是登临送客，别离滋味重尝"，想来，是因为此时正是别离时，这渐沥秋雨才这样扯断人肠。

"疑将"是仿佛、类似的意思，将在这里只是助词。唐朝王勃《郊园即事》中有句："断山疑画障，悬溜泄鸣琴。"紧随其后的两句"水墨窅疏窗，孤影淡潇湘"，其意境很是空淡疏缈。疏窗是雕刻有花纹图案的窗户。潇湘，本指湘江，在此处代指潇湘景色。和下阙开头两字连在一起看，纳兰性德是在勾勒这样一幅景象，秋夜雨洒落在疏窗上，那雨痕仿佛是屏风上画出的潇湘夜雨图。"潇湘"二字本就是离愁别恨的代名词，在这里无非是纳兰性德心事的一种寄托。

"倩一叶高梧，半条残烛，做尽商量"，这句子纳兰性德说得婉转，"倩"是请、恳求的意思，宋朝姜夔《月下笛》有："多情须倩梁间燕，问吟袖、弓腰在否？"而商量不同于现代汉语，在这里是独自斟酌、思考之意。南宋诗人洪咨夔《念奴娇·老人用僧仲殊韵咏荷花横披，谨和》中有："香山老矣，正商量不下，去留蛮素。"窗外夜雨梧桐、屋内泣泪残烛，怎不让人伤神？

"荷裳。被风暗剪，问今宵、谁与盖鸳鸯"，已至秋天，荷塘自然也是一片萧素，此情此景，像极了李商隐那首《宿骆氏亭寄怀崔雍崔衮》里的句子："秋阴不散霜飞晚，留得枯荷听雨声。"

"问今宵谁与盖鸳鸯，"其实，这一句可以和纳兰性德的另外一首词对照着来看。纳兰性德曾在《浪淘沙·秋思》里写道："端正一枝荷叶盖，护了鸳鸯"，和这里似乎是同一种语境，不过一种是愁苦无依，一种却尚有一丝温情。这种变化，或许也与纳兰性德的心境不同有关。

到了"从此羁愁万叠，梦回分付啼螀"，纳兰性德终于将"送别"二字明写在了词面上，螀是蝉的意思，在诗词中是重要意象之一，通常表达悲戚之情，用于离别的感伤。柳永那首著名的《雨霖铃》开头便写道："寒蝉凄切，对长亭晚，骤雨初歇。"纳兰性德最后这两句意为，你将上路远行，从此以后旅途劳顿，离忧恼人，当梦醒的时候，唯有悲切的寒蝉声相伴了。纳兰性德把这样的话放在词末，惜别离愁之意溢于言表。

知己好友生生离别是十分痛苦的事情，没有顾贞观，纳兰性德就会觉得自己有话无处诉说。他在《虞美人（风灭炉烟残炧冷）》一词中写道：

风灭炉烟残炧冷，相伴惟孤影。判教狼藉醉清尊，为问世间醒眼是何人？

难逢易散花间酒，饮罢空搔首。闲愁总付醉来眠，只恐醒时依旧到尊前。

词中，纳兰性德首先描绘了凄冷孤独的心境，香炉中燃的香火被风吹灭，残烛亦被风吹得摇摇欲灭，他只能与自己的身影相伴，这种寂寞与孤独实在令人难耐。纳兰性德顾不得醉酒的狼狈，急不可耐地借酒浇愁。屈原有句："举世皆浊我独清，众人皆醉我独醒。"看世人们醉生梦死，有几个人是清醒的？好容易有了"醒眼"人，却又离我而去，不让人倍感凄凉。只有醉酒才能让人忘掉孤独，摆脱凄凉，还是喝酒吧，哪怕只是暂时忘掉这些。

下阕中，纳兰性德感叹知己好友的逢难散易。他与顾贞观相交恨晚，结识后又不能常聚，饮酒间回想起二人同吟"花间"词，同喝一壶酒，因此更为痛苦。本是为忘却而饮酒，饮酒时却又回忆起更多的往事，不能忘却，因此"饮罢"只能"空搔首"了。这种愁只能在醉酒后的酣睡中暂时摆脱，但只怕是醒来时又得去饮酒了。

词写得感情细腻，情绪激愤。"为问世间醒眼是何人"一句，既写出了友谊的珍贵，又是对现实的批判。

分别之后，二人常有书来信往，纳兰性德写了不少词作寄给了顾贞观，如《金缕曲·寄梁汾》一词：

木落吴江矣，正萧条，西风南雁，碧云千里。落魄江湖还载酒，一种悲凉滋味。重回首，莫弹酸泪。不是天公教弃置，是南华，误却方城尉。飘泊处，谁相慰？

别来我亦伤孤寄，更那堪、冰霜摧折，壮怀都废。天远难穷劳望眼，欲上高楼还已。君莫恨，埋愁无地。秋雨秋花关塞冷，且殷勤，好作加餐计。人岂得，长无谓？

　　这首词，是纳兰性德与顾贞观别后的寄情之作。词中首先遥念顾贞观在故乡吴江的情景。吴江也应是秋风落叶雁南飞，萧条冷落，顾贞观心中的孤独凄凉，怕也同这季节一样。传说春秋时越大夫范蠡助越王勾践灭吴雪耻之后，认为勾践"可与同患，难与处安"，和西施一同载酒泛湖，隐居不仕。顾贞观如今"落魄江湖还载酒"，却无知己者相伴，怕也别有一番悲凉滋味上心头。这种悲凉，还来自于小人的打击。这和唐词人温庭筠的遭遇类似。唐宣宗曾尝试作诗，上句有"金步摇"，下句却找不到相对的词。温庭筠就以"玉条脱"相对。对此，唐宣宗很是欣赏。但宰相令狐绹却嫉妒温庭筠，诘问"玉条脱"的出处。温庭筠讽刺令狐绹说："事出《南华》，非僻书。相公燮理之暇，亦宜览古。"后来，温庭筠又讥笑令狐绹为"中书省内坐将军"。于是，令狐绹陷害温庭筠，温庭筠因此被贬为方城尉。纳兰性德借这个故事劝慰顾贞观，不是老天把你弃置一隅，而是有令狐绹那样不学无术的朝中小人打击排挤你。

　　下阕先写自己的心情。与友人分别以后，纳兰性德因扈驾离京，羁旅外地。边塞的"冰霜"，更有政治上的压力，这种种"摧折"，自己的理想与抱负实在难以实现。展望前途茫茫，想都不敢去想。然后劝慰顾贞观不要再痛恨这种现实。汉仲长统有诗句"寄愁天上，埋忧地下"，而现在是连埋愁之地都找不到。在这秋雨打秋花的时节里，边塞更寒冷。尽管环境恶劣，还是要保重自己。人生总不能老是这样，无所作为吧。词中有同病相怜的劝慰，又有鼓励，感情真挚，很令人感动。

　　纳兰性德还为顾贞观寄了一首《凤凰台上忆吹箫·除夕得梁汾闽中信因赋》：

　　荔粉初装，桃符欲换，怀人拟赋然脂。喜螺江双鲤，忽展新词。稠叠频年离恨，匆匆里、一纸难题。分明见、临缄重发，欲寄迟迟。

　　心知。梅花佳句，待粉郎香令，再结相思。记画屏今夕，曾共题诗。独客料应无睡，慈恩梦、那值微之。重来日、梧桐夜雨，却话秋池。

　　此时，顾贞观因母丧南归，与纳兰性德分别已有四月有余。纳兰性德收到顾贞观的来信后，很是高兴，除夕之夜即燃灯赋词，以寄欣喜。词中充满了怀念之情。纳兰性德展纸赋词，想到了顾贞观寄信时的情状，信封好又开，

"欲寄迟迟"，惟恐信中不能完全表达思念之情。这都是因为离情太浓、太多之故。辛弃疾在闽之三山有梅花相思之句，纳兰性德用来指代顾贞观的来信，表示期待有一天两人能重新结为不散的诗侣。纳兰性德又回忆起与朋友共度除夕时一起题诗的往事。然后又借唐诗人元稹梦游故乡来表达思念之情。元稹有《梁州梦》诗一首："梦君同绕曲江头，也向慈恩院院游。亭吏呼人排去马，忽惊身在古梁州。"诗后自注："是夜宿汉川驿，梦与杓直、乐天同游曲江，兼入慈恩寺诸院，倏然而寤，则递乘及阶，邮吏已传呼报晓矣。"白乐天亦于是日梦元微之，寄诗相忆。白行简曾为此作《三梦记》，传为文坛思友的佳话。纳兰性德化用此典来倾诉二人相思之情，非常贴切、亲切。最后借用唐诗人李商隐《夜雨寄北》诗的诗意来表达切盼重逢的感情。

纳兰性德与顾贞观之间的友谊，确如顾贞观在为纳兰性德撰写的《祭文》中所说，已到了"无一日不相忆，无一事不相体，无一念不相注"的程度。顾贞观在《祭文》中还说："语惟文史，不及世务。或子袭面我复，或我觥而子举。君赏余《弹指》之词，我服君《饮水》之句"。纳兰性德与顾贞观共同的爱好、相近的思想，是他们友谊的坚实基础。

03 构筑茅屋，期待好友

顾贞观回老家无锡为母亲守孝，纳兰性德一直惦记着远在南方的他，依依送别的场景一直都记忆犹新。一天，纳兰性德刚刚扈从康熙皇帝从保定打猎归来，不顾路途的劳累，就直奔自己在渌水亭内的书斋。渌水亭里，纳兰性德总能从一些诗词字画中，寻找到一些顾贞观的影子。

身为御前侍卫，纳兰性德经常扈从康熙皇帝出巡在外，所以，与当时同在京城的顾贞观总是聚少离多，心中不免有些落寞。如今，好友回江南为母守孝已两年有余，却没有什么时候能够回来的消息。自己的爱妻卢氏已魂归天堂，挚友顾贞观又远在异乡，虽然在父命之下续娶了官氏，但因为缺少心灵的沟通，笼罩在纳兰性德心头的，都是一丝丝寂寞与凄凉。

纳兰性德知道，当初，顾贞观频繁出入渌水亭，曾惹来了许多非议。不知道他们之间有着深厚感情的人，都以为顾贞观与纳兰性德交往是趋炎附势、攀附权贵。顾贞观虽是洒脱人，但长此以往，心里也避免不了有些不自在起来。但是，纳兰性德看出顾贞观的心思后，以一句"君自见其朱门，贫道如游蓬户"让他打开心结，消除了他的顾忌。

"君自见其朱门，贫道如游蓬户"一句出自于《世说新语》："竺法深在简文坐，刘尹问："道人何以游朱门？"答曰："君自见其朱门，贫道如游蓬户。"或云下令。"意思是说：和尚竺法深成了简文帝的座上客，丹阳尹刘惔问他："你一个和尚，怎么如此频繁地出入富贵门第呢？"和尚竺法深答道："贫道出入的地方，在您眼里是高门大宅，乌衣门第，在我眼里，其实和普通平民百姓的蓬户没什么两样。"

纳兰性德知道顾贞观对这段典故比较熟悉，所以他才引用《世说新语》的话来劝慰顾贞观。想起这些往事，纳兰性德突然感觉到：他应该在渌水亭畔选一处好的位置，为好友顾贞观构建一座茅屋，以此作为一份礼物，来迎接好友的回归。他觉得，如果不用建茅屋的办法来给顾贞观施加压力，恐怕他是再也不会回来了。

说做就做。他不顾父亲纳兰明珠的反对，也不顾建茅屋是否与周围的环境相协调，利用稍有的闲暇时间，亲自查看选定地址，亲自参与画图设计，亲自购置建筑材料。经过近一年的紧张施工，终于在富丽堂皇的纳兰府里，在金碧辉煌的渌水亭畔，建起了一座茅屋。看着自己新建起的茅屋，纳兰性德感觉自己压抑许久的心情仿佛得到了释放，有一种归隐田园的轻松感觉。他即兴赋《茅斋》一首：

闲亭照白日，一室罗古今。

偶焉此栖迟，抱膝悠然吟。

吟罢有余适，散瞩复披襟。

时开玉怀卷，或弹珠柱琴。

檐树吐新花，枝头语珍禽。

花发饶冶色，禽鸣多娇音。

色冶眩春目，音娇伤春心。

夕阳下虞渊，寂莫还空林。

清光复相照，片月西山岭。

东园桃李姿，是妾嫁君时。

燕婉为夫妇，相爱不相离。

良人忽远征，妾独守空帏。

忧来恒自叹，冀死魂追随。

又念妾死时，谁制万里衣？

> 幸有双鲤鱼，拟为寄君辞。
>
> 终日不成章，含泪自封题。
>
> 君若得鲤鱼，剖鱼开素书。
>
> 但看行中字，一一与泪俱。

茅屋刚一建成，纳兰性德便迫不及待地修书一封，寄给江南无锡的顾贞观，所寄之信就是《寄梁汾并其茅屋以招之》这首诗：

> 三年此离别，作客滞何方。
>
> 随意一尊酒，殷勤看夕阳。
>
> 世谁容皎洁，天特任疏狂。
>
> 聚首羡麋鹿，为君构草堂。

这首诗，纳兰性德写得很是巧妙。他明明知道顾贞观是回乡为母亲守孝，可他偏偏在诗中说"做客滞何方"，这分明是说顾贞观的家在北京，而返回无锡是去做客。然后，纳兰性德就想象顾贞观回来后，两个人再度重逢，不生疏，不客套，不虚假，亲密地坐在一起，别样的心情，别样的情境，举杯相敬，在夕阳下畅谈，惬意而轻松。纳兰性德称赞顾贞观的"皎洁"，也欣赏顾贞观的"疏狂"，顾贞观所拥有的品性，非来自于尘世，而来自于天成。纳兰性德最后用苏轼《前赤壁赋》中"渔樵于江渚之上，侣鱼虾而友麋鹿"的句意，来说明"构草堂"的目的，是为了好朋友能一起陶醉在自然美景之中，能一起陶醉在真挚的亲密友情之中。

一封信发出，纳兰性德担心不足以打动顾贞观，随后又写了一首《满江红·茅屋新成，即赋》，再一次交给信差快马送出：

> 问我何心？却构此、三楹茅屋。可学得、海鸥无事，闲飞闲宿。百感都随流水去，一身还被浮名束。误东风、迟日杏花天，红牙曲。
>
> 尘土梦，蕉中鹿。翻覆手，看棋局。且耽闲殢酒，消他薄福。雪后谁遮檐角翠，雨余好种墙阴绿。有些些、欲说向寒宵，西窗烛。

词一开篇，纳兰性德就抛出一个问句，似乎给人以突兀的感觉，但是，这一问句，却能引起顾贞观的注意力：纳兰性德为何会有此一问呢？怀着疑问，顾贞观一定会忍不住地读下去。原来是"却构此、三楹茅屋。"堂堂纳兰明珠府公子，当朝天子的御前侍卫，为什么要构建茅屋呢？顾贞观会带着问题继续读下去。

自古文人都是比较浪漫的。北宋著名诗人林逋，传说他终生不仕不娶，隐居杭州西湖，结庐孤山，以湖山为伴。自己经常乘一叶小舟在西湖游赏，如果有客人来，小童便放飞仙鹤，林逋看见了就驾着小舟回来了。林逋不爱富贵功名，只喜欢游山玩水，植梅养鹤，世人称他"梅妻鹤子"。纳兰性德很羡慕林逋，于是就写出了："可学得，海鸥无事，闲飞闲宿。"他觉得，茅屋几间，鹭朋鸥侣，青山绿水，相看不厌，悠然自得，乃是人生一大乐事，难怪陶渊明的《归园田居》倾倒了那么多的文人墨客。

想想林逋这样的生活，真是令人向往的事情。可是，想到自己眼前的处境，纳兰性德不禁感慨万千："百感都随东逝水，一身还被浮名束。"他感觉自己生生被浮名虚誉束缚着，不能自由自在地享受人生，白白浪费了多少大好时光，辜负了多少良辰美景，若是能够隐逸在林逋隐居的那样的地方，还有什么忧愁是抛不掉的呢？

"误东风、迟日杏花天，红牙曲。"沐浴在和煦的春风里，徐徐穿行在摇曳飘洒的杏花香中，兴起时唱一曲轻快婉柔的小调，多么的自在。这就是纳兰性德所憧憬的风景，也是希望与老朋友顾贞观能够一起分享的风景。

"尘土梦，蕉中鹿"，这是《列子》的故事：说郑国有个人在山里砍柴，遇到一只受惊的鹿。他迎上去杀了这只鹿，但怕被别人看到，就急急忙忙把鹿藏到了一条土沟里面，还盖上了一些芭蕉叶。看到自己掩藏得很是周密，就高兴得不得了。但没想到的是，很快他就忘记了藏鹿的地方，便以为杀鹿是自己做的一个梦，还边走边念叨着这个梦。不想，他的话被别人听到，别人就按照他所讲的情形，很快就找到了藏鹿的地点，结果把鹿取走了。

得到便宜的人回到了家里，高高兴兴地对自己的妻子说："刚才一个砍柴的人说，他梦到自己打死了一只鹿，然后就藏了起来，但却忘记了藏鹿的地方。结果，我果然找到了那只鹿，那个人做的梦竟是真的呢！"妻子却说："你大概也是梦见有这么一个砍柴的人打死了一只鹿吧？你现在真的找到了那只鹿，是你的梦想成真了吧？"那人答道："反正鹿是真的，管他是谁在做梦呢！"

那个砍柴的人回到家里，心有不甘，于是日有所思，夜有所梦，当晚便梦到了那个藏鹿的地方，又梦到了取走鹿的那个人。一大早，他便循着梦境找到那个人的家里，非要讨回那只鹿。于是，双方各不相让，都说鹿应该是自己的，争执不清后，就将官司打到了士师那里。

士师判决道："你当时真的打死了一只鹿，却稀里糊涂以为在做梦，当晚做梦得到了鹿，却稀里糊涂以为是事实。他确实取走了你的鹿，你却同他争这只鹿，他妻子又说他是在梦里认出的人和鹿，这说明并没有谁真正得到了鹿。现在鹿就在眼前，你们就各取一半吧。"

这件事很快被郑国的国君知道了，国君说："嘻！士师不会又是在梦里替别人分鹿吧？"于是去问国相。国相说："到底是做梦还是现实，这不是我能辨别清楚的。有这个辨别能力的人，天下只有皇帝和孔子两个人。但这二人早已不在世了，还有谁可以分辨得清呢？依我看来，姑且相信士师的判决好了。"

庄生晓梦，到底梦里还是梦外？于是，后人便把蕉中鹿引为典故，用来形容世间事物真假难辨、得失无常。

其实，纳兰性德也曾有过这样的经历。有时候，他偶然来到一个地方，明明是第一次来过，却感觉万分熟悉，于是便怀疑是在梦里。见到一张脸孔，明明熟悉得不得了，却无论如何也想不起来是在何时何地见过，于是便又怀疑是在做梦。

而梦醒之后，纳兰性德开始畅想自己的生活："且耽闲殢酒，消他薄福。雪后谁遮檐角翠，雨余好种墙阴绿。"这分明是纳兰性德在劝说顾贞观：闲来无事，纵酒怡情，不求其他，只愿好好享受这份薄薄的福气。住所不大，可处处风情，一场雪过，翻飞的翠色檐角都被遮住了，几次雨后，便可以在墙边种上绿茵茵的花木了。这是何等惬意逍遥的生活！

此情此景，想必两个志趣相投的好友会有好多的话要说吧？"有些些、欲说向寒宵，西窗烛。"寒夜中若能与好友秉烛夜谈，这寒夜也觉得温暖如春了。这世间最幸福的事情莫过于：拉上三五知己或者一两个闺蜜，高兴的时候，欢天喜地，畅饮畅聊，难过的时候，你絮絮叨叨或者沉默不语，总有人默默陪在你的身边，不离不弃。

词中，也隐隐在暗示，纳兰性德所建造的这座茅屋，颇有陶渊明《饮酒》诗所描绘的意境。

结庐在人境，而无车马喧。

问君何能尔，心远地自偏。

采菊东篱下，悠然见南山。

山气日夕佳，飞鸟相与还。

此中有真意，欲辩已忘言。

　　摆脱浮名的束缚，回归自然的怀抱，是纳兰性德一直以来的愿望和理想。一首《满江红·茅屋新成，即赋》，除了是为了劝说顾贞观摆脱门第之尴尬外，也是在告诉他，这乡野茅屋，才是他真正的归宿。既然茅屋已经建好，你也该从南方回来了吧？纳兰性德对顾贞观的回归充满了期盼。

04 花间草堂，饮宴赋诗

康熙二十年（1681 年）十月，清军在定远平寇大将军赵良栋、彰泰、赖塔等人的率领下，从蜀、黔、桂三路入滇，合力围剿继位吴周皇帝的吴世璠。吴世璠是吴三桂之孙、吴应熊的嫡长子，也是吴周继吴三桂之后的第二任皇帝。十月中旬，昆明城破，守将胡国柱阵亡，郭壮图自杀，吴世璠悬梁自尽，妻子郭皇后投缳，残部 6700 余人投降。这样，历时 8 年之久的以吴三桂为首的三藩之乱被彻底平定。这场叛乱，对刚刚入主中原的清廷可谓是一场伤筋动骨的教训，也让康熙皇帝越来越清醒地认识到：争取汉人贤士的支持，对于稳固政权是非常重要的。于是，他决心改变以往打压汉人的政策，采取一系列措施来笼络汉族士人。

在这个千载难逢的机遇之下，纳兰明珠父子抓住时机，斗胆向康熙皇帝进言，为久困宁古塔的吴兆骞说情，请求当朝天子赦免吴兆骞，放其归京。康熙皇帝觉得放归吴兆骞的时机已经成熟，便做了一个顺水人情，答应了纳兰明珠和纳兰性德父子的奏请。

就这样，康熙二十年冬初，已经五十一岁、流放塞外长达二十三年之久的吴兆骞一家，终于从宁古塔回到了京城。那一天，多年不见的朋友们既兴奋又激动，几乎是喜极而泣，或拥抱，或握手，久久不想分开。看到这种场面，纳兰性德两眼泪花，不能自已。

此时，距离顾贞观请求纳兰性德营救吴兆骞整整过去了五年，正好兑现了当初的五年之约。

吴兆骞的回归，让整个京城都为之震动，让汉人贤士一片欢腾，觉得这是整个汉族文人的胜利。当初，纳兰性德与顾贞观相约："绝塞生还吴季子，算眼前、此外皆闲事。"谁都不曾想到，这五年之期竟然成真了。顺治皇帝定下的铁案，竟然得以平反昭雪，吴兆骞在有生之年，能从遥远的边塞再回京城，真让人不可思议。五年的时间，世事波诡云谲、风云变幻，可是，纳兰性德仅仅因为顾贞观的倾心托付，为了一个自己素不相识的人，一直坚守着当初的承诺。君子一诺千金，在纳兰性德这里得到了充分的认证。

康熙二十一年（1682年）的正月十五，也就是上元之夜，纳兰性德邀请了顾贞观、曹寅、朱彝尊、吴兆骞、陈维崧、严绳孙、姜宸英等许多朋友会集于花间草堂，赋诗填词，畅谈人生。

所谓的花间草堂，就是当初纳兰性德为顾贞观所建造的茅屋，这个具有浓厚诗词韵味的名字，取义于《花间集》和《草堂诗余》。《花间集》是后蜀人赵崇祚编辑的一部文人词集，结集于后蜀广政三年（940年），集中收录了晚唐至五代十八位词人的作品，共五百首，分十卷。十八位词人除温庭筠、皇甫松、和凝三位与蜀无涉外，其余十五位皆活跃于五代十国的后蜀，或生于蜀中，或宦旅蜀中。这批后蜀词人，刻意模仿温庭筠艳丽香软的词风。《花间集》得名于集中作品内容多写上层贵妇美人日常生活和装饰容貌，女人素以花比，写女人之媚的词集故称"花间"。在1900年敦煌石室藏《云谣集》发现之前，《花间集》被认为是最早的汉族词选集。《草堂诗余》是一部南宋何士信编辑的词选。集中选录唐五代和两宋词共三百八十余首，作者多达一百二十人。其中有周邦彦、秦观、苏轼、柳永、欧阳修、辛弃疾等，所收词人大多为北宋人，风格以婉约为主，词作多温婉绮丽，流畅生动，率真自然，抒情成分十分浓郁。

纳兰性德把草屋取名为"花间草堂"，也是在预示着努力追求词的意境与审美更贴近，并超越那些古人的作品。

这次宴会开始的时候，还宣布了大家在一起的活动规则，就是客人们一边饮酒一边观灯，并且按照纱灯上图画的故事内容，各自指图填词。纱灯不停地在桌子中心转动，在谁的眼前停下，谁就根据画面的内容填一首词。

恰好，纱灯转到纳兰性德这边停下，眼前的图画是汉代才女蔡文姬。想起蔡文姬的遭遇，竟与眼前刚刚从塞北归来的吴兆骞是惊人的相似，一样的胡沙，一样的悲情，一个是倾城之才女，一个是一国之名士。顷刻之间，纳兰性德的一首极负盛名的《水龙吟·题文姬图》便应景而生：

须知名士倾城，一般易到伤心处。柯亭响绝，四弦才断，恶风吹去。万里他乡，非生非死，此身良苦。对黄沙白草，呜呜卷叶，平生恨、从头谱。

应是瑶台伴侣。只多了、毡裘夫妇。严寒鼙鼓，几行乡泪，应声如雨。尺幅重披，玉颜千载，依然无主。怪人间厚福，天公尽付，痴儿騃女。

这首词对于词的初级爱好者而言，是一首很容易被遗忘的词。但是，了解这首词的创作背景的人会知道，它之所以极负盛名，是因为它几乎达到了修辞的最高境界，它有一明一暗两重意思，明里的意思正是词题所谓的"题文姬图"，是面对蔡文姬的画像而生的题咏；暗里的意思则是在写吴兆骞，明暗交错，古今并用，亦真亦幻，难辨古今。

"须知名士倾城，一般易到伤心处"，"名士倾城"并不是主谓宾结构，而是"名士与倾城"，即"名士与美女"，"名士"暗指吴兆骞，"美女"暗指蔡文姬。这句是说名士和美女大有共同之处，都容易伤心。顾贞观讲过"须信倾城名士，相逢自古相怜"，意思是，名士与美女相遇，必定会彼此相惜相怜。

首句点出"一般易到伤心处"，接下来就讲讲如何伤心："柯亭响绝、四弦才断，恶风吹去"，这是用到蔡邕父女的两则典故。蔡邕避难江南，宿在柯亭，柯亭的建筑结构和北方不同，不是用木头做椽子，而是用竹子。蔡邕仰头看着，以音乐家的专家眼光审视竹椽，夸了声"好竹子"就把人家的椽子拆了做成笛子，笛声奇绝，不是平常笛子可比。所谓"柯亭绝响"，是说蔡邕已死，人间再也听不见那奇妙的笛声了。

父亲是音乐大师，女儿也遗传了音乐才华。蔡邕有一次夜间鼓琴，琴弦突然断了一根，蔡文姬听在耳中，对父亲说："断的是第二弦。"蔡邕不以为然："你是蒙上的吧？"过了一会儿，蔡邕故意弹断了一根琴弦，考较女儿。女儿说"第四弦"，果然无误。蔡文姬于是得了"四弦才"这个称誉。"柯亭响绝，四弦才断，恶风吹去"表示人生逆转，人力无法抵挡。

"万里他乡，非生非死，此身良苦"，这一句脱自吴伟业的诗，吴兆骞被流放到东北，吴伟业为他写了一首《悲歌赠吴季子》，里面有这样的诗句："山非山兮水非水，生非生兮死非死"，这首诗悲痛沉郁，一气呵成，大有《离骚》之悲，在当时流传甚广。

"呜呜卷叶"塞外呜呜吼叫的大风卷刮着树叶。"应是瑶台伴侣，只多了，毡裘夫妇。"才子佳人，本应有很好的际遇，却在异族荒寒之地苦捱日子。这句点出人生的错位，悲就悲在这里。

"严寒觱篥，几行乡泪，应声如雨"，无论是蔡文姬还是吴兆骞，虽然在北方一住就是多少年，快变成当地人了，但每每在严寒时节听到边地的乐曲，还是忍不住流下思乡的泪水。觱篥即笳管，原是西域的吹奏乐器，这正应着传为蔡文姬所作的《胡笳十八拍》。

结句"怪人间厚福，天公尽付，痴儿骏女"，骏是愚笨无知的意思，这句话是感叹苍天的不公，名士倾城历尽沉沦坎坷，反而是笨蛋们享尽了人间厚福。这个意思苏轼就曾说过："人皆养子望聪明，我被聪明误一生。但愿生儿愚且鲁，无灾无难到公卿。"这是才子的牢骚话，只提挨打不提吃肉，当不得真。纳兰性德这句话最切近的出处还是吴伟业那首《悲歌赠吴季子》："生男聪明慎莫喜。仓颉夜哭良有以。受患只从读书始。君不见，吴季子。"

据姜宸英的《湛园未定稿》记载，大家相聚时，还出现了一个小小的插曲。席中，纳兰性德指着纱灯上的图绘，请客人们填《临江仙》。当姜宸英与吴兆骞两位老先生刚写出一半时，纳兰性德就从字音和造句上对他们提出了批评意见。两位老先生不但没有生气，还心悦诚服地接受了批评，微笑着搁下了手中的笔。这件事，既表现了两位老先生的襟怀若谷和谦虚诚恳，也反映了纳兰性德在小令创作中的深厚造诣。这件事，很快成为文坛佳话。

纱灯继续旋转，这次停在了陈维崧的面前。图画内容是柳毅传书，陈维崧指图提诗，为一首七绝。纳兰性德正好意犹未尽，便次韵作了和诗《赋得柳毅传书图次陈其年韵》：

> 黄陵祠庙白苹洲，尺幅图成万古愁。
> 一自牧羊泾水上，至今云物不胜秋。

> 花愁雨泣总无伦，憔悴红颜画里真。

试看劈天金锁去，雷霆原恼薄情人。

晶帘碧砌玉玲珑，酒滴珍珠日未中。
忽报美人天上落，宝筝筵里尽春风。

凝碧官寒复羽觞，洞庭歌罢意茫茫。
玉颜寂寞今依旧，雨鬓风鬟枉断肠。

书生柳毅不畏艰难险阻传书，解救龙女三娘，因不愿乘人之危，拒不接受报答，实为义举。而纳兰性德仅凭对朋友的一句承诺，就不惜千辛万苦解救素不相识的吴兆骞，此举更是义薄云天。

酒席宴上，大家对陈维崧的七绝以及纳兰性德的几首和诗争相吟诵，并赞叹不已。吴兆骞说起了陈维崧的词集《乌丝词》在塞北已有耳闻。顾贞观接过话说，既然已经闻名塞北了，那江南定是早已传遍了。他又说，陈维崧的词因其"儿女情深，风云气在"在江南被广为追捧和学习，其中有一首《朝玉阶·秋月有感》就是步陈维崧的韵调填写的。随即，顾贞观就满有兴致地吟诵了这首词：

惆怅凄凄秋暮天，萧条离别后，已经年。乌丝旧咏细生怜。梦魂飞故国，不能前。

无穷幽怨类啼鹃，总教多血泪，亦徒然。枝分连理绝因缘。独窥天上月，几回圆。

"乌丝旧咏细生怜"一句一下子把纳兰性德吸引住了。他反反复复地品味着，然后看着陈维崧称赞道："维崧兄能得如此知音，小弟这里恭喜了！"

"哪里哪里，容若公子玩笑了，焉知此乌丝非彼乌丝啊！"陈维崧摇头朗笑。

顾贞观却笑道："此乌丝的确是指其年兄的《乌丝词》，不过……"顾贞观略一停顿，然后又转向纳兰性德笑道："这首《朝玉阶·秋月有感》的作者，平日里对《饮水词》也是手不释卷、倾情迷恋呢！"

"你们的心里都看重这个人，那这个人是谁啊？"纳兰性德有些迫不及待了。

"此人姓沈名宛字御婵，乌程人。是我的半个同乡。"顾贞观不紧不慢地回答，脸上还浮现出微微的笑意。

"什么？是一女子？"纳兰性德有些惊讶。

"对，就是一女子，此女子不但颇俱词才，更生得国色天香，有着倾城之貌，与公子堪称是才子佳人啊！"顾贞观这一次很认真地说。

"那贞观兄有朝一日帮我引荐这位红颜如何？"纳兰性德不无期待地说。

"当然没问题，沈宛姑娘一直仰慕容若公子的才气与风流，也期盼着有朝一日与公子相见呢。"顾贞观满口应承。

看来，才子佳人虽未见面，却早已彼此倾心。也许，彼此的倾心就是天定的缘分。

纳兰性德与众多的文人贤士在花间草堂雅集唱和，既提高了自己的文学创作水平，更推动了诗词创作高潮的来临，促进了清词创作的全面"中兴"。纳兰性德把以婉约著称的浙派词和以豪放见长的阳羡派词的代表人物联合在一起，组成了一个阵容庞大的清词创作联合体。大家在一起相互切磋，学习和借鉴各流派的长处，更是学习和借鉴纳兰性德抒写真情的独特风格。清末民初著名评论家王国维在《人间词话》中这样评论纳兰性德："纳兰容若以自然之眼观物，以自然之舌言情。此由初入中原，未染汉人风气，故能真切如此。北宋以来，一人而已。"由此可见，纳兰性德的词，其水准已经达到了当时的最高峰。作为一个贵族出身的满族青年，熟练地掌握了汉族语言文字，继承并发扬了汉文化的优秀传统，创作了大量的文学作品，特别是他的《饮水词》，取得了"井水吃处，无不争唱""谁料晓风残月后，而今重见柳屯田"的成就。他以他满族的"自然之眼观物"，以他满族的"自然之舌言情"，为汉族文学发展作出了巨大的贡献，成为当时满汉文化融合的第一位代表人物。

纳兰性德完全摆脱了民族、贵贱等级的偏见，团结了一大批颠沛困顿的汉族文士。他对汉族文士推心置腹，肝胆相照，扶危济贫，轻财好义，表现了厚重的民主思想和人道主义的精神。他代表了满族人民渴望民族团结的愿望，又是满汉民族团结的代表人物。

05 离京北上，扈驾祭祖

康熙二十一年（1682 年），纳兰性德的父亲纳兰明珠加太子太傅，晋太子太师，这让纳兰明珠的权力达到了顶峰，几乎成了大清朝"一人之下，万人之上"的人物，也让纳兰府成为京城关注的焦点。"一人得道，鸡犬升天"，纳兰府上上下下都为之欢欣鼓舞。但是，只有纳兰性德坦然视之，仅向父亲礼节似地说一声道贺，便埋头于自己的事情，好似父亲的升职与他无关。

除了扈从皇驾，纳兰性德把闲暇时间，都用在了与文友欢聚饮宴和赋诗填词上。但是，欢聚的热闹很快又冷却下来。先是顾贞观再一次离开京城，南还无锡，随后，又是陈维崧患了头痈。痈是一种皮肤和皮下组织的化脓性炎症。陈维崧患头痈后，病情很快加剧，不久就不治而死，享年五十八岁。陈维崧生于明熹宗天启五年（1625 年），是明末四公子之一陈贞慧之子，自幼以文成名。十七岁应童子试，被阳羡令何明瑞拔童子试第一。与吴兆骞、彭师度同被吴伟业誉为"江左三凤"。与吴绮、章藻功并称为"骈体三家"。

短短的几个月，纳兰性德的这两位忘年交非离即逝，好似一场风流云散，"人生别易会常难"果真成了一句谶语。还好，吴兆骞被纳兰性德暂时留了下来，做了二弟揆叙的老师。在京城，纳兰性德对年迈的文人贤士不离不弃，倾囊相助，是有口皆碑的。

康熙二十一年的二月十一日，康熙皇帝由北京出发北上，到盛京告祭祖陵，并巡视吉林乌喇、也就是现在的吉林市等地，并在松花江岸举行了望祭长白山等仪式。史料记载，长白山是满族兴起之地，康熙皇帝望祭长白山，就是为了感念长白山苍天厚土的恩典。

在跟随康熙皇帝北上之前，纳兰性德已经擢升一等侍卫。能够以御前侍卫的身份随康熙皇帝到盛京告祭祖陵，也是纳兰性德多年所愿。纳兰性德祖籍是开原叶赫，实为现在的辽宁铁岭开原人。他觉得，随皇帝祭祖，也是自己在祭祖。他已经二十八岁了，还从没去过东北，不知道自己的祖籍之地是什么样子。

纳兰性德扈从康熙皇帝一路风尘、长途跋涉，途经永陵、福陵、昭陵，一一告祭。虽然是一路疲惫，但也是一路风光，纳兰性德留下了许多词作。

纳兰性德在《长相思（山一程）》中写道：

> 山一程，水一程。身向榆关那畔行，夜深千帐灯。
> 风一更，雪一更。聒碎乡心梦不成，故园无此声。

榆关指的就是中原与东北的交通要塞山海关。这是纳兰性德的思乡词作。"山一程，水一程"是写行路之艰难。"风一更，雪一更"是写环境之恶劣。"夜深千帐灯"一句写出了深夜御营之中灯火点点，意境阔大，浑然天成，是词作中的经典之笔，从《人间词话》可以看出，词句深得王国维的喜爱。

纳兰性德在《如梦令（万帐穹庐人醉）》中写道：

> 万帐穹庐人醉，星影摇摇欲坠。归梦隔狼河，又被河声搅碎。还睡，还睡。解道醒来无味。

这首词，描写了北国风光的千古壮丽。纳兰性德一改以往《侧帽词》的风流以及《饮水词》的凄凉，虽然忧郁情愫仍然隐含其中，但描写视角明显开阔了。

"万帐穹庐人醉"一句，曾被王国维评为"千古壮观"。"万帐穹庐人醉，星影摇摇欲坠"描写了随行人员和保驾士兵在夜间狂欢畅饮的情景。地上人声喧闹，天空繁星闪烁。可人们尚留在"星影摇摇欲坠"的壮美凄清中未及回神，"归梦隔狼河"的残酷现实已逼近眼前。帐外响彻白狼河之水滔滔奔腾，将乡梦无情击碎，苍凉的孤独无处可解。纳兰性德醒来之后，感觉有些无聊，便叮嘱自己再睡一会儿，睡着了，总比眼睁睁地望着空旷的夜色要好得多。这首词，在豪迈奔放的同时，也隐含着一种悲哀、无奈甚至是哀婉的情绪，意境阔大而略带悲凉，纳兰性德可谓独辟蹊径。

康熙一行途中暂停小住山海关，登雄关望大海，一边欣赏山、海与长城相互融合的壮美风景，一边稍作休整。纳兰性德第一次看见天之茫茫，海之茫茫，并且非常幸运地欣赏了难得一见的海市蜃楼，那若隐若现的繁华，像极了天上的宫阙，似恍然一梦误入了仙境。纳兰性德难以抑制心中的澎湃，以奔放豪迈的笔调，把内心的欢愉呈现在词作中，一首《浪淘沙·望海》留下了极其珍贵的一抹亮色：

唇阙半模糊，踏浪惊呼。任将蠡测笑江湖。沐日光华还浴月，我欲乘桴。钓得六鳌无？竿拂珊瑚。桑田清浅问麻姑。水气浮天天接水，那是蓬壶？

古代以蜃为蛟龙，传说蜃能吐气为楼阁，呈宫阙状，称海市蜃楼。词中称"半模糊"，表明这种传说是不可信的。可信的是眼前的实景，渔民们冲破惊涛骇浪，大声疾呼，出海捕鱼。大海实在令人振奋，可笑那些不学无术之徒高谈阔论，自以为是，不正像想用瓢来量海水一样不识深浅吗？白天在海边看海，月夜还不舍离开，纳兰性德真想乘船到大海中去。下阕连用两个典故。一个典故出自《列子·汤问》，说天帝怕渤海中的五座大山流到最西边去，使众多的神仙与圣人失去居住的地方，于是就派人指挥十五只大鳌抬起脑袋把这五座山顶住。大鳌分为三班，六万年一换。但是，龙伯之国有个巨人，抬起脚没走几步就到了这五座山所在的地方，一钩就钓上了六只大鳌，合起来背上就回到了他们的国家，然后烧吃了，又用大鳌的骨头来占卜吉凶。纳兰性德化用此典来与垂钓者开玩笑。同时，纳兰性德又用《神仙传·麻姑》中的典故：有女仙麻姑，年约十八九岁。手爪似鸟，顶有髻，衣有文彩，又非锦绣。有一天，她对人说："接侍以来，已见东海三为桑田，向到蓬莱，水又浅于往者，会时略半也，岂将复为陵陆乎？"意思是说，从上次接见以来，已经看到东海三次变为桑田，刚才到蓬莱仙岛，见东海水又比过去浅了，计算时间大约才过了一半，难道又要变成丘陵和陆地吗？纳兰性德不信这种说法，于是就反问道：白浪滔天、一片迷茫之中，哪看得见仙岛蓬壶呢？

一首《浪淘沙·望海》，短短五十四个字，竟有六次用典，这在纳兰性德毕生的作品中也是不多见的。

在山海关的短暂闲游中，纳兰性德跟随康熙皇帝来到了孟姜女祠。姜女即传说中的孟姜女，是杞梁之妻。杞梁被秦始皇征役北上修长城。孟姜女不远千里送寒衣到长城，闻杞梁已死，埋于长城之下。于是，孟姜女恸哭不止，长城为之悲哀，便倒塌了一段。后人为纪念孟姜女感天动地泣鬼神的精神，为她立祠于山海关旁。他想起民间流传的孟姜女哭长城的故事，不禁有了怀古的兴亡之感，写下了一首《浣溪沙·姜女祠》：

> 海色残阳影断霓，寒涛日夜女郎词。翠钿尘网上蛛丝。
>
> 澄海楼高空极目，望夫石在且留题，六王如梦祖龙非。

纳兰性德在姜女祠想到七国统一及秦始皇的得失，战国时被秦战胜灭亡的六国君主已如梦一样被人忘掉，而秦始皇修长城，征夫役，给人带来的苦难却是有罪过的，因此他一直受到后世的批评。纳兰性德用这首词来告诫后来的君主应当记住秦始皇的教训。

在祖籍叶赫城，纳兰性德写了一首《南乡子（何处淬吴钩）》：

> 何处淬吴钩？一片城荒枕碧流。曾是当年龙战地，飕飕。塞草霜风满地秋。
>
> 霸业等闲休，跃马横戈总白头。莫把韶华轻换了，封侯。多少英雄只废丘。

纳兰性德来到先祖征战居住的旧地，他的感慨太多，太深。词的上阕便把感慨、实景与虚景巧妙地结合起来。首句中"吴钩"典出《吴越春秋·阖闾传》："阖闾既宝莫邪，复命于国中作金钩，令曰：'能为善钩者，赏之百金。'吴作钩者甚众。"古代以吴地所产之刀剑著称于世，后世称好刀剑为吴钩。在锻炼刀剑时，刀剑胎烧红后浸水，以求其刚质强度叫淬。纳兰性德来到叶赫，寻先祖居住地，四顾仅余"一片城荒枕碧流"，确址竟不可复得。这里曾是当年群雄争霸，龙战虎争之地，而时间却如秋风扫落叶飕飕而过。遗迹犹存，时移世易，这里空余荒城塞草。"霜风满地秋"是写其荒凉冷落，不是实景描绘。

下阕全为感慨之词。当年英豪纷起，人人"跃马横戈"豪气万丈，但个个换得"总白头"，争霸的事业也就不觉中停息了。把那可贵的时光白白浪费抛弃，换来的不过只是尊贵的头衔，家族的荣耀，虚名一场。他们争霸的豪气，只剩下荒废的坟丘。

此次扈从皇帝，纳兰性德同样怀有一种特殊的祭祖之情，他在大兀拉写了一首《菩萨蛮（问君何事轻别离）》：

问君何事轻离别，一年能几团栾月。杨柳乍如丝，故园春尽时。

春归归不得，两桨松花隔。旧事逐寒潮，啼鹃恨未消。

这首词，纳兰性德表达了对曾祖金台什的深切怀念之情。据记载，明历四十七年（1619 年），海西女真叶赫部贝勒金台什败于清太祖努尔哈赤，被太祖缢死，叶赫遂亡。纳兰性德此次随天子东巡，距叶赫之亡仅六十余年，往事历历，因生感慨。

"问君何事轻别离，一年能几团栾月。"暮春时节，夜晚时分，纳兰性德一人独立松花江畔，夜晚微冷的凉风吹过，落花纷纷坠落，随流水荡漾着银色的月光向远处流去。他仰望天空，只一轮弯月挂在寂寥的天空。在这异乡故地，词人怎能不想起六十年前的往事？战场厮杀，鲜血淋漓，败退奔逃的场面，虽然纳兰性德自己未曾经历，但是在亲人的讲述中，他仍然能感受到曾祖父经历的那段壮烈又惨痛的往事，不禁感慨万分。睹物思人，一年中能有几次团圆之夜，而此伤感之时，偏偏不在月圆之夜。

"杨柳乍如丝，故园春尽时。"这两句是这首词中的佳句，也是古时候常被人们经常书写的句子。例如沈约的《杂诗·春咏》："杨柳乱如丝，绮罗不自持"。温庭筠的《菩萨蛮》词："杨柳又如丝，驿桥春雨时。"相对比而言，三人的句子，属纳兰性德的句子最好，关键在一个"乍"字，胜过了"乱"和"又"。"乍"是会意字，做副词有"刚刚、开始、又、忽然"的意思，具有很强的时间观念，季节转眼之间迅速转换，刚刚冬季被冰冻凝固的枝条在春风的吹拂下，发出了翠绿的小叶，飘散如丝般柔软。"故园春尽时"一句有一些暮春伤怀的基调。

词的下阕直接表达了对曾祖父的怀念。"春归归不得，两桨松花隔。"

纳兰性德把不能与曾祖父的相见移情于不可挽回的春季。"两桨松花隔"中的"两桨"曾在古乐府莫愁乐中出现过："莫愁在何处，莫愁石城西。艇子打两桨，催送莫愁来。""松花"指的就是"松花江"。

"旧事逐寒潮，啼鹃恨未消。"前半句的意象承接上一句，"两桨松花隔。"纳兰性德身处曾祖父曾经拼杀的战场，怎能不怀念往事？不怀念自己的曾祖父？

纳兰性德还有一首写给妻子官氏的词，他在《青玉案·宿乌龙江》中写道：

东风卷地飘榆荚，才过了，连天雪。料得香闺香正彻。那知此夜，乌龙江畔，独对初三月。

多情不是偏多别，别离只为多情设。蝶梦百花花梦蝶。几时相见，西窗剪烛，细把而今说。

他扈从皇帝北巡，内心悸动，写下思念妻子的词，以表达内心的温存。

乌龙江就是松花江。在词中，纳兰性德分明是在说：乌龙江一带寒冷来得早，夏天刚刚过去，冬天便立即到来。想必此时闺中正是花香四溢的时候，哪里知道在乌龙江上的离人正独自黯然神伤！并不是因为多情而多了离别，而是因为离别偏就是为多情人而设的。与你身处离别，犹如迷离恍惚之梦境。什么时候才能与你相聚，秉烛夜谈，诉说我的衷情呢！

"东风卷地飘榆荚"，东风吹来，带着寒冷，将地面飘落的榆荚卷起，在空中漫天飞舞。北方大漠这漫天飞雪的冬天才刚刚过去，京城里此刻一定已经是春暖花开的时节了。

"料得香闺香正彻。"想到妻子的房间里定然是花团锦簇，一派春意盎然的景象，可是自己却还孤独地留在这天寒地冻的远方。想到这里，纳兰性德内心也忍不住要不平衡一下了。离开心爱的妻子，离开热爱的家乡，来到这里，难道真的是天意弄人？

"那知此夜，乌龙江畔，独对初三月。"纳兰性德似是在问，也似是在回答。在这乌龙江的夜里，想念着远方的妻子，渴望有朝一日的团聚。那时再回想起自己曾独自一人在远方思念亲人，幸福必定会更加强烈。

为什么人世间总是要有离别呢，既然团聚是亲人们最大的幸福，为什么老天总是要时不时地就让亲人们尝尽离别之苦？纳兰性德在下阕中，对这个问题进行了思索，他写道："多情不是偏多别，别离只为多情设。"或许，这正是上天对相亲相爱之人的一种考验，要用离别去考验他们之间的真情，看这真情是否经得住离别的考验。想到这里，纳兰性德似乎宽心了许多。他盼望着回去的那一天，便可以和亲人们在窗前，安然地诉说着眼前的愁苦。"蝶梦百花花梦蝶。几时相见，西窗剪烛，细把而今说。"纳兰性德的心，在自我的不断安慰中，渐渐柔软，变得透明。这个多情的男子，在此时显得愈发可爱。

康熙二十年的五月初四，纳兰性德扈从康熙皇帝顺利返回了北京。纳兰性德的这次东北之行，使他的作品从思想内容到艺术风格都发生根本性的变化，他除了保持原有的清新秀美的基本特色外，又平添了几分浑然天成的雄宏之气。他思考问题更加深刻，作品的思想内容和作品的艺术风格更趋向于多样化。

06 觇视梭龙，不辱使命

扈从皇帝东巡回来不久，纳兰性德北上，去执行一项"觇梭龙诸羌"的特殊任务。梭龙就是现在的黑龙江流域。

为阻止沙俄的南侵，康熙二十一年（1682年）秋天，康熙皇帝派纳兰性德配合都统郎坦、彭春、萨布素等一行一百八十人，以狩猎为名，沿黑龙江一路北上，最后到达雅克萨，探敌虚实，测水路信道，对黑龙江流域边境地区进行秘密的战略侦察。纳兰性德主要负责勘察地理形势，做详细记录，以为日后用兵参考。

有了这次侦查的情报，三年之后，康熙皇帝御驾亲征，与沙俄进行了一场反击大战，史称"雅克萨之战"。这场战役取得了巨大的胜利，最终与沙皇俄国签订了《中俄尼布楚条约》，成功地阻止了沙俄的南侵与扩张。

纳兰性德这次执行任务虽然跋涉艰险，困难重重，但他回来的时候，还是从随身的皮囊里，掏出了数十张只有方寸大小的纸，上面密密麻麻写满了细小的字迹。原来，这些纸的上面，都是诗词之作，记着纳兰性德在路途中的所见所闻。

纳兰性德出京经过昌平十三陵时，在《虞美人（峰高独石当头起）》中写道：

　　峰高独石当头起，影落双溪水。马嘶人语各西东，行到断崖无路小桥通。
朔鸿过尽归期杳。人向征鞍老。又将丝泪湿斜阳，回首十三陵树暮云黄。

　　词的上阕写的是景：这里山势险峻，却又是京城北去的要道。词的下阕
抒的是情："朔鸿过尽"，雁向南飞，人却北去。大雁秋去春来，而此行路
途险远，责任重大，归期难料。虽然为国赴边令人振奋，但思家之情却人人
难免，回首再望京城，却只有"十三陵树暮云黄"。

　　这首词，写景逼真而自然。"峰高独石当头起"，是向上看，突兀而立的峰，
令人吃惊；"影落双溪水"，是向下看。"马嘶人语"写行军的喧声。这首词，
抒情率直而委婉，"人向征鞍老"，多情未必不丈夫。

　　五夜光寒，照来积雪平于栈。西风何限，自起披衣看。
　　对此茫茫，不觉成长叹。何时旦？晓星欲散，飞起平沙雁。

　　黄花城在北京附近的怀柔境内。词的意思是：天将明，已到五更天，雪
光映照，寒气逼人。在雪光的辉映下，诗人看到积雪已经和栈道相平。再加
上西风大作，行路难。下阕为感叹。出使梭龙路途遥远，才出发便遇上这样
的天气。对这茫茫无际，纳兰性德不觉发问，什么时候太阳才能出来，让我
们继续行军？天就要亮了，城下河边沙滩上大雁正飞起。全词，纳兰性德为
国事而焦急的心情跃然纸上。"何时旦"这一问，有力地突出了词的主旨。

　　纳兰性德在《浣溪沙（身向云山那畔行）》写道：

　　身向云山那畔行。北风吹断马嘶声。深秋远塞若为情。
　　一抹晚烟荒戍垒，半竿斜日旧关城。古今幽恨几时平。

　　秋冬的塞外，在唐诗里总是有着说不尽的景色，比如李颀的"野营万里
无城郭，雨雪纷纷连大漠。胡雁哀鸣夜夜飞，胡儿眼泪双双落"；比如严武
的"昨夜秋风入汉关，朔云边月满西山。更催飞将追骄虏，莫遣沙场匹马还"。

入夜的塞外，在唐诗里也是那般意味深长。比如岑参的"琵琶一曲肠堪断，风萧萧兮夜漫漫。河西幕中多故人，故人别来三五春"；比如王维的"陇头明月迥临关，陇上行人夜吹笛。关西老将不胜愁，驻马听之双泪流"。

唐人笔下的边关，总是那么硬朗萧瑟，其诗作时而坐拥满怀壮志，时而壮志难酬，时而心念旧恩，时而怀古伤今。而纳兰性德的边关却充满了另一种性灵神韵。

此时，纳兰性德倾听着北风的呼啸声与马的嘶鸣声，心想，深秋远塞的山那一边又是何等情景呢？心怀忐忑，他遥望天外，看到一抹晚烟。

光阴流转，千年不变的是塞外的冷清。此时，一抹晚烟于塞外，恰如一声蝉噪于深林。蝉噪林愈静，而人间烟火则让边塞的冷清更加浓郁。戍边的堡垒因这一缕烟霞而荒凉。边关第一位迎接纳兰性德的，就是这一抹晚烟，它分明在说，纳兰性德啊，你可知道，自此山高路远，故乡难回；自此兵戈铁马，美人不在。纳兰性德遥望这一抹晚烟，心中顿生寒凉之意：自此身着戎装，心系边关安危，命不再属于自己。

天色已近黄昏，纳兰性德看到，夕阳落在了旗杆半腰。纳兰性德的斜阳没有"大漠孤烟直，长河落日圆"的浑厚，却尽是懒倚半竿的破败。纳兰性德如何得以浑然？逾江山易主不过百年，外有劲敌剑拔弩张，内有家室待我归来。古今幽恨集于胸中，看斜阳，如何得以浑厚。

这首词，除结句外，都以写景为主，景中含情，纳兰性德的一草一木皆有灵性。"吹断"二字写尽了北国秋冬之险恶，"若为情"的发问中带出了作者对到任的迷茫与不安。环境险恶，前途未卜，纳兰性德胸中风起云涌：怀古之心，恋乡之情，忧虑之思，纷纷扰扰难以平静。此时边关，其云烟、堡垒、落日等，都染上了情绪的色彩，不再是唐人笔下的雄浑、苍凉、悲壮，取而代之的是满目萧瑟的冷清与破败。

纳兰性德在《沁园春·试望阴山》中写道：

试望阴山，黯然销魂，无言徘徊。见青峰几簇，去天才尺；黄沙一片，匝地无埃。碎叶城荒，拂云堆远，雕外寒烟惨不开。踟蹰久，忽砯崖转石，万壑惊雷。

穷边自足秋怀。又何必、平生多恨哉。只凄凉绝塞，峨眉遗冢；梢沉腐草，骏骨空台。北转河流，南横斗柄，略点微霜鬓早衰。君不信，向西风回首，百事堪哀。

阴山指的就是阴山山脉，东西走向。西起内蒙古中部，东至河北张家口，包括狼山、乌拉山、色尔腾山、大青山等。山脉南北两坡不对称，南坡较陡，北坡和缓。阴山望去，苍凉凄婉，沉郁忧伤。词的开篇就对阴山一带的独特风光作了淋漓尽致的描绘。又借典铺陈，寓意深远，表达了"百事堪哀"的兴亡隐衷。

《战国策·燕策》有云："燕昭王欲得天下贤者，遂筑黄金台以求之。"燕昭王新君继位，国内一派凄凉景象，断壁残桓，民不聊生。昭王决心复兴燕国，他深知最要紧的是招揽人才，可是如何觅求贤才，却苦苦寻思而不得法。此时，郭隗给他讲了一个故事："古时有个国君，打算用千金去求千里马，但三年也没买到一匹。一名内侍毛遂自荐为国君去购买。三个月以后，辗转打听到千里马的消息，可惜刚一赶到，那匹马已死了。内侍就用五百金把死马的骨头买了回来。国君大怒，说：'我要的是活的千里马，死马骨头有什么用？'内侍答道：'死马骨头您都愿意花五百金，更何况活马呢？天下人知道这消息，就会把千里马送来的。'果然，很快就有人送来了三匹千里马。"郭隗建议说："同理，大王如果真想招贤，不妨就从我开始，让天下人都看到，像我这样不才的人都能得到礼遇，何况是那些德才大大超过我的人呢？"

于是，燕昭王按照郭隗的建议，选择良辰吉日，举行了一场盛大而隆重的仪式，恭恭敬敬地请郭隗为国效力。昭王还在沂水之滨，修筑了一座高台，用以招徕天下贤士。台上放置了几千两黄金，作为赠送给贤士的见面礼。这座高台便是著名的"黄金台"。如此这般，燕昭王爱贤敬贤的名声不胫而走，各国才士慕名而来。其中不乏名士，如剧辛、邹衍、屈庸、乐毅……真可谓是人才济济。

纳兰性德在这里引用这个典故，目的在于怀古。昭君凄凉出塞，人已去，但遗冢犹存。荒漠之中，招贤台早已衰败。自古兴亡多少事，来去匆匆，唯有明月一轮，千年不变，圆缺自得。

纳兰性德在《浣溪沙（万里阴山万里沙）》中写道：

万里阴山万里沙。谁将绿鬓斗霜华。年来强半在天涯。

魂梦不离金屈戌，画图亲展玉鸦叉。生怜瘦减一分花。

这首边塞行吟咏叹词，表达了纳兰性德在荒凉的异地对人生的哀怜，也透露出他对于官场的厌倦。纳兰性德执行"觇梭龙诸羌"的大部分时间，都在这天之涯中度过了，面对着连绵的阴山与漫天的黄沙，满头青丝怎能不迅速花白呢？于是，睡梦之中不免魂飞故里，又看到了家中金碧辉煌的屈戍。"屈戍"是门窗上的环钮搭扣，这里指代思念中的家园。纳兰性德恍惚之中，头戴玉鸦叉的妻子在缓缓地展开画轴，那花容似乎因思念瘦损了很多，令人油然生出怜惜之情。

词中第一句中"阴山"，既是一种实指，指阴山山脉；也是一种虚指，指文化符号。阴山这一文化符号，已经形成了深刻的文化内涵。如南北朝著名民歌"敕勒川，阴山下，天似苍穹，笼盖四野。天苍苍，野茫茫，风吹草低见牛羊"，又如唐代诗人王昌龄的"秦时明月汉时关，万里长征人未还。但使龙城飞将在，不教胡马度阴山"。阴山是汉胡分别的地理标志，中原与蛮荒的分野处，文明与野蛮的交会点。词的上阕写现实边塞之景，下阕便写梦中家居之景，可谓是情真意切。

纳兰性德在《鹧鸪天（谁道阴山行路难）》写道：

谁道阴山行路难？风毛雨血万人欢。松梢露点沾鹰绁，芦叶溪深没马鞍。依树歇，映林看。黄羊高宴簇金盘。萧萧一夕霜风紧，却拥貂裘怨早寒。

鹧鸪天这个词牌也叫于中好，来自"春游鸡鹿塞，家在鹧鸪天"的诗句中。上下两阕极像两首七绝。只是在下阕首句处，变作三字两句。这一变，似万绿丛中一点红，霎是满眼鲜艳起来，立刻减了诗的严肃，增了词的灵动。

这首词，描写了征途中的热烈情景及同行将士的豪情壮志。"谁道阴山行路难"，开首即用反问，纳兰性德与北上将士不畏艰险、克服气候及道路条件恶劣等困难、坚决完成觇梭龙使命的决心和气概都跃然纸上。在"风毛雨血"的困难环境中"万人欢"，可见行军气氛之热烈。"万人欢"既形容了"欢"的热烈程度，又说明这是一支不小的作战部队，而不是侦察的小分队。

然后，纳兰性德又写行军途中景物的细节：松梢滴落的露珠正好应落在鹰头顶的细毛茸上，可见阴山松林中的野鹰也被行军而过的军队所吸引。这里山高路险，人烟稀少，故人过而鹰不惊。行军是很艰苦的，长满芦苇的溪中，溪水没过马鞍。天上是"风毛雨雪"，地下是"深没马鞍"的溪流，这样艰苦的行军途中，却出现"万人欢"的热烈气氛，可见士气高昂，斗志旺盛。

下阕写行军途中休息的情景。坐在树下休息，林外对面山上黄羊群正吃草，好像在高处筵宴，簇拥在层层丘坪上，如围食金盘中美食佳肴一般。高原上的气候毕竟寒冷，一夜的秋风过后，穿着貂皮大衣也抗不住早晨的寒冷。

这首词气势豪迈，情绪高昂，特别抓住行军途中具有阴山特色的景物，刻画得逼真而生动，使作品具有较强的感染力。

纳兰性德在《蝶恋花·出塞》中写道：

今古河山无定据。画角声中，牧马频来去。满目荒凉谁可语？西风吹老丹枫树。

从前幽怨应无数。铁马金戈，青冢黄昏路。一往情深深几许？深山夕照深秋雨。

纳兰性德在首句中发出了"今古河山无定据"的感叹，道出了自古以来，权力纷争不止、江山变化无常这一无法改变的客观事实。接下来，纳兰性德用白描的手法，描绘了一幅生动的边塞秋景图，"画角声中，牧马频来去"，由于战事连年不断，所以战马在画角声中频繁往来。因为不停的纷争、不息的战火，行走在边塞道路上的纳兰性德，看到的是西风吹散落叶这样荒凉萧索的景色。那飘荡在空中的叶子，似乎在向他诉说着无穷的幽怨。

汉元帝时，昭君奉旨出塞和番，在她的沟通和调和下，匈奴和汉朝和睦相处了六十年。昭君死后，就葬在胡地，因其墓依大青山，傍黄河水，昭君墓又被称为"青冢"，杜甫有诗"一去紫台连朔漠，独留青冢向黄昏"，纳兰性德由青冢想到王昭君，似乎在说，曾经的一往情深能有多深？是否深似这山中的夕阳与深秋的苦雨呢？

纳兰性德身为御前侍卫，他的心中，无疑也充满了报国之心。但他显然不想通过"一将功成万骨枯"的方式，来成就自己的理想抱负，所以，他在尾句中又恢复了多情的本色，以景语结束，将自己的无限深情融入到无言的景物之中。在这其中，既包含了豪放，又充满了柔情，甚至还有些许的凄凉与无奈。

长相思

山一程，水一程，
身向榆关那畔行，
夜深千帐灯。

风一更，雪一更，
聒碎乡心梦不成，
故园无此声。

第八章

一生繁华终有尽，
一世荣辱尽归尘

01 梦醉江南，再会曹寅

康熙二十三年（1684 年）九月，康熙皇帝开始策划他的第一次南巡。这一年，纳兰性德已经三十岁。此时，已经擢升为一等侍卫的纳兰性德越来越被康熙皇帝宠信和欣赏。

九月的京城，秋风爽朗起来，天气已渐渐转凉。此时，纳兰性德的身体又开始不舒服了。他觉得，好像是那可恶的寒疾又复发了。于是，他开始服药加以预防，生怕因为身体原因不能扈从皇帝南巡。想起多年来一直被这种恶疾缠身，想尽了办法却总是摆脱不掉，纳兰性德的心情更加悲凉寂寞。最近一段时间，纳兰性德一直在阅读顾贞观的《弹指词》，他每读一次，都会产生一种新的感悟，对顾贞观的敬仰也越加深厚。为此，他写了一首《虞美人（黄昏又听城头角）》寄给了远在家乡的顾贞观：

黄昏又听城头角，病起心情恶。药炉初沸短檠青，无那残香半缕恼多情。

多情自古原多病，清镜怜清影。一声弹指泪如丝，央及东风休遣玉人知。

纳兰性德还记着顾贞观说过的话，下次来京的时候，一定携江南才女沈宛同来。想到自己和这位江南才女虽未曾谋面，心中总有些缺憾。但是，他已经在顾贞观的帮助下，与沈宛通了几次书信，在两个人的诗词交流中，彼此也早已经熟悉，并心仪已久了。纳兰性德在得知康熙皇帝即将南巡的消息，生怕顾贞观带着沈宛北上来京，希望在美丽的江南与他们见面。

康熙二十三年（1684 年）九月二十八日，康熙帝南巡正式启程，纳兰性德作为御前侍卫随驾扈从。让人遗憾的是，就在纳兰性德扈从康熙皇帝启程之时，顾贞观和沈宛已在北上来京的途中。相见之缘，就是这样擦肩而过。

康熙帝在南巡途中，经河间、献县、阜城、德州、平原、禹城，于十月初八日至济南府，观趵突泉，咨询地方利病，民风土俗，并在趵突泉处题写了"激湍"二字。

十月初十日，南巡队伍行至泰安，康熙皇帝登泰山极顶，又至秦观峰、孔子小天下之处、日观峰等，祭祀泰山之神，又在山顶悬崖上留下"云峰"二字。

途中，纳兰性德不仅担当保驾扈驾的责任，更是康熙皇帝的随身文秘，在必要的时候，要用自己多彩的笔为皇帝歌功颂德，以彪炳史册。虽然他从来不想刻意讨好巴结皇上，但写歌功颂德的诗文是他必须完成的任务。

康熙皇帝所乘的龙舟到达镇江后，皇帝停舟登上了金山，极目远眺，心怀豪迈，挥笔题下"江天一览"四个大字，纳兰性德为此写下了《金山赋》，洋洋洒洒，蔚为壮观。在《金山赋》中，纳兰性德通过描写金山的景色，抒发自己对金山的喜爱之情，并热情洋溢地赞扬了康熙的文韬武略和清朝的国泰民安。纳兰性德在《金山赋》中写道：

粤艮兑之涵峙，魋覆载之殊观；矧金山之灵秀，蠢砥柱于波澜；距南徐之京口，对瓜步之江干。焦屿东浮，则抹微云而似髻；石帆西漾，则罨轻霭而如鬐。尔其为山也，行惟特立，势若凌空。岩巘砌云而磊砢，洞穴漱浪而玲珑。珍卉含葩而笑露，虬枝接叶而吟风。芝英翕葩，兰蕊青葱。仙杏敷霞以弄色，江梅吐玉以舒容。青鸟扬音于修竹；天鸡耀羽于芳丛。上栖鹍鹏之危巢，下馨鼯鼪之幽宫。其中则有绀宇栉比，丹楼鳞集。高台崔巍而孤耸；虚亭弘厂而双立。登殿则绚烂丹青，瞻像则辉煌金碧。周廊庑于山根，俯檐楹于水侧。镂椒泥而成壁。亘宇宙之古今，历乾坤之阖辟。阳侯荡之而不动，蜚廉鼓之而不仄。远而望之，疑蜃气之结银楼；近而即之，恍鲛人之开绡室。时而烟霏雾凝，则水天杳冥，不辨灵仙之宅，惟闻钟磬之声。时而云开日霁，则景色澄丽。两岸之间，克晰鳌峰之毫发；百里之外，能窥贝阙之参差。或当秋月如练，金波潋滟，则山阁晶莹，若冰壶之濯桂殿也。或当雪密寒江，林峦玉装，则浮图倒景，若玻璃之涌宝幢也。

……

一篇《金山赋》，让康熙皇帝龙颜大悦。

纳兰性德虽然在好友的口中和作品中已经无数次地了解了江南的美景，但身历其境却是第一次。纳兰性德扈从康熙皇帝见到了明媚的梦里水乡，游览了阳羡煮茶，西泠醉酒，秦淮听橹，梁溪赏画……一道道如诗如画景观，让纳兰性德应接不暇。为此，他写了一组十首的《梦江南·江南好》：

江南好，建业旧长安。紫盖忽临双鹢渡，翠华争拥六龙看。雄丽却高寒。
江南好，城阙尚嵯峨。故物陵前惟石马，遗踪陌上有铜驼。玉树夜深歌。
江南好，怀古意谁传？燕子矶头红蓼月，乌衣巷口绿杨烟。风景忆当年。
江南好，虎阜晚秋天。山水总归诗格秀，笙箫恰称语音圆。谁在木兰船。
江南好，真个到梁溪。一幅云林高士图，数行泉石故人题。还似梦游非？
江南好，水是二清泉。味永出山那得浊，名山有锡更谁争。何必让中泠。
江南好，佳丽数维扬。自是琼花偏得月，那应金粉不兼香。谁与话清凉。
江南好，铁瓮古南徐。立马江山千里目，射蛟风雨百灵趋。北顾更踌躇。
江南好，一片妙高云。砚北峰峦米外史，屏间楼阁李将军，金碧蠹斜曛。
江南好，何处异京华。香散翠帘多在水，绿残红叶胜于花。无事避风沙。

这组词，前三首写南京，后几首写苏州、无锡、扬州、镇江等地。其一，歌咏建业的雄丽，但又说它毕竟是"旧长安"，繁华早谢，纵然是皇帝巡游，盛况空前，却仍生起"高寒"之叹；其二，咏嵯峨之宫阙、惨淡之皇陵、消歇之街市，词人面对这一派繁华过尽的景象，不无兴亡之感，其结句更是发人深思；其三，借"燕子矶"、"乌衣巷"等历史遗迹，发吊古之情，同时也暗透伤今之意；其四，写苏州虎丘的，赞美那里优美的风光民俗；其五，赞美风景如画的无锡梁溪的，抒发了如梦如幻的心理感受，同时也是对其好友严绳孙善画山水的热情赞赏；其六，写无锡惠山泉，赞美其泉清味永，久负盛名；其七，写扬州，诗人着意描绘扬州之琼花，但也透露了凄凉之叹；

其八，借历史遗迹写镇江景物之美盛与险要，但词中不无警人之思的内蕴；其九，赞美了镇江美丽如画的风光，全用比喻，清新俏丽；其十，总写"江南好"，是对以上诸篇盛赞之词的总评，说江南比京华更有宜人之处，但其"无事避风沙"的结语，似有深婉的内涵。

纳兰性德在《浣溪沙·红桥怀古，和王阮亭韵》写道：

无恙年年汴水流。一声水调短亭秋。旧时明月照扬州。

曾是长堤牵锦缆，绿杨清瘦至今愁，玉钩斜路近迷楼。

王阮亭就是清康熙年间主盟词坛的王渔洋，本名王士禛，喜欢结交文人贤士，喜欢以诗文会友。在扬州任推官期间，开红桥祭礼之先河。他死后，扬州人把他和宋代的欧阳修、苏东坡并列，建"三贤祠"以纪念。

这首词，纳兰性德借咏隋炀帝穷奢极欲，腐败昏聩之史实，抒发了自己的不胜今昔之慨。上阕写红桥一带的景物和感受，其今昔之感已见篇中。下阕点出炀帝旧事，怀古之意显明鲜活。结处尤为深刻，"玉钩斜"、"迷楼"于一句中形成对比，意含深曲，令人回味深思了。"玉钩斜"是指隋朝埋葬宫女的地方。"迷楼"是一楼名，故址在今扬州西北。纳兰性德看着眼前扬州的美景，想象着当年隋炀帝龙舟、迷楼的奢靡，又想起玉钩斜里埋葬的那些宫女的冤魂，心中不禁无限感慨。

江南美景，果然如诗如画，让沉迷其中的纳兰性德流连忘返。此行中，他除了留下一组著名的《梦江南·江南好》之外，还随时把自己的感受填成词，寄给远在京城的好友严绳孙。尤其是梁溪这个地方，是好友顾贞观和严绳孙的家乡，他从严绳孙的画里见过，从顾贞观的词里读过。而今流连其中，更加深了对故友的思念。他在《临江仙·寄严荪友》中写道：

别后闲情何所寄，初莺早雁相思。如今憔悴异当时。飘零心事，残月落花知。

生小不知江上路，分明却到梁溪。匆匆刚欲话分携。香消梦冷，窗白一声鸡。

"别后闲情何所寄"，词的一开篇，纳兰性德便直抒胸臆，表达了对严绳孙的思念之情。"初莺"在这里指代暮春时节，"早雁"则借指秋来之日。自从扈从康熙皇帝南巡，纳兰性德与在京城的严绳孙已经分开很长一段时间了，期间，纳兰性德无时无刻不在牵挂着他。

由于行程繁忙，加之身体有些不适，纳兰性德的憔悴样子可想而知。词中，他的语气没有了往日的俏皮与轻松，而是充满了思念与伤感。"飘零心事，残月落花知"是纳兰性德在诉说自己的孤独寂寞只有残花落絮能够知晓。

下阕开始两句是写梦中的景象。"生小不知江上路，分明却到梁溪。"纳兰性德生来不知江南之路，如今却到了严绳孙的家乡梁溪，见景思人，只好向好友倾诉思念心绪。窗外传来鸡鸣之声，惊扰了这美好的梦境，让纳兰性德不胜怅惘。

在扈从康熙皇帝南巡期间，纳兰性德有幸见到了好友曹寅。

康熙二十三年六月，曹寅的父亲、时任江宁织造的曹玺在任上病逝。此时，曹寅刚刚料理完父亲的丧事，正奉旨在家中协理江宁织造。康熙皇帝此次南巡，还有一个重要的内容，就是行至江宁时，要亲自到织造署慰问曹玺的家人。

曹家在江宁可是一个显赫的名门望族。顺治年间，曹家一直是摄政王多尔衮的王府包衣。所谓包衣，其实就是家奴。摄政王多尔衮获罪后，顺治将多尔衮的正白旗收归自己掌管，身为多尔衮王府家奴的曹家也被收归皇族所有，成为皇帝的家奴。曹寅的父亲曹玺也由王府护卫升任内廷二等侍卫，深得皇族之人的喜欢和信任。三年以后，康熙皇帝出生，曹玺的夫人孙氏被选为康熙的保姆。从此，曹家与皇帝的关系也就更加亲密。

曹玺的儿子曹寅十三岁时就开始成为康熙皇帝的伴读，十七岁时当上了康熙的侍卫，深得皇帝赏识。青年时代的曹寅文武双全、博学多能而又风姿英绝，数年的伴读生涯又使他取得了康熙皇帝的信任，二十多岁时被提拔为御前二等侍卫兼正白旗旗鼓佐领。

曹寅小纳兰性德四岁，两个人交情甚笃，惺惺相惜。此次纳兰性德扈从皇帝南巡来到曹家，见到多日不见的好友，两个人都非常兴奋。曹寅带着纳兰性德参观自家庭园，不知不觉间就来到一座亭子，这座亭子就是楝亭。

有人说纳兰性德是曹雪芹小说《红楼梦》中贾宝玉的原型，这种说法不无道理。纳兰性德与曹寅是好朋友关系，曹雪芹必然会从祖父曹寅那里，了解到许多有关纳兰性德的真实故事。后来，曹寅把这段共同担任御前侍卫的经历写进了《题楝亭夜话图》这首诗中：

紫雪冥蒙楝花老，蛙鸣厅事多青草。

庐江太守访故人，建康并驾能倾倒。

两家门第皆列戟，中年领郡稍迟早。

文采风流政有余，相逢甚欲抒怀抱。

于时亦有不速客，合坐清严斗炎燠。

岂无炙鲤与寒鹦，不乏蒸梨兼瀹枣。

二簋用享古则然，宾酬主醉今诚少。

忆昔宿卫明光宫，楞伽山人貌姣好。

马曹狗监共嘲难，而今触痛伤枯槁。

交情独剩张公子，晚识施君通纻缟。

多闻直谅复奚疑，此乐不殊鱼在藻。

始觉诗书是坦途，未防车毂当行潦。

家家争唱饮水词，纳兰心事几曾知？

斑丝廓落谁同在？岑寂名场尔许时。

　　曹寅诗中的庐江太守，指的是张纯修。当时，曹寅做养狗处的头领，而纳兰性德兼做养马的头领。两个人一个在狗监，一个在马曹，见面的时候，经常以自嘲的方式互相开对方的玩笑。

　　当年，曹玺刚刚担任江宁织造后不久，即从燕子矶边移来一株黄楝树，栽种在江宁织造署的庭院之中，多年以后，树已长大，荫蔽喜人。曹玺便在树荫之下建了一座以供休憩的小亭子，名为楝亭。此后，曹玺便常常在楝亭之中督促曹寅和曹宣二子的学习。

　　两个孩子就这样在楝亭中渐渐长大。曹寅长大以后，把"楝亭"作为自己的号，并且自己的著作以此号命名，如《楝亭诗钞》《楝亭书目》等。不仅如此，曹寅还请友人绘制了《楝亭图》。

　　听曹寅讲述楝亭的历史，纳兰性德又联想到曹家的显赫家世以及如今在皇帝面前的至高无上的地位，他当即在《楝亭图》上题《满江红·为曹子清题其先人所构楝亭，亭在金陵署中》词以赠之：

籍甚平阳，羡奕叶、流传芳誉。君不见、山龙补衮，昔时兰署。饮罢石头城下水，移来燕子矶边树。倩一茎、黄楝作三槐，趋庭外。

延夕月，承晨露。看手泽，深余慕。更凤毛才思，登高能赋。入梦凭将图绘写，留题合遣纱笼护。正绿阴、青子盼乌衣，来作暮。

曹子清即曹寅。"籍甚平阳，羡奕叶、流传芳誉。""平阳"，地名，在今山西省境内，相传古帝尧时为都。此处代指金陵，因金陵亦为古帝王之都。"奕叶"为累世之意。此二句是称颂曹氏一家声名显赫，芳誉流传。

"君不见、山龙补衮，昔时兰署。""山龙补衮"是古人衮服和族旗上的山形、龙形的图案。"兰署"即兰台。汉代宫中收藏典籍之处，后亦指御史台。此二句是说曹家昔日享有高官厚禄。

"石头城"简称石城，又名石首城，故址在今江苏南京市清凉山。此城南临秦淮河口，为交通冲要，亦为军事重镇。"黄楝"俗称苦楝子，又称金铃子。树高丈余，叶如槐而尖，三四月开花，红紫色，芬芳满庭，其实如小铃，熟而黄。"三槐"，相传周代于宫廷外植三株槐树，三公朝见天子时面三槐而立，后世遂以三槐喻三公一类的高级官员。此处是说曹氏之先人栽种了一株黄楝于庭外，便有了三公之鼎盛。

"看手泽"，是说看到康熙皇帝为曹氏的题字，深深为之钦慕。"手泽"本指手汗，后代指先人、前辈之遗物或遗墨等。"凤毛"是形容人能继承父辈遗风。这里代指曹寅等人承继了祖上的遗风遗业，有着超人的才华。"纱笼"即宰相纱笼，是说曹家祖上自是显赫，如今也是地位不同一般。

"正绿阴、青子盼乌衣，来作暮"，是说烈日当中，那亭畔之黄楝绿色成荫，青果累累，小燕子尚未飞还。此虽景句，但句中隐含了对曹家如日中天、正值兴盛辉煌时期的赞誉之意。"青子"指梅实，亦指未黄熟之果实。

词中多处用典，颇多盛赞语言，典雅中不伤气度，婉曲里不失流畅。

后来，纳兰性德回京以后，曹寅携当世名家手笔的《楝亭图》前往北京，请纳兰性德以及顾贞观等文学名士为之题咏。是为《楝亭图卷》，共计十幅图，题咏者四十五家，堪称倾世之珍。曹寅又请纳兰性德为《楝亭图卷》题跋，跋文名为《曹司空手植楝树记》：

《诗》三百篇，凡贤人君子之寄托，以及野夫游女之讴吟，往往流连景物，遇一草一木之细，辄低回太息而不忍置，非尽若召伯之棠："美斯爱，爱斯传"也。又况一草一木，倘为先人之所手植，则睠言遗泽，攀枝执条，泫然流涕，其所图以爱之而传之者，当何如切至也乎！余友曹君子清，风流儒雅，彬彬乎兼文学政事之长，叩其渊源，盖得之庭训者居多。子清为余言：其先人司空公当日奉命督江宁织造，清操惠政，久著东南；于时尚方资黼黻之华，闾阎鲜杼轴之叹；衡斋萧寂，携子清兄弟以从，方佩觿佩鞢之年，温经课业，靡间寒暑。其书室外，司空亲栽楝树一株，今尚在无恙：当夫春葩未扬，秋实不落，冠剑廷立，俨如式凭。磋乎！曾几何时，而昔日之树，已非拱把之树；昔日之人，已非童稚之人矣！语毕，子清愀然念其先人。余谓子清："此即司空之甘棠也。惟周之初，召伯与元公尚父并称，其后伯禽抗世子法，齐侯仮任虎贲，直宿卫，惟燕嗣不甚著。今我国家重世臣，异日者子清奉简书乘传而出，安知不建牙南服，踵武司空。则此一树也，先人之泽，于是乎延；后世之泽，又于是乎启矣。可无片语以志之？"因为赋长短句一阕。同赋者：锡山顾君梁汾。并录其词于左。

02 盼慧心人，解心中话

　　康熙二十三年（1684 年）十月十八日，纳兰性德在扈驾南巡的途中，突然接到京城传来的噩耗：吴兆骞病逝。又一位好友永远地离他而去，让纳兰性德悲痛万分。

　　悲痛之中，纳兰性德想起了当年与顾贞观曾约定十年之期营救吴兆骞。那时，顾贞观还担心吴兆骞乃一介书生，在塞外苦寒之地会撑不过十年，就苦苦哀求纳兰性德，最后竟然屈膝跪在了纳兰性德的父亲明珠面前。无奈之下，纳兰性德父子只得含泪答应以五年为期。吴兆骞的寿命果真事先被顾贞观预测到了，没活十年的时间。幸好自己费尽千辛万苦，只用了五年时间就把他营救回京。如果以十年为期，岂不抱憾终生吗？

　　纳兰性德还记得，吴兆骞归京以后，自己与顾贞观从来都没有因为曾经的付出而在吴兆骞面前邀功表白，只是默默地为共同的努力所取得的成功倍感欣慰。可是，吴兆骞并不了解顾贞观等人为他的事情所付出的代价，甚至，他还因为一些琐事跟顾贞观发生了矛盾。直到有一次吴兆骞在纳兰明珠府上做客，随处闲游之际，偶然在纳兰明珠府的墙壁上，看到一行大字："顾梁汾为吴汉槎屈膝处"，于是，吴兆骞如梦方醒，禁不住地放声大哭，他甚至像顾贞观跪在纳兰明珠面前一样，跪在了顾贞观的面前。这一跪，既是一种感恩，更是一种道歉。或许，在生命里最难捱的时刻，在无辜蒙冤、边塞流放的时期，吴兆骞都不曾悲伤如斯。所谓男儿有泪不轻弹，只是未到伤心处。在顾贞观面前，吴兆骞这抛却尊严的一跪，跪的不是名，跪的不是利，而是"情义"二字。此后，吴兆骞写了两首《金缕曲》来表达对顾贞观和纳兰性德的感激之情、知己之义。

想起这些往事，又想起两年前的那个上元佳节，那么多的好友聚在一起饮宴赋诗，场面何其热烈！如今，这些好友死的死，走的走，早已风流云散。纳兰性德想到这里含泪提笔，一篇题为《祭吴汉槎文》的祭文一挥而就：

自我昔年，邂逅梁溪。子有死友，非此而谁？《金缕》一章，声与泣随。我誓返子，实由此词。

其时，纳兰性德扈从康熙皇帝南巡离京前，吴兆骞就已病重。纳兰性德给远在江南的顾贞观写信说："汉槎兄病重，我这一去，不知道归来之时还能不能再见到他，一想到这里我就会流泪。我近年总在鞍马间奔波，益觉疲顿，从前的壮志都已经消磨殆尽了。古人说身后名不如生前一杯酒，说得真好……兄所识的那位天海风涛之人，不知道此番可有晤对的机会？弟胸中块垒，非酒可浇，只有慧心人、知心话才可消得。沦落之余，只想葬身在异乡，不知能否如愿呢？"

在这里，纳兰性德由吴兆骞的病重引发自己的心事，联想到自己鞍马劳顿的生活现状，身陷樊笼而不得解脱，内心的凄凉寂寞与情感空缺，需要一位"慧心人"来解"心中话"进而除去"胸中块垒"。

纳兰性德所提的"天海风涛之人"用了一个典故。这个典故，是关于唐代著名诗人李商隐的。李商隐成名很早，拥有很多的追随者，用现在的话说就是"粉丝"，其中当然不乏很多女粉丝。其中有一位漂亮的女孩儿，名叫柳枝，是洛阳城里有名的歌妓。她的住所恰巧离李商隐的堂兄很近。有一次，李商隐的堂兄偶然吟诵起李商隐的《燕台》诗，这是李商隐为初恋情人写的一组爱情诗。李商隐堂兄的高声朗诵恰巧被柳枝姑娘听见了，她很惊讶地问李商隐的堂兄："谁人有此？谁人为是？"意思是说，是什么样的人才会有如此感人的爱情故事？是什么样的人才能把这么感人的爱情写成如此动人的诗句？李商隐的堂兄如实回答："是我的堂弟李商隐写的。"柳枝姑娘一听，立即扯下衣带打了一个结，委托李商隐的堂兄带给李商隐，希望李商隐也能为她写一首诗。

第二天，李商隐经过柳枝家的时候，柳枝派丫鬟盛装打扮，等候在路边。李商隐经过的时候，那个丫鬟对李商隐说："你就是李商隐吧？三天后我家小姐会借口要去河边浆洗衣裙，她想借此机会见你一面，到时候她会焚香以待。"李商隐答应了。可是到约会的前一天，跟李商隐一起上京同行的朋友跟他开玩笑，玩了个恶作剧把他的行李偷偷拿走，先行赶往京城去了。李商隐只好忙着去追赶朋友，最终没能赴约。

后来，李商隐听说柳枝被一位节度使霸占，他非常痛心，写下五首《柳枝》诗来记录这件事。在这些诗的序言中，李商隐说，柳枝姑娘是一位很有才华的女子，唱歌跳舞、吹箫弹琴，样样精通，能够"作天海风涛之曲"，意思是说，她的音乐天赋很高，歌声琴声就好像风声、海涛声一样雄浑壮阔、美妙动听。

所以，后人便用"天海风涛之人"来指代才华出众的歌女或者艺伎。因纳兰性德曾经听顾贞观说起过沈宛是江南有名的艺伎，所以，他所说的"天海风涛之人"，指的就是江南才女沈宛。

纳兰性德写这封信的时候，还不知道顾贞观已经打算把沈宛带到京师来引荐给自己。而顾贞观更不知道纳兰性德即将扈驾南巡会到自己的家乡来。人生总是这样，因缘际会，该来的时候总会来，不该来的时候也强求不得。

纳兰性德扈驾南巡即将结束，回京在即。此时，纳兰性德也接到了顾贞观的书信，信中说他已经带着沈宛到达京城了。一想到回京后就能见到那位思慕已久的"天海风涛之人"，纳兰性德心里不由地痛了一下，他又想起了亡妻卢氏。他觉得，要不是妻子薄命，自己怎么可能像现在这样寂寞和百无聊赖？想往事，看今朝，纳兰性德思绪如潮，一首新词《东风齐著力（电急流光）》在胸中燃烧：

电急流光，天生薄命，有泪如潮。勉为欢谑，到底总无聊。欲谱频年离恨，言已尽、恨未曾消。凭谁把，一天愁绪，按出琼箫。

往事水迢迢，窗前月、几番空照魂销。旧欢新梦，雁齿小红桥。最是烧灯时候，宜春髻、酒暖蒲萄。凄凉煞，五枝青玉，风雨飘飘。

"电急流光"指的是时间过得太快。"雁齿"比喻排列整齐的物品，后多用于比喻桥上的台阶。"最是烧灯时候，宜春髻、酒暖蒲萄"意思是说，最宜人的是元宵佳节的时候，梳成美丽的发髻，饮着那暖人的葡萄美酒。烧灯时候，即元宵佳节。"五枝青玉"指所燃之灯。

这又是一首泣血含悲的悼亡词，所悼之人便是自己的妻子。这首词，其伤感之苦情，灼人心脾。上阕起句即直抒胸臆，抒发了时光飞逝、人生苦短，再加上天牛福薄的人生感慨和悲悼之情，定下了全词悲情的基调。接着词人描写自己即使强颜欢笑也是百无聊赖、即便想写下来也是欲说无语、余恨难消。是谁在吹奏玉箫，声音如此凄切使人销魂？

下阕，词人陷入对往事的回忆之中。那窗前的明月又一次照耀着月下这个销魂的人。往事如江水般连绵不断涌向心间。梦里、回忆里都是你我往日的欢会情景，最宜人的是在那元宵佳节飘忽的烟火里，一边欣赏你头上美丽的发髻，一边饮着那葡萄美酒。如今梦已醒来，回忆成空，只有眼前的凄风苦雨、寂寞孤灯，怎能不叫人断肠伤情！

其实，纳兰性德渴望见到那位"天海风涛之人"，并不单单因为她的才华，尽管他曾经读过她的词集《选梦词》；也并不是因为她的美貌，虽然顾贞观曾经在回信里夸赞她"惊为天人"。纳兰性德只希望她是一位能化解自己"胸中块垒"的"慧心人"，从此便可以不必再借酒浇愁了。

纳兰性德拥有显赫的家世，拥有让所有人艳羡的仕途，拥有让人望尘莫及的卓绝的才华。但是，这些强大的外表下面，却隐藏着一颗疲惫不堪的脆弱的心。爱妻的早亡，使他失去了唯一的心灵休憩的港湾。从续妻官氏那里，他又无法得到家庭的温暖。在这种情况下，纳兰性德对沈宛寄予了很高的期望。他希望这位冰雪聪明的"慧心人"能够像他曾经的妻子卢氏一样，成为他心灵栖息的港湾。他甚至还说："沦落之余，方预葬身柔乡，不知能否如愿呢？"这个时候的纳兰性德，早已晋升为一等侍卫，受到康熙皇帝的信任和赏识，事业如日中天。可他却说自己是"沦落"之人。他的事业风光无限，可是，他自己最知道他有多么的无奈，多么的疲惫，他太需要一个温柔的港湾来停靠他那颗疲惫的心。

沈宛，成了他生命中的最后一线希望。这也是他迫切想见到沈宛的最根本原因。相见之缘，已姗姗走来。

03 梦中知己，京师相见

銮驾归来的纳兰性德，带着一路风尘重新踏入了京城的土地。江南的水韵风景虽美，江南的吴越语言虽柔，江南的小桥流水和烟雨人家虽然迷人，可是，一想到重回京城，纳兰性德依然是归心似箭。他思念家里的亲人，思念昔日的好友，最主要的，他想早点见到那位梦中知己、江南才女沈宛。

在顾贞观的引荐下，纳兰性德与沈宛终于相见了。

那是一个冬日的午后，天气晴好，正应验了"心情好时天气就好，心情不好时天气也不好"。纳兰性德心情愉悦地跟随顾贞观来到一家客栈，刚一进门，两个人就被一曲琴音所吸引。那琴声幽怨，如泣如诉。纳兰性德听得出来，这是宋代词人晏几道的一首《鹧鸪天（彩袖殷勤捧玉钟）》。伴着琴音，纳兰性德一边走一边低声吟诵这首词：

彩袖殷勤捧玉钟，当年拼却醉颜红。舞低杨柳楼心月，歌尽桃花扇底风。

从别后，忆相逢，几回魂梦与君同。今宵剩把银釭照，犹恐相逢是梦中。

不知不觉，纳兰性德就随着顾贞观进了一个雅致的房间。琴声停止后，一位女子飘身离开琴凳，向纳兰性德与顾贞观进行了得体的问候。纳兰性德知道，眼前的这位女子，就是沈宛。他只稍加打量，就被沈宛那飘逸出尘的气质所吸引，一见倾心。她一身淡紫色的衣裙，头上只随意地插着一两支做工精细的雕花银簪子，微微晗首间，脸上薄施妆粉，蛾眉淡扫，唇上一抹淡淡的朱红，既不妖艳，更不张扬，跟那些花红柳绿的歌女们比起来，宛如一朵亭亭玉立的莲，出淤泥而不染。

看到纳兰性德有些失神的样子，顾贞观赶忙介绍说："容若公子，这位就是……"还没等他介绍完，纳兰性德已经开口吟诵起沈宛的《长命女》：

黄昏后。打窗风雨停还骤。不寐乃眠久。渐渐寒侵锦被，细细香消金兽。添段新愁和感旧，拼却红颜瘦。

听完纳兰性德的吟诵，沈宛先是一惊，旋即莞尔一笑说："想不到公子对我的《选梦词》这么熟悉！莫非公子是……"纳兰性德上前一拱手说："在下纳兰性德，素闻沈小姐才艺过人，今日一见，果然名不虚传！"

"容若公子过奖了！沈宛不才，容若公子才真正是才名远扬，一本《饮水词》不知倾倒多少人呢！"沈宛再施一礼，抬头盈盈一笑，两颊却早已飞上一朵红云。

此后的一段日子，纳兰性德便常常跑来客栈听沈宛抚琴唱歌。有时候，沈宛唱累了，就停下来陪纳兰性德下棋。偶尔，他们也一起饮酒赋诗填词。一日，酒过三巡后，纳兰性德望着眼前的佳人，一曲《金缕曲（未得长无谓）》如清泉一般流淌而出：

未得长无谓，竟须将、银河亲挽，普天一洗。麟阁才教留粉本，大笑拂衣归矣。如斯者、古今能几？有限好春无限恨，没来由、短尽英雄气。暂觅个，柔乡避。

东君轻薄知何意。尽年年、愁红惨绿，添人憔悴。两鬓飘萧容易白，错把韶华虚费。便决计、疏狂休悔。但有玉人常照眼，向名花、美酒拼沉醉。天下事，公等在。

常言道：酒后吐真言。纳兰性德很久没有像这样开怀畅饮了。他想起了自己曾经的豪情壮志，到如今身陷樊笼志不得伸的沉郁苦闷，还不如暂时找个温柔乡避一避，别等到两鬓萧疏，须发皆白之时，再考虑退隐，岂不虚度了大好的时光！此刻正好有佳人在眼前，索性就一醉方休吧。国家之事，自由达官显贵去处理吧。

纳兰性德下定决心，从此不再管那些条条框框的约束了，也不再管那些世俗的偏见了，他也要狂放一把。从今以后，他想要的生活，就是和"玉人"、"名花"、"美酒"一起沉醉。词中的"玉人"和"名花"都是指沈宛。

李白曾经专门为唐玄宗和杨贵妃写过三首《清平调》诗，里面有"名花倾国两相欢，长得君王带笑看"这样的句子，那是李白把杨贵妃比作是盛开的牡丹花。而现在，纳兰性德把沈宛比作一朵"名花"，显然，纳兰性德对沈宛给予了非常高的评价。

沈宛是何等的冰雪聪明。她一下子读懂了纳兰性德的心事，公子是真的倦了、累了。碍于自己的身份低微，沈宛从来不敢奢求太多，来到京城后，她只希望这样每天看着他、陪着他，听他倾诉心事也就知足了。可是，她现在觉得，她应该给他更贴心的温暖，更温柔的体贴，给他一个心灵的港湾。

《金缕曲（未得长无谓）》落笔而成后，纳兰性德放下笔，眼睛有些发直地看着沈宛，好似要把她周身的每一个细节都装在记忆里。然后，他站起来，伸手拢起她额前的秀发，语调坚定地说："宛儿，答应我，不管发生什么，永远不离开我，不抛弃我，好吗？"

沈宛郑重地点了点头，微微一笑说："这是我多少次梦中出现的情景，我只敢做梦，却从来没敢想过把它变成现实，容若公子不嫌弃宛儿身份低微吗？"

纳兰性德一把把沈宛揽在怀里，仰面说道："我怎么可能会嫌弃你？只是，我是满人，清制有规定，满汉不能通婚，我给不了你任何名分。"

沈宛感动得泪流满面，望着纳兰性德的眼睛坚定地说："宛儿不要任何名分，只求能朝夕陪在容若公子身边。"

"那岂不太委屈了你？"

"跟公子在一起，宛儿不觉得委屈，宛儿当年父母双亡，全家被抄，不得已沦落风尘，以卖唱维持生计，还有什么委屈能抵得过如此的人生变故？"说到伤心处，沈宛早已哽咽不已。为此，纳兰性德把她搂得更紧了。

尽管纳兰性德再三恳求父亲，纳兰明珠态度依然坚决，绝对不允许如此的风尘女子踏入纳兰明珠府半步。更何况沈宛还是个汉人，国法家法全都说不通。就这样，纳兰性德只好私下里购置了一处别院，安排沈宛住了进来。虽然没有举行任何仪式，两个人依然静悄悄地完成了婚礼。这样的婚姻，尽管没能得到家人的认可和祝福，却得到了来自于朋友的祝贺。这些祝贺，也是史学家们发现的唯一能证明纳兰性德有过这段婚姻的证据。这是一首题目叫《风入松·和成容若纳妾》的词，作者是陈见龙：

佳人南国翠蛾眉。桃叶渡江迟，画船双桨逢迎便，细微见高阁垂帘。应是洛川瑶璧，移来海上琼枝。

何人解唱比红儿，错落碎珠玑，宝钗玉樗挥蒲戏，黄金钏，么凤齐飞。激滟横波转处，迷离好梦醒时。

"桃叶渡"是一个地名，位于南京市的秦淮区，是秦淮河上的一个古渡。这个名字出自于一个典故：传说东晋书法家王献之有个爱妾叫"桃叶"，她往来于秦淮两岸时，王献之放心不下，常常亲自在渡口迎送，并为之作《桃叶歌》："桃叶复桃叶，渡江不用楫；但渡无所苦，我自迎接汝。"从此，桃叶渡名声大噪。久而久之，原来的南浦渡也就被称呼为桃叶渡了。

词人把沈宛比作王献之的爱妾桃叶，比作唐代诗人罗虬最爱的歌女红儿，以此来形容纳兰性德对沈宛的疼爱有加。

新婚之夜，纳兰性德迫不及待地掀开新娘的红盖头，仔仔细细地端详着自己的新娘子，眼里满是怜惜和愧疚。此情此景，纳兰性德有些似曾相识。是啊，是曾经历过，不过，那个时候的纳兰性德面对的新婚妻子是卢氏，他的眼里曾经满是喜悦和期待。而现在，纳兰性德却有无限伤感袭上心头。为了不让宛儿难过，纳兰性德尽量把这场婚礼办得像个婚礼的样子，尽管这场婚礼只有他们两个人参加。因为，他所能给予宛儿的只有这么多了。虽然宛儿口口声声说不要名分，可是，哪个女子又甘愿连个侍妾的名分都没有呢？

看到丈夫盯着自己长久的沉默，沈宛明白丈夫的心意，她伏在丈夫的胸前，在他耳边轻声细语："相公，此刻宛儿感觉自己是天底下最幸福的人！"

"好宛儿，谢谢你这么善解人意！"纳兰性德不由得叹息着说："这么温柔贤淑，这么冰雪聪明的旷世才女，你真是上天赐给我的最好的礼物！"

彼此对望间，纳兰性德忽然又来了灵感："宛儿，帮相公研墨如何？"

"当然没问题。"沈宛应着，随即帮丈夫摊开纸笔，站在丈夫身边一边研墨，一边吟诵着丈夫新填的一首《浣溪沙（十八年来堕世间）》：

> 十八年来堕世间，吹花嚼蕊弄冰弦。多情情寄阿谁边。
> 紫玉钗斜灯影背，红绵粉冷枕函偏。相看好处却无言。

沈宛看得明白："十八年来堕世间"是典用的李商隐《曼倩辞》中的成句："十八年来堕世间，瑶池归梦碧桃闲。"曼倩就是汉朝名人东方朔。据《仙吏传·东方朔传》所载，东方朔死后，天上的岁星复明，于是汉武帝仰天而叹："东方朔生在朕身旁十八年，而不知是岁星哉。"在纳兰性德心里，好似这世间所有的美都无法与他的宛儿比肩，在纳兰性德看来，沈宛是好看到极致的，超凡脱俗的，一如那天宫之中的仙子错落凡尘。

"吹花嚼蕊"是指吹乐，歌唱，与吹叶嚼蕊同义。吹叶嚼蕊出自于李商隐的《柳枝》序言："柳枝，洛中里娘也……吹叶嚼蕊，调丝撽管，作天海风涛之曲，幽忆怨断之音。"吹花则出自于胡翼龙的《满庭芳》："吹花题叶事，如今梦里，记得依然。"吹叶嚼蕊后又引申为推敲声律、辞藻等文墨之事。"冰弦"即琴弦。相传是用冰蚕丝所制作的琴弦。此处意为乐器之类。洪昇的《长生殿》里写杨贵妃弹琴是"冰弦玉柱声嘹亮，鸾笙众管音飘荡。"这里，纳兰性德所写的是沈宛的才华出众。她不仅相貌出尘，而且善于舞弄文墨，精通音律，是难得一见的才貌双全之人。

"多情情寄阿谁边"一句的"阿谁"，所指的是纳兰性德自己。她那样的美好，是上天恩赐的礼物，从而落入他的怀中。茫茫人海，他与她一见倾心，世间千千万万男子，她却唯独钟情于他，这样两情相悦的感情是多么地难得！

"紫玉钗斜灯影背，红绵粉冷枕函偏。""红棉"指的是女子擦粉用的粉扑。"枕函"又称枕匣，指中间可以放置物件的匣状枕头。纳兰性德仔仔细细地端详着沈宛，烛影摇红中，她粉面低垂，灿若桃花，玉钗颤颤云鬟如雾，眼波楚楚目里含羞。纳兰性德对沈宛如此迷恋，仿佛整个世界里只有她。

她是千娇百媚的红，她是世间最美的花，开在他无边的涯。她是他冬日严寒里一只贴心的手炉，她是他夏日骄阳下的一抹绿阴。可是他却说"相看好处却无言"。那一刻，或许是幸福的感觉无以言表。纳兰性德彻底地醉了。

04 聚少离多，寂掩重门

深夜时分，阑珊静寂。青灯已灭，红窗虚掩。纳兰性德慵懒地倚靠角枕，侧卧在床上，不一会儿，就进入了梦乡。梦里，他到了爱人的家乡江南，博山炉内的沉香氤氲缭绕，爱人好似浣衣归家之后，坐在窗前细细地思量着什么，轻烟漫过她的脸颊，却只留一床茫茫的月色，伊人到哪里去了呢？这是纳兰性德在《遐方怨·欹角枕》一词中所表达的意境：

欹角枕，掩红窗。梦到江南伊家，博山沈水香。
湔裙归晚坐思量。轻烟笼翠黛，月茫茫。

这首意境优美的词，是纳兰性德与沈宛新婚不久填的。人常说："日有所思，夜有所梦。"纳兰性德和沈宛的幸福来得太快了！于是，纳兰性德一直担心这幸福不会长久，一直担心沈宛有一天会离开他。

甜蜜的相聚果然不长久。很快，纳兰性德的生活就步入了正轨：他每天都要鞍前马后，小心翼翼地伴在君王之侧，还经常被皇帝派往外地执行秘密任务，偶尔闲下来，还要回到官氏和颜氏身边照料。这样，沈宛的寓所就会出现冷冷清清的局面。偶然间来过一次，嘘寒问暖之中，纳兰性德总是带着深深的无奈和涩涩的歉意。他在《浣溪沙（欲问江梅瘦几分）》中写道：

> 欲问江梅瘦几分，只看愁损翠罗裙。麝篝衾冷惜余熏。
> 可耐暮寒长倚竹，便教春好不开门。枇杷花底校书人。

词中的"校书人"是来自于薛涛的典故，这里指的是沈宛。把薛涛称为"校书人"源于这么一段故事：唐代的著名歌妓薛涛，是成都名重一时的才女，当时，四川节度使韦皋特别欣赏她的才情，甚至有意上报朝廷，请求让薛涛担任校书郎的官职。然而，朝廷认为，让一名出身微贱的歌女担任朝廷命官，有点有伤风化。此事最终被搁浅，可薛涛"女校书"的才名却不胫而走。为此，唐代著名诗人王建还专门写了一首诗《寄蜀中薛涛校书》赠给薛涛：

> 万里桥边女校书，枇杷花里闭门据。
> 扫眉才子知多少，管领春风总不如。

当时，薛涛住在成都郊外的万里桥边，门口有几棵枇杷树，王建在诗中把她直接称为"女校书"，并用"枇杷花下"来描述她的住所。后来，"枇杷巷"也因此成为妓院的雅称。诗中的"扫眉才子"也是指薛涛。因为只有女子才会画眉。"扫眉才子"就是形容才华横溢的女性。

尽管很少与纳兰性德相聚，心里有些失落和难过，可沈宛却从来不抱怨。每次丈夫回来，她依然殷勤地为他递上一杯热茶，为他拂去一身的风尘。沈宛在尽最大的努力，为纳兰性德提供一个心灵栖息的港湾，让他释放内心所有的压力。

然而，在沈宛独处的时候，那种等待的滋味儿是非常难熬的，她在《菩萨蛮·忆旧》中写道：

> 雁书蝶梦皆成杳。月户云窗人悄悄。记得画楼东。归骢系月中。
> 醒来灯未灭。心事和谁说。只有旧罗裳。偷沾泪两行。

沈宛把万千心事都填写在词里，吟唱在曲子中。当纳兰性德回来的时候，就娓娓地弹唱一曲给自己的夫君听。纳兰性德更听得懂沈宛的曲外之音，即便不听沈宛抚琴，他也明白她的心事。他看得懂她眼底深藏的忧伤，他知道她自己在家的时候，会经常以泪洗面。沈宛的心事，他知道，他全都知道。可是，面对沈宛的孤寂和落寞，他却无可奈何。他一直在尽自己最大的努力，以一颗歉疚的心，给沈宛多一些关切。他在《菩萨蛮（窗前桃蕊娇如倦）》写道：

窗前桃蕊娇如倦，东风泪洗胭脂面。人在小红楼，离情唱《石州》。
夜来双燕宿，灯背屏腰绿。香尽雨阑珊，薄衾寒不寒。

"石州"指的是乐府七调之一的商调曲名。商调之音凄怆哀怨，多表达凄清伤感之情。李商隐的《代赠》就有"东南日出照高楼，楼上离人唱《石州》"的诗句。

"灯背屏腰绿。""绿"指乌黑发亮的颜色，古诗词中多以之形容乌黑的头发。如李商隐的《戏题枢言草阁三十二韵》中就有"年颜各少壮，发绿齿尚齐"的诗句，晏几道的《生查子》中也有"君貌不长红，我鬓无重绿"的诗句。在这里，"绿"却是昏暗不明的意思。

其实，纳兰性德是真心疼惜沈宛的。在生活上，他对沈宛总是嘘寒问暖。平日里，纳兰性德总是细心地观察沈宛的喜好，一旦发现她喜欢吃什么食品，喜欢穿什么衣裙，或者喜欢佩戴什么款式的首饰，这些东西，只要能够买到，他总是想方设法为她买回来。沈宛生病的时候，纳兰性德便昼夜衣不解带，亲自煎药喂药。晚上，沈宛夜不能寐时，纳兰性德把她搂在怀里念诗给她听："晴如山上云，皎若云间月。闻君有两意，故来相决绝。"沈宛知道，夫君给他吟诵的，是出自于《宋书·乐志》里的诗，她以前曾经读过。可是，不知为什么，现在听来，她却隐隐感到一丝不安。

他爱她，她知道；她也爱他，他也明白。可是，她发现，他经常整晚整晚翻来覆去，彻夜难眠；她发现，他经常在最兴高采烈的时候突然就陷入沉默，甚至一连几个小时怔怔发呆；她还发现，他以前圆润俊朗的脸颊在一天一天地塌陷。她知道他跟她在一起，一直顶着外界的压力，这压力来自于皇室，来自于家庭。但她永远想不到，这压力足以让他心力交瘁，让他不堪一击。

直到有一天，她从顾贞观口里知道，他为了她，多次跟父亲纳兰明珠闹翻，一向以孝道著称的他，现在成了父亲眼里的"逆子"。甚至，他跟父亲的矛盾已经惊动了皇上，虽然皇上不便插手他们的家事，但也禁不住经常旁敲侧击地提醒他要处理好这件事。一边是自己千辛万苦寻觅的亲密爱人、知心伴侣，一边是自己从小到大尊敬崇拜的父亲，纳兰性德生活在这样的夹缝之中，难怪他一天比一天消瘦憔悴。

得知这一切，沈宛开始彻夜难眠，她在《临江仙·春去》一词中写道：

难驻青皇归去驾，飘零粉白脂红。今朝不比锦香丛。画梁双燕子，应也恨匆匆。

迟日纱窗人自静，檐前铁马丁冬。无情芳草唤愁浓，闲吟佳句，怪杀雨兼风。

沈宛眼睁睁看着丈夫一天比一天消瘦，一天比一天憔悴，看着丈夫在她与相府之间艰难地抉择、无奈地纠结。这幸福来得太难，这代价来得太大。她恨，她恨这个残酷冰冷的现实，她恨自己悲凉惨淡的命运。她觉得，她不能再让他承受更大的压力了。如果她的离开能让他重新找回快乐的话，她愿意从此放手。

如果这个地方果真容纳不了我们的爱情，就让我从此消逝在这晚风苦雨里吧。沈宛暗暗地下了决心。她渴望与丈夫长相厮守，但她更渴望丈夫的健康快乐。

在一个静寂的夜晚，两个人面对面却默默无语。时间仿佛都已经苍老了，两个人连彼此扶一把对方的力气都没有。就这样沉默着，一直沉默着，时间仿佛静止了一般。不知过了多久，沈宛有些沧桑地说道："我想暂时离开这里，回江南老家休养一段。"

其实，沈宛又何尝是真的想离开？如果可以，她宁愿做丈夫手里的一支笔或者一页纸笺，或是丈夫时时捧读在手的一本书。只要是和丈夫形影不离的东西，她都甘愿去做。但是，她必须离开，她不忍心丈夫在自己和家人之间左右为难，她不想因为自己的存在而加剧丈夫和他父母之间的裂痕。

纳兰性德又何尝想让他的宛儿离开？但是他眼睁睁看着自己心爱的宛儿由初来时的粉面含春、灿若桃花，变成现在的形容渐瘦、眉峰紧锁，又怎么忍心拒绝她的请求？曾经，他对这段爱情寄予何等高的期望。纳兰性德不是负心汉，他为这段爱情付出了太多太多。他曾经以为，只有沈宛，才是那个唯一可以代替卢氏、填补他爱情空白的女子。但希望越大，失望也就越大。在最初的缠绵与激情过后，他终于发现，沈宛毕竟不是卢氏，也不可能代替卢氏，她们虽然都是才女，而且他们也都相爱，但他和沈宛不平等的相处方式，注定了沈宛带给他的除了爱，还有更多的怨。虽然她从来不说、不怨，但是从她那紧锁的眉峰、眼底的愁怨，都能看到她那颗滴血的心。

见沈宛决心已定，纳兰性德最终选择了理解与放手。就这样，沈宛只在北京住了短短几个月，又带着满身伤痕回到了江南。分别之时，纳兰性德写了一首《采桑子（而今才道当时错）》：

> 而今才道当时错，心绪凄迷。红泪偷垂，满眼春风百事非。
> 情知此后来无计，强说欢期。一别如斯，落尽梨花月又西。

"而今才道当时错，心绪凄迷。"纳兰性德现在才明白，所有的这一切都是一个美丽的错误。原本金童玉女一般的一对璧人，却因为血统的差异、出身的不同造就了一场错误的爱情。可是在这份爱情里，纳兰性德没有错，沈宛也没有错，错就错在他们生在了一个满汉不能完全融合的时代，错就错在他们同时又生在了等级制度森严的时代，从而造成了两个人身份地位的悬殊。归根结底，是命运的错，是命运让他们相遇、相知，却不能长相厮守。

"红泪偷垂，满眼春风百事非。""红泪"是指女子像鲜血一样的红色的泪水。此刻，纳兰性德想起沈宛的伤心幽怨，脸上挂着的泪水，也早已变成了鲜血一般的红色了。冬去春来，眼前的春光再好，可早已是物是人非了。

"情知此后来无计，强说欢期。"纳兰性德知道，此去一别，隔万水千山，重见的机会已是渺渺。可是分手的时候，他们还强作欢颜，努力想安慰对方。纳兰性德对沈宛说：你先回江南住一阵子，我一定找机会再来看你，或者重新把你接回京城来。沈宛也边流泪边安慰着丈夫：不管我身在哪里，我的心都只属于你，等你多久我都不会后悔。

"一别如斯，落尽梨花月又西。"纳兰性德分明是在说，此一分别，待梨花落尽，月亮偏西的漫漫长夜，都是我无尽的相思……

纳兰性德与沈宛因词而聚，又作词而别，词是两个人相互吸引之缘，相互爱慕之缘。纳兰性德一生的词作现存 348 首，内容涉及爱情友谊、边塞江南、咏物咏史及杂感等方面，写景状物关于水、荷尤多，誉其为清初"第一词手"。《纳兰词》不但在清代词坛享有很高声誉，在整个中国文学史上也占有光彩夺目的一席之地。纳兰性德能在词坛取得如此辉煌的成就，确实不易。作为一位词人，不仅要学音律，更要懂文学，要博览群书，了解中国的历史文化，对词语敏感，有灵感、天赋。尤其是在词牌方面，要有深入的研究，并熟练地运用。

为了给纳兰性德减轻精神上的压力，沈宛不得不暂时离开自己心爱的人，回到家乡无锡。她不是逃避，是对纳兰性德的放手。让纳兰性德没想到的是，沈宛离开他的时候，已经怀有身孕了。沈宛觉得，自己做出辞别的决定，一切都由自己来默默地承担，即使是怀有身孕这样大的事情，也不想让纳兰性德知道。她悄悄地走了，正如她悄悄地来，沈宛悄悄地带着她和纳兰性德的爱情结晶一起离开。纳兰性德因病英年早逝后，沈宛生下了他的遗腹子。这个孩子，有幸被纳兰性德的父亲纳兰明珠接受，并取名纳兰富森，从而名正言顺地归入了纳兰世家的族谱。而沈宛，在自己与纳兰性德的孩子有了安身之地后，乘一叶扁舟，再回江南。江南，是她永久的安身之地。此为后话。

05 缘尽魂断，人去楼空

沈宛启程回乡后，淅淅沥沥缠绵了一整天的小雨。这绵绵细雨，因何而下，为谁而下，也许有人知道，也许有人不知道。知道的人，心里也会下着雨；而不知道的人，心里自然无所谓。到了傍晚时分，雨才停了下来，天也逐渐放晴。遥望远方，那氤氲的水汽如轻烟薄雾一般，飘飘缈缈地涌动着，让一些景色若隐若现。人看景，景随人。有人喜欢雨中，有人喜欢雨后。天气似晴非晴之时，一定会让更多的人喜欢。

从皇宫出来，纳兰性德骑着马，不由自主地到了他和沈宛曾经居住的那所别院。一整天，他的心都和天气一样。往常，他在下雨的天也总是充满抑郁，今天，他依然如此。可惜，这里已是庭院寂寂，人去楼空。院子里的小径上，落满了被雨水凋零的花瓣，让小院显得很是凄凉。他抬起头，看见一棵树上挂着红色的小果实，在雨后的景象中很是扎眼。他停下脚步，伸手摘下了两颗小果实端详起来。看着看着，纳兰性德觉得，这鲜红色的小果实，分明就是生长在南方的红豆。往日，他在这所别院之中，还从没看见过这种红色的小果实。他感到神奇，也感到这是神缘所赐。此情此景，纳兰性德忍不住吟诵起唐代诗人王维的那首《相思》："红豆生南国，春来发几枝，愿君多采撷，此物最相思。"纳兰性德坚信，在静寂的别院之中，这红色的小精灵，就是相思化身。

纳兰性德看着"红豆"，自然想起了他的宛儿。她走了，要经过一路颠簸，经过一路风尘。他的心里，一直在惦记着宛儿。一天的行程，宛儿已经行到哪里了呢？徘徊之中，他情不自禁地吟诵了一首《南乡子（烟暖雨初收）》：

烟暖雨初收，落尽繁花小院幽。摘得一双红豆子，低头，说着分携泪暗流。

人去似春休，厄酒曾将酹石尤。别自有人桃叶渡，扁舟，一种烟波各自愁。

这是一首抒写离愁别恨的词作。"烟暖雨初收，落尽繁花小院幽"，首句描写了刚下过雨后的小院情景。风雨初晴，小院中落花满地，显得十分幽静。"摘得一双红豆子，低头，说着分携泪暗流"，爱人采下两颗红豆，低头和纳兰性德说着分别的话语，说着说着，不禁泪流满面。

词的上阕追忆往昔，下阕则描写别后幽情。"人去似春休，厄酒曾将酹石尤"，爱人离开之后，好像连春天也被他带走了，以酒践行时甚至祈祷船在行驶时能够遇上顶头风。"石尤"是纳兰性德化用的一个典故。相传古时有一个姓尤的女子，嫁给了一个姓石的商人，按照古代的习惯，她就被称为石尤氏。丈夫出外经商多年，未见归还，石尤氏便每天倚门而望，结果思念成疾，在临死时，她慨叹道："我悔恨当初没有劝阻丈夫留在家中，不然怎会落到今天这种地步，我要化作一阵大风，替天下的妇人去阻止她们商旅远行的丈夫。"石尤死后，在她家门前的那段江面上，果然时常刮起大风，阻碍船只通行。纳兰性德化用这个典故，是说女主人公希望能够效仿石尤，化作大风阻止爱人远行。

但是天不遂人愿，女主人公的愿望终究破灭，爱人最终乘船离去，分开的两人只能独自品尝自己的忧愁。

纳兰性德在心中想念和记挂着沈宛，默默地说：你走了，把我生命中所有的春天都带走了，从此，春光无限、繁花似锦的美好再也不会属于我了。我只有持着酒杯临溪伤神，多么希望你此行遭遇逆风，好掉转船头重新回到我的身边。你走后，桃叶渡口依然扁舟不断，但每一个送别的人肯定都会有跟我不一样的离愁……

纳兰性德走进曾经的那个小屋里。沈宛虽然走了，可这个他们曾经的温柔乡，依然被她收拾得干干净净，纳兰性德所有的衣服，都被她折叠得整整齐齐。纳兰性德巡视着屋里的一切，仿佛还能感受到沈宛的气息仍在。

忽然，纳兰性德看到桌子上有一页纸笺，上面盈盈小字，字体娟秀而有力，纳兰性德拿起来一看，原来是沈宛写的《一痕沙·望远》：

白玉帐寒夜静。帘幙月明微冷。两地看冰盘。路漫漫。　恼杀天边飞雁。不寄慰愁书柬。谁料是归程。

纳兰性德注意到，纸笺上的字迹有一处已被晕染，有点模糊不清，那分明是一滴眼泪。他即刻想象到沈宛填写这首词的时候，是怀着怎样复杂的心绪，是怨，是恨，是眷恋，是不舍，几者兼而有之。当初，沈宛怀着美好的憧憬北上来京，才仅仅过了几个月的时间。而如今，她又拖着一个疲惫不堪的身体，怀着一颗支离破碎的心，自己孤身南下返乡，这该是一种怎样的哀伤和绝望。

其实，哀伤和绝望的不仅仅是沈宛，纳兰性德的心伤得更重。当初，爱妻卢氏的离世，纳兰性德的心已经支离破碎，原本指望沈宛这个"慧心人"为自己填补内心的伤痕，可是谁料想，这个世界却容不下他们这一对苦命的鸳鸯。这时，纳兰性德又想起他曾经读过的沈宛所写的《朝玉阶·秋月有感》一词：

惆怅凄凄秋暮天。萧条离别后，已经年。乌丝旧咏细生怜。梦魂飞故国、不能前。无穷幽怨类啼鹃。总教多血泪，亦徒然。枝分连理绝姻缘。独窥天上月、几回圆。

纳兰性德不知道当初沈宛是在什么情形之下填的这首词，初读之时，他感觉沈宛是在描写别人的故事。而今天再次吟诵，这词里的字字句句，仿佛都是他们自己的写照。"枝分连理绝姻缘"更像一句谶语，写尽他们的哀伤与无奈。

沈宛走了，可是生活还是得继续。纳兰性德已经身心俱疲。

夜阑人静，白天叽叽喳喳的小燕子也早已栖息在雕梁上睡着了。可是纳兰性德依然在床上辗转反侧，无法入睡。他索性从床上起来，披衣走出房间，立在院子当中。月光如水倾泻而下，把四面的围墙镀上了一层银色的光辉，空气里弥漫着一股淡淡的花香，却分辨不出是哪一丛花散发出来的香气。这情景何其相似，何其熟悉！

纳兰性德记得，跟卢氏刚刚结婚的那段日子，两个人经常在夜阑人静之时，相互依偎着立在庭院里，一边欣赏月色，一边嗅着淡淡的花香……

想起这些，纳兰性德的心不由得又抽痛了一下：十一年了，时光飞逝，恍然做了一场梦。于是，纳兰性德再一次为卢氏写下了一首悼亡词。让人预想不到的是，他的这首《采桑子（谢家庭院残更立）》，竟然成了他生命中最后的一首悼亡词。

> 谢家庭院残更立，燕宿雕梁。月度银墙，不辨花丛那瓣香。
>
> 此情已自成追忆，零落鸳鸯。雨歇微凉，十一年前梦一场。

"谢家庭院"是指南朝宋谢灵运家，谢灵运在会稽始宁县有依山傍水的庄园，后来常用谢家庭院代称贵族家园，也指闺房。在这里，纳兰性德是借此隐喻当下的实景。可以看出，这是纳兰性德在怀念与卢氏的一段情缘。下阕开始的那句"此情已自成追忆"，更是证明上阕是属于追忆往昔的情感了，而最后一句更是点明了这段情感的时间，是发生在十一年前，如梦一场的时光令这段情感逐渐模糊，但并没有被遗忘。

这首词，纳兰性德写得十分凄美感人，在华丽的雕梁上，燕子熟睡着。夜深人静之时，无论是人还是动物，都已经进入了梦乡，只有月光悄悄安抚着大地。而此时，却还有一个人无法入眠，任凭月光洒落一身，他只是独立中庭，孑然影孤。短短十数字，纳兰性德就将自己孤独寂寥的心态描写出来。

"月度银墙，不辨花丛那瓣香"，是纳兰性德从元稹的《杂忆》中所改出的一句，虽然只是简单改过一个字，但整首词还是相得益彰的。元稹的诗是这样的："寒轻夜浅绕回廊，不辨花丛暗辨香。忆得双文胧月下，小楼前后捉迷藏。"元稹是悼亡诗的高手，他的悼亡诗成就不在纳兰性德的悼亡词之下，而元稹本人也是多情之人，他在婚前和一个女子有过一段热恋，虽然没有结果，但元稹对那名女子很是看重。这首词便是为那名女子所做。

纳兰性德在上阕先是写景色，后又引用前人怀念的旧文，无非都是要烘托自己内心的怀念。而到了下阕，第一句便是"此情已自成追忆"。纳兰性德自己也明白，卢氏已经去世，他与卢氏的这份感情只可追忆，无法挽回。所以，这句词既道出了纳兰性德的悲伤，也道出了世事的无常。词句化用了李商隐《锦瑟》中的句子："此情可待成追忆，只是当时已惘然。"可是此时，自己跟妻子一个人间，一个天上，成了一对零落鸳鸯，往事如烟，再也追不回从前。

往事已如烟散去，回忆空空，纳兰性德沉吟至此，才忽然觉出了雨夜后的微凉，他也觉察出，这十一年前的梦，早就该醒了。他分明是在说：残更冷夜独自伫立在我们的庭院里，看着燕子双宿双栖在画梁之上。月光洒下来，照在白色的墙壁上，清辉之下分辨不清园中的鲜花。物是人非，此情此景也只能成为回忆，你我从此劳燕分飞、天各一方。这新雨过后的夜里透着丝丝凉意，你我之间的相依相恋如同十一年前的一场梦一样，不堪回首。

还有一件烦心事让纳兰性德无法释怀，那就是恩师徐乾学和父亲明珠之间的感情出现裂痕，以至于两个人在朝堂之上甚至互相排挤、互相弹劾。纳兰性德夹在恩师与父亲之间无所适从、焦灼万状。现在最受康熙宠幸的人是高士奇，想当年这个人还指导过自己的书法，当过自己的老师，但是高士奇曾经与朱彝尊、秦松龄结怨，现在高士奇是皇帝眼中的红人，自然没有朱彝尊和秦松龄好果子吃。果不其然，两个人一个被贬官，一个被夺职。严绳孙本来就无意官场，眼见着朱彝尊、秦松龄被贬官或者夺职，更加心灰意冷，于是给皇帝上书要求告老还乡，结果，康熙皇帝准奏了。

朋友们的逐渐离去让纳兰性德心中更添悲凉。严绳孙离京那一天，纳兰性德拖着一个疲惫的身躯，一颗苍凉的心前去送别，并写了一首《水龙吟·再送荪友南还》相赠：

人生南北真如梦，但卧金山高处。白波东逝，鸟啼花落，任他日暮。别酒盈觞，一声将息，送君归去。便烟波万顷，半帆残月，几回首，相思苦。

可忆柴门深闭，玉绳低、霬灯夜雨。浮生如此，别多会少，不如莫遇。愁对西轩，荔墙叶暗，黄昏风雨。更那堪几处，金戈铁马，把凄凉助。

读"人生南北真如梦"这一句，自然让人想起苏东坡的《浪淘沙·赤壁怀古》中的最后一句"人生如梦，一樽还酹江月"。或许，自古文人都经常会有如此慨叹。纳兰性德想象着严绳孙辞官回乡后，过着任性适意的隐居生活，又一次引出自己的"山泽鱼鸟之思"开篇一句，令这首词时空开阔，意境空远。

"白波东逝，鸟啼花落，任他日暮"，纳兰性德从想象着笔，看"大江东去、花谢花开、鸟啼莺啭、日出日落"多么地恬淡闲适！古人送别总是离不开酒。"别酒盈觞，一声将息，送君归去"离别之情已装满了酒杯，词人却只能一声叹息，目送友人离去。古代通讯、交通都不发达，一朝分别，一生都不得相见是常有的事情。所以，古人的离愁别恨要比今人浓厚得多。而离去之后，看一路风光，眼界更开阔了。"便烟波万顷，半帆残月"就是忍不住几次回头频频招手、泪眼盈盈，相思之情，依依不舍，"几回首，相思苦"。

整个上阕全用虚笔，纳兰性德充分发挥想象，抒发了对友人离去的依依惜别之情，也表达了纳兰性德对归隐田园生活的羡慕和向往。

下阕转入回忆。"可忆柴门紧闭，玉绳低、翦灯夜雨"，纳兰性德回忆起当年跟友人一起把房门紧闭，彻夜秉烛夜谈的快乐情形。接着又叹息"浮生如此，别多会少，不如莫遇"然而，人生短暂，聚少离多，还不如当时不相识的好。语带悲凉，更显无奈。

"愁对西轩，荔墙叶暗，黄昏风雨"，对着西面带有门窗的长廊寂寞地忧愁叹息，昏暗的荔墙叶子在风雨中摇摆不定。这一句把悲凉的感觉再一次深入。

"更那堪几处，金戈铁马，把凄凉助"，更无可奈何的是，到处兵荒马乱，战争频发，真是人生无处不凄凉。

走了严绳孙，纳兰性德伤痕累累的心脏又被撕开了一个缺口。他忽然觉得自己应该做点什么了，不能总是沉浸在离愁别绪中不能自拔。很久以前，他就打算编纂一部最称心的词选，现在就应该付诸行动，也好重新振作一下自己百无聊赖的心绪。这个艰巨的任务，应该找个合适的人选跟自己合作。谁更适合呢？纳兰性德想来想去，眼前忽然一亮，他想起了远在广东惠州的梁佩兰。梁佩兰，字芝五，号药亭，晚号郁洲，广东南海人，是一位有名的宿儒。

对，现在就写信给他邀他北上京城助我完成此事。这封信，就是中国文学史上著名的《与梁药亭书》：

仆少知操觚，即爱《花间》致语，以其言情入微且音调铿锵、自然协律。唐诗非不整齐工丽，然置之红牙银拨间，未免病其版摺矣。

从来苦无善选，惟《花间》与《中兴绝妙词》差能蕴藉。自《草堂词统》诸选出，为世脍炙，便陈陈相因，不意铜仙金掌中竟有尘羹涂饭，而俗人动以当行本色诩之，能不齿冷哉。

近得朱锡鬯《词综》一选，可称善本。闻锡鬯所收词集凡百六十余种，网罗之博，鉴别之精，真不易及。然愚意以为，吾人选书不必务博，专取精诣杰出之彦，尽其所长，使其精神风致涌现于楮墨之间。每选一家，虽多取至十至百无厌，其余诸家，不妨竟以黄茅白苇概从艾剃青琐绿疏间。粉黛三千，然得飞燕、玉环，其余颜色如土矣。

天下惟物之尤者，断不可放过耳。江瑶柱入口，而复咀嚼鲍鱼、马肝，有何味哉。仆意欲有选如北宋之周清真、苏子瞻、晏叔原、张子野、柳耆卿、秦少游、贺方回，南宋之姜尧章、辛幼安、史邦卿、高宾王、程钜夫、陆务观、吴君持、王圣与、张叔夏诸人多取其词，汇为一集，余则取其词之至妙者附之，不必人人有见也。

不知足下乐与我同事否？有暇及此否？处雀喧鸠闹之场而肯为此冷淡生活，亦韵事也。望之。望之。

这封信的意思是说，自从我懂得写作的时候开始，就喜欢《花间集》里那些婉约缠绵的语句了，更因为它们言情入微的笔法和铿锵有力、自然和谐的音律而迷恋它们。唐诗虽然也整齐工丽，但总显得有些生硬呆板。

我一直因为从来没有一部好的词选而苦恼，只有《花间集》和《中兴绝妙词》还算勉强。自从《草堂词选》一套选本刻印出版后，虽然也算脍炙人口，但是良莠混杂，选材不精，以至于外行之人把一些庸俗之作当成词的本色，这实在是令人齿寒心冷。

近来读到了一部朱锡鬯编选的《词综》，确实是不错的一部词集，收集广泛，鉴赏精辟，不是一般人能达到的程度。但是我认为，编选词集不必过于追求内容宽泛，只求作品精益求精就可以了，只要作品精良，哪怕是一位词人的作品收录几十篇、甚至上百篇也不妨事，但如果不是好的作品，大可不必收录。

天底下最美的东西是绝对不能放过的。就比如你吃过了味道最鲜美的江瑶柱，然后再吃其他一般的美食，就感觉无滋无味了。我认为应当首选北宋的周清真、苏子瞻、晏叔原、张子野、柳耆卿、秦少游、贺方回，南宋的姜尧章、辛幼安、史邦卿、高宾王、程钜夫、陆务观、吴君持、王圣与、张叔夏等人的作品，而且这些人的作品应该多选取一些，至于其他人的，就选取一两篇最好的作品汇编成一部词集，就可以了，也不必非得每个作者都有作品收录。

不知道先生您愿不愿意跟我共同完成这件事情？有闲暇时间顾及这件事情吗？处在这样喧嚣浮躁的世界里，能静下心来完成这样一份工作也算一件雅事吧。拜托，拜托。

纳兰性德写这封信的时间是康熙二十四年（1685 年）的三四月间，这一年，纳兰性德三十一岁。

纳兰性德那封诚恳真挚的《与梁药亭书》终于飞越万水千山，被送到了梁佩兰手中。梁佩兰被纳兰性德的诚挚深深地感动了，作为一个文人，又有谁能不被这样的梦想打动呢？更何况，这样的梦想当初自己也曾有过。于是，他欣然接受了纳兰性德的邀请，即刻北上，千里进京。

康熙二十四年（1685 年）五月二十二日，也就是梁佩兰到京的第二天，纳兰性德再一次聚集一众好友在渌水亭设宴，为梁佩兰接风。这些好友中有顾贞观、姜宸英等，却少了好多位，如严绳孙、吴兆骞和陈维崧等。纳兰性德又想起往日渌水亭里那热闹欢快的场面，心中不免漾起一片悲凉。

渌水亭畔有两株小花树，此时开得正盛。这种花树在京城并不少见，因为它会在盛夏时节开出粉红色的绒状小花，羽状的复叶一到夜间便成对闭合，所以被叫作"夜合花"，也叫马缨或者合欢。

席间便有人提出以《夜合花》为题，各自赋诗。纳兰性德依惯例又是赋的最后一首诗《夜合花》：

> 阶前双夜合，枝叶敷花荣。
>
> 疏密共晴雨，卷舒因晦明。
>
> 影随筠箔乱，香杂水沉生。
>
> 对此能销忿，旋移迎小楹。

纳兰性德在这次渌水亭聚会之后的第二天便一病不起。其实，早在这之前，纳兰性德就已经生病了，只不过是一直强撑着而已。这次聚会喝了一点酒，又受了一点风寒，最主要的是沈宛的离去，心中已经是千疮百孔。人常说"哀莫大于心死"，短短几个月间，纳兰性德经历了人世间的诸多变故，年纪轻轻的他，却心死如灰。

于是，多年来一直缠绕纳兰性德的寒疾恶魔再一次乘虚而入，而且这次来势最汹。整整七天，纳兰性德高烧不退，但滴汗未出。他的父亲纳兰明珠甚至张贴告示网罗天下名医，却毫无结果。纳兰性德的病情甚至惊动了皇上，皇上立即召集所有御医，为纳兰性德开出了药方。可惜，还没等药方送到纳兰府上，纳兰性德便永远地闭上了眼睛。

夜合花谢，一生归尘。纳兰性德的这首《夜合花》五律，成为人们永远忘不掉的绝笔。

06 一生归尘，词耀千秋

　　纳兰性德英年早逝的这一天，是康熙二十四年（1685 年）五月三十日，虚岁三十一岁，刚过而立之年。巧合的是，这一天，也恰好是卢氏的忌日。卢氏是康熙十六年（1677 年）的五月三十日去世的，到现在整整八年。生前之缘，演化成死后之缘。

　　纳兰性德的离世，让康熙皇帝深感震惊，他专门派遣使臣前往纳兰明珠府祭奠。纳兰性德去世十多天以后，他曾经在觇梭龙中宣抚归顺的梭龙少数民族部落派遣使团来北京朝贡，康熙皇帝大喜，继而又深感悲伤和遗憾。此时，他的功臣已经与世长辞了，还没来得及看到自己所取得的巨大成就。于是，康熙皇帝专门派宫使前往纳兰性德的灵前"哭而告之"，以此来告慰纳兰性德的在天之灵。

　　这个天才词人，这个朋友们眼里至真至纯、情义至上的天真才子，像一颗流星以最美的姿态划过人间，然后华丽地陨落。

　　也许，纳兰性德的前生是江南一位放荡不羁的狂生词客，却错误地投生于满清贵胄的豪门相府。"本是天上痴情种"，却阴差阳错地成为"人间富贵花"，他因此而惆怅一生、痛苦一生。

纳兰性德虽然离去了，但他那简单、纯情、淡泊、赤诚和悲悯的天性，像一颗颗晶莹璀璨的珍珠，三百多年的历史仍然遮挡不住他那耀眼的光芒。

纳兰性德苦心想要编纂的那部词集终于没有编成。梁佩兰从广东千里来京，刚来就不得不又回去了。

纳兰性德去世后，他的老师徐乾学撰写了《通议大夫一等侍卫佐领纳兰君墓志铭》：

呜呼！始容若之丧而余哭之恸也。今其弃余也数月矣，余每一念至，未尝不悲来填膺也。呜呼！岂直师友之情乎哉。余阅世将老矣，从我游者亦众矣，如容若之天姿之纯粹、识见之高明、学问之淹通、才力之强敏，殆未有过之者也。天不假之年，余固抱丧予之痛，而闻其丧者，识与不识皆哀而出涕也，又何以得此于人哉！太傅公失其爱子，至今每退朝，望子舍必哭，哭已，皇皇焉如冀其复者，亦岂寻常父子之情也。至尊每为太傅劝节哀，太傅愈益悲不自胜。余间过相慰，则执余手而泣曰：惟君知我子，惠邀君言以掩诸幽，使我子虽死犹生也。余奚忍以不文为辞。顾余之知容若，自壬子秋榜后始，迄今十三四年耳。后容若入侍中，禁廷严密，其言论梗概，有非外臣所得而知者。太傅属痛悼未能殚述，则是余之所得而言者，其于容若之生平又不过什之二三而已。

呜呼！是重可悲也。容若，姓纳兰氏，初名成德，后避东宫嫌名，改曰性德。年十七补诸生，贡入太学。余弟立斋为祭酒，深器重之，谓余曰：司马公贤子，非常人也。明年，举顺天乡试，余忝主司，宴于京兆府，偕诸举人青袍拜堂下，举止闲雅。越三日，谒余邸舍，谈经史源委及文体正变，老师宿儒有所不及。明年会试中式，将廷对，患寒疾。太傅曰：吾子年少，其少俟之。于是益肆力经济之学，熟读《通鉴》及古人文辞，三年而学大成。

岁丙辰，应殿试，条对凯切，书法遒逸，读卷执事各官咸叹异焉。名在二甲，赐进士出身。闭门埽轨，萧然若寒素，客或诣者辄避匿。拥书数千卷，弹琴咏诗自娱悦而已。未几，太傅入秉钧，容若选授三等侍卫，出入扈从，服劳惟谨。上眷注异于他侍卫。久之，晋二等，寻晋一等。上之幸海子、沙河、西山、汤泉，及畿辅、五台、口外、盛京、乌刺，及登东岳、幸阙里、省江南，未尝不从。先后赐金牌、彩缎、上尊御馔、袍帽、鞍马、弧矢、字帖、佩刀、香扇之属甚夥。是岁万寿节，上亲书唐贾至《早朝》七言律赐之。月余，令赋《乾清门应制诗》，译御制《松赋》，皆称旨。于是外庭佥言，上知其有文武才，非久且迁擢矣。

呜呼，孰意其七日不汗，死也！容若既得疾，上使中官侍卫及御医日数辈络绎至第诊治。于是上将出关避暑，命以疾增减报，日再三，疾亟，亲处方药赐之，未及进而殁，上为之震悼，中使赐奠，恤典有加焉。容若尝奉使觇梭龙诸羌，其殁后旬日，适诸羌输款，上于行在遣官使拊其几筵哭而告之，以其尝有劳于是役也。于此亦足以知上所以属任之者非一日矣。

呜呼，容若之当官任职，其事可得而纪者，止于是矣。余滋以其孝友忠顺之性，殷勤固结，书所不能尽之言，言所不能传之意，虽若可仿佛其一二，而终莫能而悉也，为可惜也。容若性至孝，太傅尝偶恙，日侍左右，衣不解带，颜色黝黑，及愈乃复初。太傅及夫人加餐辄色喜，以告所亲。友爱幼弟，弟或出，必遣亲近慊仆护之，反必往视，以为常。其在上前，进反曲折有常度。性耐劳苦，严寒执热，直庐顿次，不敢乞休沐自逸，类非绮襦纨袴者所能堪也。

自幼聪敏，读书一再过即不忘。善为诗，在童子已句出惊人，久之益工，得开元、大历间丰格。尤喜为词，自唐、五代以来诸名家词皆有选本，以洪武韵改并联属，名《词韵正略》。所著《侧帽集》，后更名《饮水集》者，皆词也。好观北宋之作，不喜南渡诸家，而清新秀隽，自然超逸，海内名为词者皆归之，他论著尚多。其书法，摹褚河南临本《禊帖》，间出入于《黄庭内景经》。当入对殿廷，数千言立就，点画落纸，无一笔非古人者。蒋绅以不得上第入词馆为容若叹息，及被恩命引而置之珥貂之行，而后知上之所以造就之者，别有在也。

容若数岁即善骑射，自在环卫益便习，发无不中，其扈跸时，雕弓书卷，错杂左右，日则校猎，夜必读书，书声与他人鼾声相和。间以意制器，多巧倕所不能。于书画评鉴最精。其料事屡中，不肯轻为人谋，谋必竭其肺腑。尝读赵松雪《自写照诗》有感，即绘小像仿其衣冠，坐客或期许过当，弗应也。余谓之曰：尔何酷类王逸少！容若心独喜。所论古时人物，尝言王茂弘阑阇阑阇，心术难问；娄师德唾面自干，大无廉耻。其识见多此类。间尝与之言往圣昔贤修身立行及于民物之大端，前代兴亡理乱所在，未尝不慨然以思。读书至古今家国之故，忧危明盛，持盈守谦、格人先正之遗戒，有动于中，未尝不形于色也。

呜呼，岂非大雅之所谓亦世克生者耶；而竟止于斯也。夫岂徒吾党之不幸哉！君之先世有叶赫之地，自明初内附中国，讳星根达尔汉，君始祖也，六传至讳杨吉努，君高祖考也。有子三人，第三子讳金台什，君曾祖考也。女弟为太祖高皇帝后，生太宗文皇帝。太祖高皇帝举大事而叶赫为明外捍，数遣使谕，不听，因加兵克叶赫，金台什死焉。卒以旧恩存其世祀。其次子即今太傅公之考，讳倪迓韩，君祖考也。君太傅之长子，母觉罗氏，一品夫人。渊源令绪，本崇积厚，发闻滋大，若不可围。

配卢氏，两广总督兵部尚书都察院右副都御卢兴祖之女，赠淑人，先君卒；继室官氏，光禄大夫少保一等公朴尔普女，封淑人；男子子二人，福格、永寿，女子子一人，皆幼。君生于顺治十一年十二月，卒于康熙二十四年五月己丑，年三十有一。君所交游，皆一时儁异，于世所称落落难合者，若无锡严绳孙、顾贞观、秦松龄、秀水朱彝尊，慈溪姜宸英，尤所契厚，吴江吴兆骞久徙绝塞，君闻其才，力赎而还之。坎坷失职之士走京师，生馆死殡，于赀财无所计惜，以故君之丧，哭之者皆出涕，为挽辞者数十百人，有生平未识面者。其于余绸缪笃挚，数年之中，殆日以余之休戚为休戚也，故余之痛尤深，既为诗以哭之，应太傅之命而又为之铭。铭曰：天实生才，蕴崇胚胎，将象贤而奕世也，而靳与之年，谓之何哉！使功绪不显于旗常、德泽不究于黎庶，岂其有物焉为之灾。惟其所树立，亦足以不死矣，亦又奚哀！

纳兰性德的好友顾贞观为纳兰性德撰写了《纳兰容若祭文》：

呜呼吾哥！其敬我也不啻如兄，其爱我也不啻如弟，而今舍我去耶？吾哥此去，长往何日？重逢何处？不招我一别，订我一晤耶？且擗且号且疑且愕，日晻晻而遽沉，天苍苍而忽暮，肠惨惨而欲裂，目昏昏而如瞀。

其去耶？其未去耶？去不去尚在梦中，而吾两人俱未寤耶？吾哥去而堂上之两亲何以为怀？膝前之弱子何以为怙？辇下之亲知僚友何以相资益？海内之文人才子，或幸而遇或不遇而失路无门者，又何以得相援而相煦也？欲状吾哥之生平既声泪俱发而不忍为追，惟欲述吾两人之交情更声泪俱竭而莫能为觊缕。

盖屈指丙辰以迄今，兹十年之中，聚而散，散而复聚，无一日不相忆，无一事不相体，无一念不相注。弟举其大者言之：吾母太孺人之丧，三千里奔讣，而吾哥助之以麦舟；吾友吴兆骞之厄，二十年求救，而吾哥返之于戍所。每謇言之数进，在总角之交尚且触忌于转喉，而吾哥必曲为容纳，洎谗口之见攻，虽毛里之戚未免致疑于投杼，而吾哥必阴为调护，此其知我之独深，亦为我之最苦。

岂兄弟之不如友，生至今日而竟非虚语！又若尔汝形忘，晨夕心数，语惟文史，不及世务，或子衾而我覆，或我觞而子举，君赏余弹指之词，我服君饮水之句。歌与哭总不能自言，而旁观者更莫解其何故。又若风期激发，慷慨披露，重以久要，申其积素，吾哥既引我为一人，我亦望吾哥以千古。他日执令嗣之手而谓余曰："此长兄之犹子。"复执余之手而谓令嗣曰："此孺子之伯父也。"

呜呼！此意敢以冥冥而相负耶？总之，吾哥胸中浩浩落落，其于世味也甚淡，直视勋名如糟粕、势利如尘埃，其于道谊也甚真，特以风雅为性命、朋友为肺腑。人见其掇科名、擅文誉，少长华阀，出入禁御，无俟从容政事之堂，翱翔著作之署，固已气振夫寒儒，抑且身膺夫异数矣，而安知吾哥所欲试之才，百不一展，所欲建之业，百不一副，所欲遂之愿，百不一酬，所欲言之情，百不一吐。实造物之有靳乎斯人，而并无由毕达之于君父者也！犹忆吾哥见赠之词有曰："一日心期千劫在，后身缘、恐结他生里。"又曰："惟愿把、来生祝取，慧业同生一处。"

呜呼！又岂偶然之言，而他人所得预者耶？吾哥示疾前一日，集南北之名流咏中庭之双树，余诗最后出，读之铿然，喜见眉宇，若惟恐不肖观之落人后者。已矣！伯牙之琴盖自是终身不复鼓矣，何身可赎？何天可吁？音容僾然，泣涕如澌，再世天亲，誓言心许，魂兮归来，鉴此惊惶。

纳兰性德的好友姜宸英为纳兰性德撰写了《通议大夫一等侍卫进士纳腊君墓表》：

君姓纳腊氏。其先据有叶赫之地，所谓北关者也。父今大学士、宫傅公；母一品夫人，觉罗氏。君初名成德，字容若，后避东宫嫌名，改名性德。以今年乙丑五月晦卒。卒而朝之士大夫及四方知名之士进于京师者，皆为君叹息泣下。其哀君者，无问识不识，而与君不相闻者，常十之六七。然皆以当今失君为可惜，则君之贤之才可知矣。君年十八九联举礼部，当康熙之癸丑岁。未几也，予与相见于其座主东海阁学公邸，而是时君自分齿少，不愿仕，退而学经读史，旁治诗歌古文词。又三年，对策则大工。时皆谓当得上第，而今上重器君，不欲出之外廷，置名二甲，久之，授三等侍卫，再迁至一等。

自上所巡幸西苑、南海子、沙河及医巫闾山，东出关至乌喇，南巡上泰岱，过祀阙里，渡江以临吴会，君鲜不左橐鞬右橐笔以从。遇上射猎，兽起于前，以属君，发辄命中，惊其老宿将。所得白金绮绣、中衣袍帽、法帖佩刀、名马香扇之赐，前后委属。间令赋诗，奉诏即奏稿，上每称善。

二十一年八月，使觇梭龙羌。其地去京师重五六十驿，间行或累日无水草，持干糒食之。取道松花江，人马行冰上竟日，危得渡。仅抵其界，卒得其要领还报，上大喜。君虽跋涉艰险，归时从奚囊倾方寸札出之，叠数十纸，细行书，皆填词若诗，略记其风土方物。虽形色枯槁不自知，反遍示客，资笑乐。

性雅好读书，日黎明间省华，即骑马出，入值周庐，率至暮，虽大寒暑，还坐一榻上翻书观之，神止闲定，若无事者。诗萧闲冲淡，得唐人之旨。然喜为长短句特甚引。尝言："诗家自汉魏以来，作者代起，姓氏多澌灭。填词滥觞于唐人，极盛于宋，其名家者不能以十数，吾为之易工，工而传之易久。而自南渡以后弗论也"。其于词，小令取唐五代，宗晏氏父子；长调则推周、秦及稼轩诸家。以为其章法转换，顿挫离合之妙，正与文家散行体何异，而世故薄之，何耶？故即第左葺茅为庐，常居之，自题曰"花间草堂"。视其凝思惨淡，终合天巧，真若有自得之趣者。

今年五月辛巳，君将从驾出关，连促予入城。中夜酒酣，谓予曰："吾行从子究竟班马事矣，子谓我何如？"予笑曰："倾闻君论词之法，将无优为之耶？"是时，窃视君意锐甚口。明日予出城，君固留，愿至晚。予不可。送予及门，曰："吾此行以八月归，当偕数子为文字之游。如某某者，不可以无与，君宜为我遍致之。"

先是万寿节，上亲书唐贾至《早朝》诗赐君；月余，令赋《乾清门应制》诗及译御制《松赋》皆称旨。于是复挈予手曰："吾倘蒙恩得量移一官，可并力斯事，与公等角一日之长矣。"意郑重若不忍别者。然不幸以明日得疾，七日，遂不起。年止三十一。

以君之才与志，使假之天年，古人不难到。其终于此，命也。居闲素缜密，与人交，遇意所不欲，百方请之不可得谒。及其所乐就，虽以予之狂，终日叫号慢侮于其侧，而不予怪，盖知予之失之不偶，而嫉时愤俗特甚也。

然时亦以此规予，予辄愧之。君视门阀贵盛，屏远权势，所言经史绝不及时政。所接一二寒生罢吏而外，少见士大夫。

事两亲，退食必在左右。遇公事必虔，不避劳苦。尝司天闲牧政，马大蕃息。侍上西苑，上仓卒有所指挥，君奋身为僚友先。上叹曰："此富贵家儿，乃能尔耶！"其感激主恩深厚，思所图报，日不去口。

然视文章之士，较长挈短，放浪山水，跌宕诗酒，而无所羁束，常恨不得身与其间，一似以贫贱为可乐者。于世事如不经意，时时独处深念，则又怃然抱无穷之思。人问之，不答。以此竟死，其施不得见，其志未就也。而吾辈所区区欲为君不朽之传者，亦止于此而已。悲夫！

君始病，朝庭遣医络绎，命刻时以状报。及死数日，梭龙外羌款书至。上时出关，即遣宫使就几筵哭而告之，以前奉使功也。赗恤之典，皆溢常格。呜呼！君臣之际，生死之间，其可感也已。

君所辑有《词韵正略》《全唐诗选》，著诗若干卷；有集名《侧帽》《饮水》者，皆词也。书行楷遒丽，得晋人法。娶卢氏，继官氏。其中外世系，详载阁学所撰墓志铭及顾舍人辈华峰所次行述。副室以某氏。生子二人，女子一人。长曰福哥，次某。

纳兰性德的好友韩菼为纳兰性德撰写了《进士一等侍卫纳兰君神道碑铭》：

维天笃我，劢相之臣，神灵和气，萃于厥家。常开哲嗣，趾美前人。自厥初才子，闶不世济，若伊之有陟，巫之有贤，媲于功宗，登于策书。后之名公卿子，发闻能益人家国者，亦往往间出。其或年之有永有不永，斯造物者之不齐。虽休光美实，显有令闻，足以自寿无穷。而存亡之系，在于有邦有家。则当吾世，而尤痛我纳兰君。

君氏纳兰，讳成德，后改性德，字容若。惟君世远有代序，常据有叶赫之地。明初内附，为君始祖星恳达尔汉。六传至君高祖讳养汲努，女为高皇后，生太宗文皇帝。曾祖讳金台什。祖讳倪迓韩。父今大学士太傅公也。母觉罗氏，封一品夫人。太傅公勋高望巨，为时柱石，而庭训以义方。君胚胎前光，重休袭嘉，自少小已杰然见头角。喜读书，有堂构志，人皆曰太傅有子。年十八九，联举京兆礼部试。又三年而当丙辰延对，劲直切劘，累累数千言，一时惊叹。今上知君材，欲引以自近。以二甲久次，选授三等侍卫，再迁至一等。

当是时，上方励精思治，大正于群仆侍御之臣，欲罔非正人，以旦夕承弼，其惟君吉士，以重此选也。君曰侍上所，所巡幸，无近远必从，从久不懈益谨。上马驰猎，拓弓作霹雳声，无不中。或据鞍占诗，应诏立就。白金、文绮、中衣、佩刀、名马、香扇、上尊御馔之赐，相属也。

康熙二十一年秋，奉使觇梭龙羌。道险远，君间行疾抵其界，劳苦万状，卒得其要领还报。后梭龙输款，而君已殁。上时出关，遣官使拊其几筵，哭而告之，重悯其劳也。君既以敬慎勤密当上意，而上益稔其有文武才，且久更明习，可属任。尝亲书唐贾至《早朝》诗赐之。又令赋《乾清门应制》诗，译御制《松赋》，上皆称善。中外咸谓君将不久于宿卫，行付以政事，以展其中之所欲施。君益自感厉，思竭所以报者。而不幸遽病。病七日，遂不起。时上日遣中官侍卫及御医问所苦，命以其状日再三报。亲处方药赐之，未及进而绝。上震悼，遣使赐奠，恩恤有加。屡慰谕太傅公毋过悲，然上弥思之弗置也。

呜呼！君其竟死矣，而君之志未一竟也。君性至孝，未阍明入直，必之太傅夫人所问安否，归晚亦如之。燠寒之节，寝膳之宜，日候视以为常。而其志尤在于守身不辱，保家亢宗，不仅以承颜色、娱口体为孝也。侍禁闼数年，进止有常度，不失尺寸。盛寒暑必自强，不敢辄乞浣沐。其从行于南海子、西苑、沙河、西山、汤泉尤数，尝西登五台，北陟医巫闾山，出关临乌喇，东南上泰岱，过阙里，渡江淮，至姑苏，揽取其山川风物以自宽，广资博闻。而上有指挥，未尝不在侧，无几微毫发过。性周防，不与外庭一事。而于往古治乱、政事沿革兴坏、民情苦乐、吏治清浊、人才风俗盛衰消长之际，能指数其所以然，而亦不敢易言之。窥其志，岂无意当世者。惟其倦倦忠爱之忱，蕴蓄其不言之积，以俟异日之见庸。为我有邦于万斯年之计，而家亦与其福也。君虽履盛处丰，抑然不自多，于世无所芬华，若戚戚于富贵，而以贫贱为可安者。身在高门广厦，常有山泽鱼鸟之思。

达官贵人相接如平常。而结分义，输情愫，率单寒羁孤侘傺困郁守志不肯悦俗之士。其炙热趋和者，辄谢弗为通。或未一造门，而闻声相思，必致之乃已。以故海内风雅知名之士，乐得君为归，藉君以起者甚众。而吴江吴孝廉兆骞，以俊才久戍绝塞，君力赎以还而馆之，爱重如辽海之得幼安与根矩也，殁复为之完其丧，世尤高君义也。读书机速过人，辄能举其要。著诗若干卷，有开天丰格。颇好为词，爱作长短句，跌宕流连，以写其所难言。尝辑《全唐诗选》《词韵正略》。而君有集名《侧帽》《饮水》者，皆词也。工书，妙得拨灯法，临摹飞动。晚乃笃意于经史，且欲窥寻性命之学，将尽裒辑宋元以来诸儒说经之书以行世，其志盖日进而未止也。

嗟夫！君于地则亲臣，即他日之世臣也。使假之年，而充斯志也，以竟其用。譬若登高顺风，不疾声速。与夫疏逖新进之臣较其难易，夫岂可同日而语。昊天不吊，百年之乔木，其坏也忽诸。斯海内之知与不知者，无不摧伤。而余独尤为邦家致惜者也。君卒于康熙乙丑夏五月，距其生年三十有一。娶卢氏，赠淑人，两广总督尚书兴祖之女。继官氏，封淑人，某官某之女。子二，长曰福格，次曰某；女二，俱幼。始君与余同出学士东海先生之门，君之学皆从指授。先生亟叹其才，佳其器识之远，殁而哭之恸，既为文以志其藏。而顾舍人贞观、姜征君宸英雅善君，复状而表之矣。

太傅公以君之尝道余不置也，属以文其隧上之碑。余方悼斯世之失君，而非徒哭吾私，其敢以荒落辞，辄论著君志之大者如此，而系之以铭。铭曰：

凤觜麟角绝世稀，渥洼箔云种权奇。
家之令器邦之基，弱年文史贯珠玑。
胸罗星斗翼天垂，拜献昌言白玉墀。
致身端不藉门资，雀弁峨峨吉士宜。
帝简厥良汝予为，周庐□□中矩规。
郎曹窃视足不移，手挽繁弱仰月支。
错杂帐帏书与诗，奉使绝徼穷羌氐。
冰雪皲瘃不宿驰，山川厄塞抵掌知。
卒降其王若鞭笞，帝方用嘉足指麾。
将试以政工允厘，岁星执戟亦暂期。
阿鸿摩天竟长辞，正人元气身不訾。
平生菀结何所思，要扶羲和浴咸池。
明良长见唐虞时，千秋万世此志赍。
埋玉黄泉当语谁，泰山毫芒一见之。
琳琅金薤散为词，我今特书表其微。

荒郊白烟冢离离，独君不朽征君碑。

　　纳兰性德去世后，葬入位于纳兰府花园北墙外的纳兰氏祖茔。纳兰性德墓宝顶高 2.5 米，建在条石月台之上，宝顶为三合土夯筑而成，有两道铁箍，底部为汉白玉须弥座，上雕有二龙戏珠图案。纳兰性德墓志铭藏首都博物馆，墓志盖藏纳兰性德史迹博物馆。如今，纳兰府就是宋庆龄故居，渌水亭就是宋庆龄故居内的恩波亭。

　　一个让人心动的词人走了，一位词坛的大帝走了，但是，他的作品将永远闪耀在中华文学的宝库中，并与他的名字一起流芳千古！

虞美人

银床淅沥青梧老
屧粉秋蛩扫
采香行处蹙连钱
拾得翠翘何恨不能言

回廊一寸相思地
落月成孤倚
背灯和月就花阴
已是十年踪迹十年心

清 纳兰性德

主要参考书目

［1］李燕光、关捷. 满族通史［M］. 1. 沈阳：辽宁民族出版社，2003.

［2］苏缨、毛晓雯、夏如意［M］. 1. 江苏：凤凰出版传媒集团·江苏文艺出版社，2009.

［3］聂小晴、王鹏、王青. 一生最爱纳兰词大全集［M］. 1. 北京：中国华侨出版社，2010.

［4］神圣云. 人生若只如初见——纳兰容若词传［M］. 1. 北京：国际文化出版公司，2011.

［5］王臣. 谁念西风独自凉［M］. 1. 长沙：湖南文艺出版社，2011.

［6］泉凌波. 纳兰容若［M］. 1. 北京：中国画报出版社，2011.

［7］杨雨. 我是人间惆怅客：听杨雨讲纳兰［M］. 1. 北京：中华书局，2012.

［8］白落梅. 西风多少恨，吹不散眉弯［M］. 1. 昆明：云南出版集团·云南人民出版社，2013.

［9］寇宗基、邸建平. 纳兰性德评传［M］. 1. 太原：山西出版传媒集团·三晋出版社，2014.